게으르게 읽는
제로베이스 철학

지은이 **이인**

백 살 할머니와 함께 산다. 할머니가 이 책을 읽는 모습을 상상하며 즐겁게 글을 썼다.
코로나19 이전에 10년 동안 〈다중지성의정원〉에서 철학 강의를 했고, 코로나19 동안 와신상담했다.
최근에는 〈한겨레문화센터〉에서 '인문학 글쓰기' 강의를 하고 있다.
의식 수준 향상에 관심이 많다. 이상하면서도 찬란한 세계에 늘 감탄한다.
여태껏 『남자를 밝힌다』, 『남자, 여자를 읽다』, 『성에 대한 얕지 않은 지식』, 『고독을 건너는 방법』 등
10여 권의 책을 출간했고, 앞으로 20여 권의 책을 낼 계획이다.

https://www.instagram.com/2indios/

게으르게 읽는 제로베이스 철학

초판1쇄 펴냄 2023년 9월 15일

지은이 이인
펴낸이 유재건
펴낸곳 (주)그린비출판사
주소 서울시 마포구 와우산로 180, 4층
대표전화 02-702-2717 | **팩스** 02-703-0272
홈페이지 www.greenbee.co.kr
원고투고 및 문의 editor@greenbee.co.kr

편집 이진희, 구세주, 송예진, 김아영 | **디자인** 권희원, 이은솔
마케팅 육소연 | **물류유통** 유재영, 류경희 | **경영관리** 유수진

ISBN 978-89-7682-836-1 03100

독자의 학문사변행學問思辨行을 돕는 든든한 가이드 _(주)그린비출판사

게으르게
읽는

제로베이스 철학

이인 지음

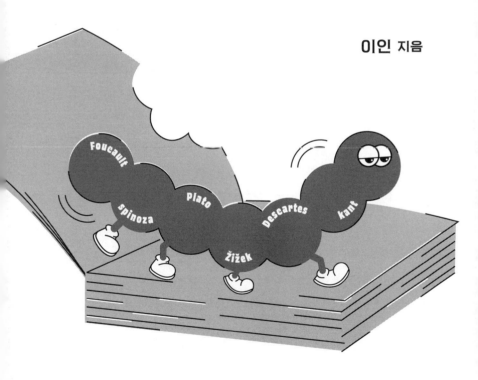

그린비

여는 글

복잡하고 어려운 세상을 살아가는 데 도움을 얻으려면 철학을 가까이하는 것이 좋다는 조언을 종종 들으실 겁니다. 그래서 여러분은 기대를 품고 철학 서적을 펼쳐 듭니다. 하지만 펼쳐 든 대부분의 책 속에는 도대체 무슨 말인지 알아들을 수 없는 난해한 문장이 빽빽하게 들어차 있곤 합니다. 그래도 펼쳤으니 읽어 보려고 애쓰다가 곧 책을 덮게 됩니다. 아마도 철학에 첫발을 내딛는 사람들이 자주 겪는 경험이지 않을까 합니다.

많은 사람이 그렇게 철학의 세계로 들어가는 입구에서 좌절하고 공부를 포기하고 맙니다. 그 문턱만 넘어가면 황홀하고 짜릿한 지혜의 세계가 풍요롭게 펼쳐지는데 그 문턱부터가 만만치 않습니다. 그래서 준비했습니다. 『게으르게 읽는 제로베이스 철학』. 이 책은 간략하게 말하면 하루 한 사람의 사상가를 만나

보는 형식으로 구성한 철학책입니다. 안내자의 인도를 따라 날마다 다른 사상가를 만나다 보면 어느새 책이 끝나 있고, 서구 철학사를 독파하게 됩니다. 혼자서는 선뜻 다가가기 힘든 철학을 자연스럽게 음미하며 탐색하게 되는 것이지요.

인류사의 내로라하는 사상가 서른한 명이 나의 일상 속으로 성큼 들어옵니다. 철학과 가까워지는 만큼 나의 삶은 상큼해집니다. 그렇다고 무리해서 읽을 필요는 없습니다. 부담도 없을 겁니다. 하루에 딱 열 페이지 내외의 독서면 되니까요. 철학이 어렵기는커녕 이렇게 쉽고 재미있다는 사실에 놀라실 겁니다. 할 것 많고 볼 것도 많은 세상에서 나 자신을 위해 잠깐의 시간을 내어 책장을 펼치는 순간, 새로운 세계가 펼쳐집니다.

이 책은 여러분께 두 가지를 선사합니다. 먼저, 즐거움입니다. 명료하고 흥미로운 설명을 통해 지적 쾌락으로 충만한 시간을 제공합니다. 문턱은 한층 낮추고, 쾌감은 한껏 높입니다. 둘째, 지혜입니다. 인생은 우리에게 지혜로워지길 요구합니다. 지혜로워지는 만큼 행복해지죠. 무엇이 지혜인지 행복이 알려 줍니다. 모두가 더 지혜로워지기를 바라는 마음으로 이 책을 준비했습니다. 한 명의 사상가를 만날 때마다 우리의 삶은 설렘과 기쁨 속에서 깨어날 것입니다. 여기에 담긴 사람들의 기운이 전해지는 만큼 일상이 생생해질 것입니다. 세상에 이것만큼 아름다운 일이 또 있을까요?

차례

1부. 나는 누구이고 어떻게 살아야 하는가?

2부. 행복한 삶이란 무엇인가?

3부. 세계는 어떤 방식으로 존재하는가?

4부. 올바른 사회란 어떤 모습인가?

1부

나는 누구이고
어떻게 살아야 하는가?

데카르트

RENÉ DESCARTES (1596~1650)

자유를 찾아 떠난 수학자

인류사는 언제나 변화의 연속이다. 영원할 것 같던 전통과 권위에도 언젠가는 균열이 생기게 마련이다. 데카르트가 살던 시절도 그러했다. 당시 유럽 사람들에게 기독교의 위세는 무시무시했다. 기독교가 가르치는 것만 믿어야 했다. 그렇지 않으면 징벌당했다. 우주가 무한하다고 주장한 이탈리아의 도미니코회 수사 조르다노 브루노가 화형을 당했고, 지구가 태양을 공전한다는 사실을 사람들에게 알린 갈릴레오 갈릴레이는 종교재판에서 유죄를 선고받았다. 기독교 안에서도 신교와 구교로 나뉘어 서로를 학살하는 분란이 이어지고 있었다.

시대적 폭력의 그늘은 데카르트에게도 드리워져 있었다. 데카르트는 50년 남짓한 인생 중 20년은 네덜란드에서, 말년은 스웨덴에서 보냈다. 종교의 핍박과 갈등을 피해서 조금이라도 자유로운 곳을 찾았던 때문이었다. 이곳저곳을 떠돌며 살아가는 와중에도 그는 수학자로서 큰 업적을 남겼다. 방정식에 x와 y라는 문자를 도입했고, 숫자 위에 작은 숫자 지수를 쓰는 방식으로 거듭제곱을 표현했다. 예컨대 '2×2'를 '2^2'으로 표기하는 방식은 데카르트의 유산이다.

나아가 데카르트는 모든 문제를 동일하고 보편적인 수학적 방법으로 해결할 수 있다고 생각하여 이를 보편수학이라고 불렀다. 데카르트의 보편수학을 현대에서는 해석기하학이라고 지칭한다. 다양한 상황에서 적용될 수 있는 해석기하학은 데카르트 이후로 천문학, 광학, 기상학, 화학, 건축학, 음향학, 물리학, 회계학 등등에서 응용되었다. 그 밖에도 데카르트의 통찰과 연구는 인류 사회에 크게 영향을 미쳤다. 그를 분기점으로 삼아 근대 철학이 시작되었다고 해도 지나친 말이 아닐 정도다. 데카르트를 만난다는 것은 근대에 새로 샘솟은 정신을 공부한다는 말이나 다름없다.

의심이라는 방법

데카르트는 진리를 찾고 싶어 했다. 세상에서 가르치는 바를 그저 답습하는 것이 아니라 스스로 진리를 구하려 했다. 그는 세상이 주입한 것들을 별다른 의문 없이 참된 것으로 받아들였다는 사실을 뒤늦게 깨달았다. 거짓을 참으로 믿어 왔던 자신이 한심했다. 하지만 거짓을 믿어 왔다는 후회 덕분에 진정한 참을 찾을 기회가 생겨났다.

데카르트는 확고하고 불변한 어떤 것을 세우기를 원한다면, 일생에 한 번은 모든 것을 뿌리째 뒤집고 최초의 토대에서 새로 시작해야 한다는 포부를 품었다. 그는 모든 것을 의심하기로 작정했다. 의심이라는 방법으로 진리를 찾고자 했다.

데카르트는 자신을 어둠 속에 홀로 걸어가는 사람으로 비유했다. 모든 것을 신중히 여기면서 매우 천천히 아주 조금씩밖에 나아가지 못하는 사람, 비록 그 속도가 더디어서 좀 답답하지만 신중함 덕분에 넘어지지 않을 수 있는 사람으로. 조바심에 쫓겨 너무 빠르게 가다가 나자빠지는 사람이 되지 않고자 데카르트는 의심을 활용했다. 의심은 진리를 신속하게 찾아 주지는 않지만 엉뚱한 것을 진리라고 믿는 것을 막아 준다. 의심이라는 방법 덕분에 평범했던 자신의 인식적 지평이 확장되었다고 데카르트는 자평했다. 의심은 우리가 기대해 볼 만한 가장 높은 곳까지 우리의 의식을 조금씩 끌어올리는 수단이라고 예찬했다.

의심의 명장 데카르트는 당연히 여겨지던 '감각'에 물음표를 붙였다. 감각은 확신할 수 없다. 우리는 때때로 환각을 보거나 소리를 잘못 듣는다. 자신이 보거나 듣거나 느낀 것이 꼭 진실이라고 장담할 수 없다. 이를테면, 자신이 아는 사람인 줄 알았는데 다가가서 인사하는 순간 처음 보는 사람이라 당황하는 경우가 생긴다. 진동이 느껴져서 들여다보았는데 휴대전화에 아무런 표시가 없을 때도 흔하다. 감각은 나와 세계를 이어 주지만 언제나 진실만을 전달하지 않는다. 감각이 전해 주는 잘못된 정보에 우리는 곧잘 속는다. 데카르트는 외부의 대상이 언제나 나타나는 그대로 존재한다고 판단해선 안 된다고 당부했다. 그래야 기만당하지 않을 수 있다.

데카르트는 그럴듯한 것들은 그다지 힘들이지 않고 발견할 수 있는 데 반하여 진리는 어느 한정된 사항에서 조금씩 발견될 뿐이라고 생각했다. 데카르트는 자신이 모르는 일에는 모른다고 솔직하게 말해야만 한다고 강조했다. 의문을 가진다는 것은 자신의 이성을 사용해서 의심한다는 뜻이다. 모든 것에 의문부호를 붙이더라도 자신의 이성에 대한 믿음은 암묵 중에 전제되어 있는 셈이다. 중세 유럽에서 이성에 대한 믿음은 낯선 태도였다. 당시에 사람들은 기독교의 장막 안에서 신을 믿으며, 은총의 빛이 나타나길 기다리는 삶을 살았다. 그런데 데카르트는 신마저 의심하면서 인간 이성의 빛에 주목했다. 이성을 통해 세상을 이해하면 희망과 확신을 얻을 수 있다고 믿었다. 이성에 대한 믿음은 새로운 시대를 열어젖히는 힘이 됐다.

의심 자체는 데카르트의 목적지가 아니었다. 의심은 진리를 찾기 위한 수단일 뿐이었다. 끝없는 의심을 통해 그는 의심마저도 넘어섰다. 데카르트에게 영향을 끼친 몽테뉴는 의심과 질문을 통한 이해의 확장이 중요하지만 그렇더라도 인간이 과연 진리를 알겠냐며 회의주의를 고수했다. 반면에 데카르트는 의심을 통해 단단하게 붙들 수 있는 확실하고 객관적인 진리를 찾아내 합리적으로 제시했다.

확실한 진리

데카르트는 자신의 감각뿐 아니라 경험마저도 의심했다. 악마 같은 신이 우리를 속이고 있을 수도 있기 때문이다. 2×2가 4라는 사실이 아무리 확실하더라도 나쁜 신이 만들어 놓은 허울의 세상에 깃들어서 그렇게 착각하는지 모른다. 영화 「메트릭스」처럼 말이다. 인공지능 기계들의 전기 생산에 이용되면서도 영화 「매트릭스」 속 사람들은 자신들이 자유롭다고 착각하며 살아간다.

　나쁜 의도를 가진 신이 우리를 속이고 있다면, 가장 확실하다고 믿고 있는 보편적인 수학 진리마저도 의심할 수밖에 없다. 지금 우리가 실재한다고 여기는 것들 모두가 환상일 수 있다. 여기서 데카르트는 발상의 전환을 시도했다. 모든 게 환상인지 의심하더라도 나 자신을 의심할 수 없다고 말이다. 내가 있어야만 환상이 실재라고 속을 수도 있다. 내가 환상이면 속을 수조차 없다. 나는 확실히 존재한다. 환상에 속으면서 존재하거나 아니면 환상인지 아닌지 의심을 하면서 존재하거나.

　의심한다는 것은 생각한다는 뜻이다. 데카르트는 "cogito ergo sum", 즉 "나는 생각한다 그러므로 나는 존재한다"라는 문장이 진리라고 당당하게 선포했다. 이 진리는 너무나 확고하고 확실해서 가장 과도한 억측들로도 흔들 수 없다고 확신했다. 데카르트는 자신이 찾아낸 사실을 철학의 제일원리라고 공표했다.

'나는 생각한다 그러므로 나는 존재한다'는 명제는 근대 철학을 대표한다. 아마 철학에 관해 가장 널리 알려진 말이라 해도 과언이 아닐 것이다. 의심하는 나, 생각하는 나에 대한 데카르트의 발견은 인간의 이성을 전면에 등장시킨 사건이다. 데카르트 이후 진리는 신이 보증하지 않는다. 인간의 이성이 진리인지 아닌지 판단한다. 사제들에게 의지하던 사람들이 스스로 생각하고 결정한다. 인간은 신에게 순종하는 아이가 아니라 자신의 이성을 믿고 행동하는 어른으로 거듭난다. 종교를 중심으로 운영되던 중세가 막을 내리고, 이성을 바탕으로 한 자율적이고 합리적인 근대가 열린 것이다.

데카르트는 이성이 모든 이들에게 공평하게 분배되어 있다고 믿었고, 따라서 자신의 철학을 대중과 나누고자 노력했다. 그는 지식인의 허영과 당대의 관습으로 말미암아 라틴어로 글을 쓰던 방식에서 벗어나 프랑스어로 글을 썼다. 또한 동시대 사람들과 호흡하고자 학술서가 아니라 자서전의 형식으로 저술했다. 물론 현실에서 모든 사람의 지성이 동등한 수준은 아니라는 것을 모르지는 않았다. 그는 대중의 박수나 독자의 쇄도를 기대하지 않는다고 미리 속내를 밝혔다. 그저 자신과 함께 진지하게 성찰하면서 모든 선입견에서 벗어나려 노력하는 이들만 자신의 책을 읽을 것이라고 예상했다. 데카르트의 책을 읽는다는 것은 자신을 진지하게 들여다보려는 시도였고, 지성이 진일보한다는 것을 뜻했다.

심신 이원론이라는 데카르트의 세계관

생각하는 나의 존재를 통해 서구 사회는 커다란 전환점을 맞았다. 데카르트는 물질세계에서 어떤 것에 대한 확신은 그 물질이 특정한 공간을 차지한다는 사실에 있다고 여겼고, 이렇게 특정 공간을 차지하는 성질을 연장이라고 일컬었다. 연장은 측정하고 계산할 수 있으니 이성을 통해 지배할 수 있다는 논리가 뒤따랐다. 이러한 데카르트의 사상은 과학 발전의 동력이 되었다. 그동안 자연에 드리워져 있던 신비가 걷히고 자연을 얼마든지 분석해서 이용할 수 있다는 근대 과학의 정신이 데카르트를 통해 불거진 것이다. 함부로 다뤄지지 않던 자연을, 데카르트 이후 사람들은 분해하고 채취하고 추출하고 조작하고 실험했다. 그 결과 산업화가 빠르게 이루어졌다.

세계를 연장으로 보는 데카르트의 시각은 여느 동식물에게도 적용되었다. 데카르트에 따르면, 동물은 영혼 없는 기계와 다를 것 없는 연장이다. 오늘날 생태론자들이나 동물 보호론자들이 데카르트를 몹시 싫어하는 이유다. 그러나 데카르트의 이러한 관점에도 뜻밖의 장점이 있었다. 이를 바탕으로 의학과 생리학이 발달했던 것이다. 데카르트는 인체와 다양한 동물을 해부하고 연구했고, 근대 철학의 아버지뿐 아니라 근대 생리학의 아버지로도 불리게 되었다.

물론 데카르트는 사람이 여느 동물들과 똑같지는 않다고 설명했다. 사람은 다른 동식물들처럼 연장이지만, 여느 동식물과는 달리 자유의지를 갖고 있다. 사람의 신체라는 유한한 연장에는 무한한 성질을 지닌 정신이 섞여 있다는 것이다. 이것이 데카르트가 주창한 심신 이원론이다. 데카르트의 관점에서 우리 인간은 물리법칙에 종속된 신체라는 물질에 신성한 영혼이 깃들어 있는 모순된 존재이다. 오늘날까지도 암묵적으로 많은 이들이 데카르트의 관점으로 인간을 이해하고 있는데, 이것이 세계를 지배하는 도구로 작용했다. 정신에서 작용하는 이성이 인간에게만 있으니 정신이 없는 기계 같은 여타 생물을 지배할 수 있다고 정당화했다.

데카르트를 통해 자연에서 영혼이 제거된다. 데카르트의 정신을 바탕으로 인류는 자연을 이용해서 근대 문명을 급격히 이룩했으나, 어느새 인간의 신비도 사라진다. 우리도 그저 물질일 뿐이라는 유물론의 관점이 주류를 이루고 있다.

세상이라는 커다란 책

데카르트의 철학이 인류 사회에 꼭 좋은 결과만을 가져온 것은 아니다. 현재 우리는 환경 파괴와 문명의 존폐 위기를 겪고 있다. 이 모든 사태의 책임을 데카르트에게 전가할 순 없겠지만, 어느 정도는 데카르트 세계관의 부작용이라고 평가할 수 있다. 아마 데카르트가 타임머신을 타고 현대로 온다면 자신의 시대에는 누리지 못한 자유에 감탄할 것이다. 그러나 동시에 지구 생태계의 위기에 소스라칠 것이다. 그러고는 자신의 특기를 살려서 새로운 의심을 던질 것이다. 자연은 영혼이 없는 물질이라는 현대 사회의 통념이 정말 옳은 것인지, 인간이 자연을 이렇게 망가뜨려도 되는지 철저하게 의심할 것이다.

누구나 시대의 한계에 갇히기 일쑤다. 데카르트 역시 중세와 근대를 잇는 인물로서 한계를 갖고 있었다. 이성의 확신을 통해 근대를 열었으나 이성의 한계를 알지는 못했다. 그래도 그는 최선을 다해 살았다. 종교 분쟁과 사회 혼란으로 어떻게 살아야 할지 막막한 시대에 데카르트는 유럽을 떠돌면서도 열심히 공부했다. 오늘날 우리가 배워야 하는 것은 '생각한다 그러므로 존재한다'는 데카르트의 명제 자체가 아니라 세계를 깊게 공부해 보려고 했던 그의 자세일 것이다.

데카르트는 프랑스에서 태어났으나 고향에 머물지 않고 유랑하면서 살았다. 그저 책만 읽는 것이 아니라 세상이라는 커다란 책을 공부하고자 학교를 떠났고, 그 뒤로 제도권으로 다시 돌아가지 않았다. 데카르트는 자신이 따라야 할 길을 선택하는 데 정신의 모든 힘을 바치겠다고 각오했다. 진리를 찾고자 공부했기에 데카르트는 역사에 한 획을 긋는 인물로 거듭났다.

스웨덴에서 죽은 뒤 그의 유해는 프랑스 파리에 돌아와 안치되었다. 그의 묘비명에는 이렇게 적혀 있다. "데카르트, 유럽 르네상스 이후 인류를 위해 처음으로 이성의 권리를 쟁취하고 확보한 사람."

‣ **데카르트의 핵심 개념**

#자유를찾아서 #의심 #확실한진리 #근대의시작 #연장

#나는생각한다그러므로존재한다 #심신이원론 #정신 #자연지배

‣ **더불어 읽으면 좋을 책**

르네 데카르트, 『방법서설』, 이현복 옮김, 문예출판사, 2022.
르네 데카르트, 『제일철학에 관한 성찰』, 이현복 옮김, 문예출판사, 2021.

파스칼
BLAISE PASCAL (1623~1662)

수학자에서 신학자로 변신

세상에는 뛰어난 재능을 타고나는 이들이 있다. 그들은 어렸을 때부터 비범함을 선보이며 사람들을 놀라게 만든다. 블레즈 파스칼도 그러한 신동이었다. 파스칼은 수학에서 두각을 나타냈다. 열두 살에 삼각형 내각의 합이 180도라는 사실을 발견했고, 열네 살 때는 프랑스 수학자 단체의 정기 모임에 참가했다. 열일곱 살에 발표한 파스칼의 글을 본 데카르트는 그 글을 파스칼의 아버지가 썼을 것이라는 의혹의 눈길을 보냈다. 그만큼 파스칼은 천재였다. 열아홉 살의 나이에는 회계사로 일하는 아버지를 돕고자 세계 최초의 계산기를 발명했다.

　파스칼은 과학자로서도 명성을 차곡차곡 쌓았다. 공기의 압력에 관심을 가졌던 파스칼은 여기에서도 여러 업적을 남겼다.

공기와 관련한 파스칼의 자취를 우리는 날마다 접한다. 기상예보에서 사용하는 헥토파스칼hectopaskal이라는 단위다. 헥토hecto는 10^2을 뜻하는 그리스 접두어로 100을 가리킨다. 다시 말해 헥토파스칼은 100파스칼이란 뜻으로, 파스칼을 기리고자 그의 이름을 따와서 공기압의 측정 단위로 사용하는 것이다.

위대한 수학자가 되리라는 주변의 기대 속에서 파스칼은 갑작스레 철학자이자 신학자로 돌변했다. 변화의 낌새는 스물세 살부터 나타났다. 그 해 파스칼의 아버지가 엉덩이뼈를 다쳐 뼈를 붙이는 접골사들이 집에 머무르게 된 일이 있었다. 열혈 기독교 전도사들이기도 했던 접골사들의 전도에 파스칼은 신앙을 갖게 되었다. 시간이 흘러 파스칼은 불의의 사고를 당한다. 결과적으로는 생명에 지장이 없었으나 사고를 겪은 뒤 그는 사뭇 다른 삶을 살게 된다. 죽을 뻔한 경험 이후 죽음이란 무엇이고 왜 살아야 하는지 스스로 질문하지 않을 수 없었던 것이다. 삶과 죽음의 경계에 섰던 체험을 통해 그는 신학자로 변모했다. 심지어 하늘에서 내려온 목소리를 들었다며 자신의 신앙을 고백하는 글을 쓰기까지 했다.

그는 잠도 제대로 이룰 수 없을 정도의 극심한 두통에 시달리는 고통의 나날들을 보냈다. 혹독한 고통 속에서 글을 쓰던 파스칼은 자신의 마지막을 예감한 듯, 천연두에 걸린 가난한 가족에게 자기 집을 내어 주고는 이윽고 세상과 작별했다. 화려하게 피어올랐던 그는 그리 길지 않은 삶을 살았다. 그렇지만 그가 남긴 사상은 오래도록 인류 사회에 여운을 남기고 있다.

클레오파트라의 코가 조금 낮았더라면

파스칼은 아포리즘 형식으로 글을 썼다. 아포리즘이란 통찰이 담긴 압축된 형식의 짧은 글을 가리킨다. 경구나 격언 그리고 잠언 등을 아우르는 단어다. 파스칼은 묵직한 문장을 구사했다. 상세하게 설명하지 않아서 그의 글은 친절하지 않다. 하지만 그만큼 강렬한 울림을 낳는다. 파스칼의 글이 여기저기서 인용되고 오랫동안 사람들 입에 오르내리는 까닭도 압축적인 만큼 해석의 여지가 다양하기 때문이다.

파스칼이 남긴 유명한 말 가운데 하나가 "클레오파트라의 코가 만약 조금 더 낮았더라면 지상의 모든 표면은 달라졌을 것이다"라는 문장이다. 이집트의 클레오파트라에게 홀딱 반한 로마의 장군들이 클레오파트라의 회유에 넘어가는 바람에 내전이 벌어졌고, 전쟁이 치열해지면서 지형지물마저 바뀌었다는 것이다. 만약 클레오파트라의 코가 높지 않아 덜 아름다웠다면 로마의 장군들이 클레오파트라에게 홀딱 반하지 않았을 테고, 전쟁도 없었을 것이라고 파스칼은 추정한 셈이다.

파스칼이 역사의 가정법으로써 클레오파트라의 코가 조금 낮았으면 어땠을까 상상한 것은 아니다. 그의 의도는 욕망의 부질없음, 욕망에 눈이 멀어 전쟁까지 불사하는 인간의 어리석음에 대한 폭로였다. 클레오파트라를 둘러싼 로마의 내전을 통해 인간의 욕망이 얼마나 헛된지를 말하고자 한 것이다. 로마의 장군들은 자신들이 왜 클레오파트라에 이끌리는지도 알지 못한 채 클레오파트라를 차지하고자 전쟁을 벌였다. 인간을 움직이게 하고 흥분시키는, 그 알 수 없는 욕망이 온 땅과 군대와 세계를 뒤흔들면서 끔찍한 결과를 낳았다고 지적한 것이다. 파스칼에 따르면 현실 세계에서 일어나는 많은 일들이 헛된 것이다. 문제는 우리가 로마의 장군들처럼 '왜 그렇게 행동하는지 알지 못한 채' 그것을 저지르고 있다는 점이다. 부질없는 욕망에 사로잡힌 채 말이다.

파스칼은 현실 세상을 허무하게 바라보았다. 사람이라면 허무를 모를 수 없다고 간주했다. 물론 잡다한 것에 빠진 나머지 현재의 허무를 느낄 겨를이 없는 사람이 있다. 그런 사람을 파스칼은 안타까워했다. 세상의 허무를 알지 못하는 사람이야말로 진정 허무한 사람이기에 그렇다. 언젠가 무기력하게 죽을 수밖에 없는 인간의 숙명을 깊이 생각하면, 그 어떤 것도 우리를 위로할 수 없다고 단언했다. 인생은 허무하게 비참한 것인데, 허무를 자각하지 못하면 더 비참해진다고 여겼다.

예나 지금이나 사람들은 자신의 불행과 비참, 허무에서 도피하고자 오락에 몰두한다. 만약에 세상 사람들에게 오락을 금지한다면 누구 하나 빠짐없이 모두 권태에 시들어 가면서 공허에 시달릴 것이라고 파스칼은 장담했다. 그는 죽음과 비참과 무지를 치유할 수 없어서 사람들이 자신의 진실을 생각하지 않는다고 꼬집었다. 다른 곳으로 눈을 돌리지 못하고 자신을 직시할 수밖에 없을 때 인간은 견디기 힘든 슬픔에 빠지게 된다고 말을 보탰다. 그럼에도 파스칼은 죽음과 허무를 직시했고, 견디기 힘든 슬픔 속에서 글을 써 나갔다.

생각하는 갈대

삶에 슬픔을 느낀 파스칼은 자연에서 가장 연약한 한 줄기 갈대에다 인간을 비유했다. 우수는 그리 힘들이지 않고 인산을 부순다. 한 번 뿜은 증기, 한 방울의 물에도 인간은 죽을 수 있다. 그러나 파스칼은 이처럼 쉽게 박살이 나더라도 인간은 우주의 무엇보다도 고귀하다고 선언했다. 인간은 자기가 죽는다는 사실을 알고 있는 반면 우주는 아무것도 모르기 때문이다.

인간의 존엄성은 사유를 통해 이루어지며, 인간이 스스로를 높이려면 사유를 해야 한다고 파스칼은 강조했다. 따라서 도덕의 원리는 사람들이 올바르게 사유하도록 힘쓰는 것이라고 설파했다. 인간은 허망하게도 간단히 꺾이는 갈대 같다. 하지만 우리는 갈대처럼 흔들리면서 생각한다. 나는 누구이고 인생이 무엇인지 답을 찾고자 고민한다. 바로 이런 사유가 우리를 존엄하게 한다는 것이 파스칼의 철학이다.

파스칼의 글은 좀 우울한 구석이 있다. 그렇지만 파스칼은 우울에 잡아먹히지 않았다. 질펀한 우울 속으로 지혜의 두레박을 던져 맑고 시원한 통찰을 건져 올렸다. 인간의 위대함은 자신이 비참하다는 사실을 안다는 데 있다고 파스칼은 역설했다. 자신의 비참을 아는 것은 물론 비참한 일이지만, 자신의 비참을 아는 인식 그 자체는 위대하다.

자신이 왜 그러는지도 모른 채 여기저기를 돌아다니면서 삶의 진실로부터 도망가지 말고 집에 진득하니 붙어서 자신을 직면하라고 파스칼은 촉구한다. 세상의 모든 불행은 인간이 방 안에 조용히 머무르지 못한다는 단 한 가지 사실에서 비롯된다는 것이 그의 진단이었다. 사람들이 홀로 즐겁게 있지 못하기 때문에 대화와 도박과 놀이를 찾아 밖으로 나온다고 개탄했다. 때때로 자기 방 안에서 혼자 시간을 보내며 가만히 사유하는 시간을 가질 필요가 있다고 조언하는 셈이다. 그는 자기 자신과 보내는 고요한 시간을 통해 고귀해졌다.

천사와 야수

인간은 오로지 신만을 바라보면서 살아가는 천사도 아니고, 야생에서 험하게 살아가는 야수도 아니다. 우리 안에는 천사와 야수가 함께 있다. 자신을 짐승처럼 여겨서도 안 되고, 천사라고 착각해서도 안 된다고 파스칼은 말했다. 인간의 성스러움을 밝히지 않고 얼마나 상스러운지 까발리는 것은 위험하다. 인간의 상스러움을 밝히지 않고 성스러움만을 내보이는 것도 위험하다. 어느 것도 알려 주지 않는 것은 더 위험하다. 하지만 둘을 다 보이는 것은 매우 이로운 일이다. 파스칼은 자기 안의 야수성을 알지 못한 채 천사가 되려는 자는 불행하게도 짐승이 된다고 예견했다. 인간이 무엇인지를 탐구하지 않고 산다면, 맹목의 상태로 세상을 방황하면서도 왜 자신의 삶이 고통스러운지 모르게 된다.

파스칼에 따르면, 인간은 이성으로만 살아가는 천사 같은 존재가 아니다. 우리의 이성은 현실에서 쉽게 오염된다. 우리는 자신의 이익에 눈멀기 일쑤다. 아무리 공정한 사람이어도 자신과 관련된 소송에서는 재판관을 할 수 없다. 인간은 자기 이익을 무엇보다 먼저 챙기기 때문이다. 타인이나 어떤 대상을 좋아하거나 싫어하는 마음도 공정한 판단을 흐리게 만든다. 인간의 정의로움은 상황에 따라 변한다. 파스칼은 인간의 이성이 바람이 불어오는 방향에 따라 나부낀다면서 인간의 이성을 가소롭게 여겼다. 결국 우리가 진정으로 자신을 아는 방법은 오만한 이성의 떠들썩한 움직임이 아니라 이성의 겸허한 굴복이다. 인간에게는 자신의 상태만큼 중요한 것이 없으며, 한 인간의 덕성은 그의 일상에서 측정된다. 파스칼은 건방진 이성을 겸손하게 길들이는 과정 속에서 인간의 덕성이 쌓여 간다고 믿었다.

파스칼의 내기

파스칼은 밤하늘을 바라보면서 신비와 함께 공포를 느꼈다. 저토록 무한한 우주가 펼쳐져 있는데, 그것은 우리에게 아무런 말도 해주지 않는다. 우리는 우주의 의미를 투명하게 알지 못한다. 이 무한한 공간의 영원한 침묵이 파스칼을 두렵게 했다. 신비와 공포 속에서 파스칼은 신을 만났고, 사람들에게 신을 알리려는 목적으로 글을 썼다. 회의주의나 합리주의에 맞서 전통의 신을 변호하려고 애썼다. 파스칼에 따르면, 신은 참된 선이고, 우주의 창조자이며 인생의 의미다. 사람이 참된 선을 잃어버리면 모든 것을 선으로 볼 수 있다고 우려했다. 참된 선이란 신이다. 신에 대한 믿음을 잃어버리면, 어떤 것이든 신처럼 섬길 수 있게 된다. 돈을 숭배하고, 권력을 추종하고, 쾌락에 마비되는 일이 벌어지는 것이다. 현대인들이 방황하는 이유도 어쩌면 신에 대한 믿음을 잃어버렸기 때문인지 모른다.

파스칼은 신실한 기독교인으로서 글을 썼다. 파스칼이 살던 시대는 기독교 안에 여러 분파가 생기면서 혼란스러운 시기였다. 파스칼조차도 예수회와 로마 교황청으로부터 이단이라는 소리를 들었을 정도였다. 이단이라고 불리더라도 그는 자신만의 방법으로 신을 증명하려 했다. 그는 수학자 출신답게 확률론을 사용했다. 파스칼은 한쪽이 우세한 상황에서 경기가 중단되었을 때 상금을 배분하는 방법을 연구한 적이 있었다. 수학자 페르마와 편지를 주고받으면서 함께 연구한 내용은 확률론의 기초가 되었다. 이러한 확률론을 파스칼은 신앙에 적용했고, 신이 있을지 없을지 내기를 걸었다. 일단 사람으로 태어났다면, 자신의 의지와 상관없이 이미 인생을 살면서 신앙을 두고 내기 하는 상황에 처한다. 신을 믿는 것과 믿지 않는 것 가운데 어느 쪽의 손실이 크고 어느 쪽이 이득일지 헤아려야 하는 것이다. 이 내기에 바로 행복이 걸려 있다.

신앙을 두고 생겨나는 손익의 결과를 파스칼은 다음과 같이 추론했다. 신앙인으로 살아가는데 정말로 신이 있다면 전부를 얻는다. 만약에 신이 없더라도 잃는 것은 없다. 반면에 신앙 없이 살아가는 것을 선택했는데 자신의 선택대로 신이 없다고 해도 얻는 것은 그리 많지 않다. 그런데 신이 있다면 모든 것을 잃는다. 그렇다면 망설이지 말고 신이 존재한다는 쪽에 내기를 걸어야 한다는 것이 파스칼의 주장이었다.

신이 없더라도 신앙인이 잃는 게 아무것도 없다는 파스칼의 논리는 좀 허술하다. 신이 없는데 신앙을 갖는 사람은 세상의 진실에서 멀어진 채 파스칼 자신이 피하려고 했던 맹목의 오류와 불행에 갇힌다. 이렇게 보면 신앙이 인생을 망칠 수 있다. 하지만 파스칼이 보기에는 아무것도 믿지 않겠다는 고집이야말로 삶을 망가뜨리는 가장 큰 위험이었다. 아무것도 믿지 않겠다는 태도는 세상을 깊게 공부해서 습득한 결과가 아니라 무엇이 진실인지 탐구하지 않으려는 게으름일 경우가 많기에 그렇다.

게으른 사람이 인생을 잘 살기는 어려운 법이다.

파스칼의 내기는 그저 신의 존재 여부를 두고만 벌어지는 사고실험이 아니다. 우리에게 고민을 불러일으킨다. 그냥저냥 어영부영 살지 말고, 삶을 어떻게 살지를 깊게 고민하고 결정할 때라고 유혹하기도 한다. 물론 당장 등 떠밀려 선택할 필요는 없다. 차분히 여러 가지를 깊게 공부한 뒤에 선택해도 늦지 않다. 신이 있든 없든 하루하루 마음을 열고 꾸준히 공부해 나가는 것이 중요하다. 무엇이 진실일지 최선을 다해 공부하다 보면 하나하나 밝혀질 테고, 우리는 더 지혜로워질 것이다. 파스칼의 말마따나, 인간은 갈대처럼 흔들리면서도 자기 자신과 우주를 사유하는 경이로운 존재다.

▸ 파스칼의 핵심 개념

#핵토파스칼　　#클레오파트라의코가조금낮았더라면　　#생각하는갈대

#겸손한이성　　#천사와야수　　#내기　　#기독교　　#허무　　#비참

▸ 더불어 읽으면 좋을 책

블레즈 파스칼, 『시골 친구에게 보낸 편지』, 김형길 옮김, 서울대학교출판문화원, 2023.

블레즈 파스칼, 『팡세』, 이환 옮김, 민음사, 2003.

칸트
IMMANUEL KANT (1724~1804)

가터벨트를 발명한 철학자

스타킹은 남자가 착용하는 의류였다. 그런데 신축성이 좀 떨어졌다. 남자들은 흘러내리는 스타킹을 종아리나 허벅지에 끈으로 묶어서 고정해야 했다. 불편을 느낀 독일의 한 남자가 고정 대님을 만들어 냈다. 이 고정 대님은 스타킹이 흘러내리지 않도록 잡아 줘서 인기를 끌었고, 영국 최정상의 인물들로 구성된 가터 기사단이 착용하면서 가터벨트라는 이름을 얻었다.

가터벨트를 만든 남자는 자신이 태어난 고장을 평생 벗어난 적이 없었다. 하지만 박학다식했고 입담이 좋았다. 자신이 가지 않은 지역이나 본 적도 없는 동식물을 주제로 청산유수처럼 이야기했다. 그가 가르친 세계 지리는 대학의 인기 강좌였다. 등이 굽고 키가 작은 남자가 펼치는 이야기 속으로 학생들은 빨려

들어갔다. 이 사람의 이름은 이마누엘 칸트다.

칸트는 가장 유명한 철학자 가운데 한 명이다. 중고등학교 교과서에도 그의 철학이 꽤 상세히 실려 있을 정도다. 칸트가 유명한 이유는 철학계의 판도를 바꿨기 때문이다. 칸트 이전에는 수많은 철학자가 저마다 자기 의견이 옳다고 따따부따했다. 난잡한 철학계의 흐름을 영국과 대륙이라는 두 개의 범주로 나눈 칸트는 그들을 대립하게 만든 문제를 파악해서 자기의 방식으로 설명했다. 영국에서 활동했던 학자들은 경험을 중시했으므로 경험주의라고 분류하고, 대륙에서 활동했던 사람들은 합리성을 중시했으므로 합리주의로 묶었다. 칸트는 경험주의와 합리주의를 분석해서 종합했다. 그리고 경험주의 틀 안에서 합리주의 정신으로 인간과 세계를 탐구했다. 제각각 흐르던 물줄기가 칸트라는 거대한 호수로 모였다가 다시 세상으로 뻗어 나간 셈이다. 칸트의 철학을 만난다는 것은 철학계의 거대한 호수 속으로 뛰어드는 일이다.

이성을 사용할 용기

칸트는 계몽주의의 물결이 유럽을 뒤흔들던 시절을 살았다. 왕과 성직자와 귀족들이 전통과 권위를 내세우면서 사람들에게 복종을 요구하던 시대가 저물고 있었다. 사람들은 교육을 통해 문맹에서 벗어났다. 어둠을 밝히면서 현명해지는 변화, 그야말로 계몽이 이루어지고 있었다.

계몽주의의 한복판에 칸트가 등장했다. 칸트는 계몽을 미성년 상태에서 벗어나 스스로 마땅히 책임지는 일이라고 정의했다. 미성년자는 자신의 행동을 책임지지 못한다. 어른의 지도와 허락을 받아야 한다. 그만큼 자신의 지성에 대한 확신도 떨어지기에 권위자의 확인과 동의를 얻으려고 한다. 반면에 계몽된 사람은 자기 스스로 지성을 사용하고, 말과 행동에 책임진다. 사람들이 미성년의 상태에 머무는 것은 지성이 결핍되었기 때문이 아니라 자신의 지성을 사용하는 결단과 용기가 결핍되었기 때문이라고 칸트는 진단했다. 그는 말했다. 과감히 알려고 하라고, 너 자신의 지성을 사용할 용기를 가지라고.

비록 몸은 성인이더라도 의식 상태는 아직 미성년일 수 있다. 세상이 알려 주지 않는 것을 과감히 알려고 하지 않는다면 말이다. 지성을 발휘해 스스로 판단하지 않고 남들이 맞다고 하는 것을 맞다고 고개를 주억거린다면 아직 계몽되지 않았다는 뜻이다. 정신이 자유로운 사람은 모든 것에 호기심을 느끼고, 스스로 더 알려고 노력한다. 더 알려는 과정에서 자기 안의 어둠과 어리석음에 빛이 비친다. 아리송했던 마음이 환해진다. 지혜로워지고, 자유로워진다. 계몽이 이루어지는 것이다.

세상을 둘러보면, 자기 안의 어둠과 어리석음을 방관하는 이들이 흔하다. 정신을 단련하여 미성년 상태에서 벗어나 확실한 발걸음을 내딛는 사람은 지극히 드물다고 칸트는 안타까워했다. 칸트는 사람들이 발걸음을 내딛도록 이끌었다. 칸트의 제자 가운데 한 명은 칸트가 자신들에게 스스로 생각하도록 부드럽게 강요했다고 평가했다. 부드러운 강요 속에서 제자들의 지성은 성장했다. 제자들은 '최고의 감사와 존경을 다해 부르는 이름이 이마누엘 칸트'라고 칭송했다.

하지만 칸트도 처음부터 탁월한 철학자는 아니었다. 그 역시 선배들의 도움을 받으면서 계몽했다. 그는 앞 시대 영국의 철학자 데이비드 흄의 책을 읽고는 독단과 미망에서 벗어났다고 고백했다. 인간은 누구나 공부를 통해 자신의 어둠을 걷어 내고 이성을 밝힌다.

나는 무엇을 알 수 있는가?

칸트는 이성을 사용할 용기를 독려하는 한편으로 이성이 독단으로 활동할 수 있다는 위험도 경고했다. 우리가 어디까지 알수 있고, 어떤 것을 알 수 없는지 구분하려고 애썼다. 칸트는 인간의 이성이 인식할 수 있는 범위와 한계를 탐구했다. 이성을 통해 명확하게 알 수 없는 문제들이 있다. 예컨대 신의 존재나 영혼 불멸 같은 문제들이다. 이성을 통해 알 수 없는 것을 이성으로 알려고 하는 것을 두고 칸트는 독단이라고 평했다. 형이상학의 문제에 대해서는 참인지 거짓인지 학문으로 검증할 수 없다고 선을 그었다.

이성의 한계를 지적한 칸트는 우리가 경험에 앞서 이미 가지는 인식 형식을 제시했다. 이것은 경험에 앞서 존재한다고 하여 '선험'이라고 불린다. 칸트에 따르면, 세계란 인식 형식인 시공간과 범주에 의거해서 규정되는 현상이다. 우리는 사물을 있는 그대로 인식하는 것이 아니라 선험하는 인식 형식을 통해서만 인식한다. 칸트는 사물을 물자체와 표상으로 구분했다. 우리가 인식하는 것은 '사물 그 자체'가 아니라 인식 형식을 통해 산출한 '사물의 표상'이라는 것이다.

칸트에 따르면 우리 앞에 펼쳐진 세계 역시 세계 그 자체가 아니라 인식 형식을 통해 구성된 표상일 뿐이다. 달리 말하면, 세계란 원래 있는 대로 있는 것이 아니라 인식하는 대로 있다. 칸트는 외부의 대상을 물자체라고 부르면서, 물자체는 '알 수 없다'고 간주했다. 예컨대 우리는 바나나의 물자체를 알 수 없다. 우리는 우리의 감각기관을 통해 포착된 표상만을 감지할 수 있다. 노랗게 반사된 시각 표상과 향긋한 후각 표상, 그리고 약간 부드러우면서도 단단한 과육의 촉각 표상과 달콤한 미각 표상을 알 수 있을 따름이다. 우리는 사물을 있는 그대로, 고스란히 알지 못한다. 감각기관을 거치면서 전달되어 종합된 내용을 그 사물이라고 여길 뿐이다. 더구나 감각기관은 세계의 진정한 모습을 나에게 알려 주지 않는다. 우리의 눈은 분명히 존재하는 적외선이나 자외선을 보지 못하고, 우리의 귀는 고주파의 소리를 듣지 못한다. 감각기관은 생존과 번식에 도움이 되는 것만을 지각할 수 있다.

칸트는 자신의 통찰을 코페르니쿠스적 전회라고 자평했다. 태양이 지구를 도는 것이 아니라 지구가 태양을 돈다는 사실을 발견한 코페르니쿠스처럼 자기 역시 인식론의 혁명을 일으켰다는 것이다. 칸트를 통해 세계의 존재 원인이 외부 세계가 아니라 관찰자로 이동한다. 세계가 있는 그대로 현상되지 않고 선험하는 인식 형식을 통해 파악되기 때문에, 연구해야 할 것은 외부 세계가 아니라 세계를 그렇게 만들어 낸 나 자신이다.

나는 무엇을 해야 하는가?

세계의 물자체를 알 수 없더라도 우리는 세계 안에서 살아간다. 그렇다면 어떻게 살아야 할까? 칸트는 그 해답으로 '도덕법칙에 따른 삶'을 내놓았다. 칸트는 인간 모두가 자신의 이성을 발휘해서 합당하다고 인정하는 도덕을 도덕법칙이라 불렀다. 우리 마음에서 충동과 도덕이 투쟁한다. 도덕이 이기면 선한 행동을 하고, 충동이 이기면 그릇된 행동을 저지른다. 충동은 감정의 변덕을 일으키면서 사사로운 이익을 추구하게 하거나 도덕법칙에 어긋난 행동을 하게 만든다. 그래도 우리는 충동을 다스리면서 도덕법칙을 한결같이 지켜야만 한다고 칸트는 주장했다. 비록 도덕법칙에 따른 결과가 항상 좋지 않더라도 말이다.

그는 결과보다 동기를 더 중요하게 여겼다. 특정한 결과나 목적을 달성하려고 도덕을 지키는 것이 아니다. 그러한 조건과 상관없이 옳으니까 지키라고 도덕법칙은 우리에게 명령한다. 칸트는 이러한 명령에 '정언명령'이라는 이름을 붙였다. 정언명령은 상황이나 조건에 따라 변하지 않는다. 어떠한 상황에서도 무조건 따라야만 하는 의무다.

그는 인간이라면 누구나 한평생 지켜야 하는 정언명령을 두 가지로 제시했다. 첫째, 너 자신이 의지하는 준칙이 언제나 보편성을 지닌 입법의 원리가 될 수 있도록 행위하라는 것이다. 조금 쉽게 풀어 보면, 어떤 행동을 할 때 다른 사람들이 나처럼 행동해도 괜찮은지 생각해 보고 그렇게 해도 괜찮은 행동을 하라는 것이다. 예컨대 누군가에 대해 뒷말을 하고 싶더라도 남들이 나에 대해 쑥덕공론하는 것이 싫다면 하지 말아야 한다. 둘째, 나 자신과 다른 모든 사람의 인격을 언제나 목적으로 대하라는 것이다. 인간 자체가 목적이므로, 인간을 수단처럼 사용해서는 안 되며 모든 인간이 존엄한 대우를 받아야 한다. 칸트는 아직 인권 개념이 무르익지 않은 시대에 '인간은 그 어떤 누구에게도 유린당해서는 안 되는 절대 가치를 지녔다'고 힘주어 말한 선구자였다.

칸트의 오점

시대의 선구자였던 칸트는 산책의 선구자이기도 했다. 칸트는 날마다 오후 3시 30분이 되면 집을 나서서 걸었다. 사람들이 칸트를 보고 시계를 맞췄다는 일화가 전해질 만큼 그는 성실하게 발을 움직였다. 그런 그가 산책을 빼먹은 적이 두 번 있었으니, 바로 프랑스 혁명을 알리는 신문을 읽었을 때와 루소의 책 『에밀』을 읽었을 때였다.

칸트는 루소의 영향을 크게 받았다. 대중이 아무것도 모른다고 경멸하던 칸트는 루소의 『인간 불평등 기원론』을 읽으면서 번개를 맞은 듯한 충격을 받았다. 자신도 모르게 갖고 있던 맹목의 편견이 깨져 나가는 독서 체험이었다. 그 후 칸트는 평등주의자로 변신했다. 그런데 그러한 칸트가 최근 인종차별주의자로 도마 위에 오르고 있다. 그가 곳곳에서 보인 인종차별의 언어들이 그의 명성에 흠집을 내는 것이다.

칸트는 이성의 사사로운 사용이 아니라 공공 목적을 위한 사용을 통해 '세계시민'이 되어야 한다고 요청했다. 과거에 생소했던 세계시민이라는 개념을 칸트가 처음으로 고안해 냈다. 하지만 칸트에게 세계시민의 평등과 존엄은 백인들에게만 통용되는 개념이었다. 칸트는 기후 조건의 차이로 말미암아 백인과 황인 그리고 흑인과 아메리카 원주민이라는 네 가지 인종이 생겨났는데, 이 가운데 오직 백인만이 진정으로 발전할 수 있다는 망발도 서슴지 않았다.

현대에 이르러 칸트의 세계시민 개념은 인종차별적이라는 지적을 받으며 그의 대단한 명성에 오점을 남겼다. 그러나 칸트

덕에 우리는 모든 사람을 아우르는 세계시민 개념을 추구할 수 있게 되었다. 나아가 우리는 칸트의 오점을 들여다보면서 더욱 지혜로워질 수 있다. 우리 역시 우리가 인지하지 못하는 오점을 가지고 있을 것이기 때문이다. 훗날 후손들은 현재 우리가 당연하게 생각하는 말과 행동을 보며 경악할지도 모른다.

하늘에 별, 마음에는 도덕법칙

칸트도 불완전한 인간이었다. 행복하고 싶은 평범한 사람이었다. 칸트는 행복을 골똘히 연구하더니 전통 철학이 얘기하는 행복을 비판했다. 학파마다 강조점이 다르더라도 도덕성을 확보하고 덕을 쌓으면 행복해진다는 주장이 철학계를 관통하고 있었다. 이른바 '최고선'이 있다는 것이다. 칸트는 '최고선'과 '최상선'을 구분했다. 최고선이 덕과 행복의 일치라면 최상선은 도덕법칙에 따라 이루어지는 덕이다. 칸트는 도덕법칙에 따라 살아 최상선을 이룩하더라도 최고선에 이른다는 보장이 없다고 추론했다. 그저 행복해도 좋을 자격을 갖추게 될 뿐이다.

각자의 도덕성과 행복은 비례하지 않는다. 이런 현실에서 칸트는 행복을 위해 신을 요청했다. 비록 이성의 한계로 그 존재를 알 수는 없지만, 행복의 배분에 개입하는 신묘한 신이 있다면 각자의 도덕성에 상응하는 만큼의 행복을 희망할 수 있기 때문이다. 칸트는 신만큼이나 신묘한 것이 두 가지 더 있다고 예찬했다. 바로 숙고하면 할수록 점점 더 새롭고 큰 경탄과 경외심으로 마음을 채우는, 별이 빛나는 하늘 그리고 내면에서 반짝이는 도덕법칙이다.

하늘이 언제나 푸르게 나를 감싸 주고, 어둠이 깔려도 별들이 총총 빛나면서 우리를 인도하듯 삶이 혼탁해져도 도덕법칙은 우리를 안내한다. 비록 인생이 행복하지만은 않더라도 무엇이 옳고 그른지 우리는 알고 있다. 이따금 흔들릴 때도 하늘이 나를 바라보고, 내면에서 빛나는 도덕법칙이 우리를 이끈다. 칸트는 새벽에 세상을 떠나면서 "이것으로 좋다"라는 말을 남겼다. 하늘의 별을 마음에 품고 내면에서 빛나는 도덕법칙을 따르며 사는 삶이란 좋은 것이다.

▸ **칸트의 핵심 개념**

#계몽   #이성   #물자체와표상   #도덕법칙   #정언명령

#인권의선구자   #세계시민   #행복   #하늘에는별마음에는도덕법칙

▸ **더불어 읽으면 좋을 책**

이마누엘 칸트, 『계몽이란 무엇인가』, 임홍배 옮김, 길, 2020.
진은영, 『순수이성비판, 이성을 법정에 세우다』, 그린비, 2004.

니체

FRIEDRICH WILHELM NIETZSCHE (1844~1900)

신의 죽음을 선언한 다이너마이트

인류사에 등장한 문장들 가운데 가장 강렬한 문장이 무엇인지 투표한다면 어떤 결과가 나올까? 여러 후보가 경합하는 가운데 "신은 죽었다"는 니체의 문장이 꽤 많은 표를 받을 것 같다. 신이 죽었다는 문장을 처음 접하면 마음속에 큰 파문이 생기기 마련이다.

여전히 많은 사람이 신을 숭배하며 의지한다. 신이 죽으면 엄청난 충격과 지독한 허무가 찾아든다. 하지만 신의 죽음은 절망만을 뜻하지 않는다. 새로운 탄생은 혼란과 고통 속에서 잉태하는 법이다. 신이 죽었다는 선언에는 신에게 복속된 과거 인간의 몰락과 아울러 새로운 인간의 출현이라는 환희가 담겨 있다.

니체는 신성모독도 마다하지 않았고, 문명사회가 당연하게 여기는 가치 체계를 맹렬히 거부했으며, 남들이 미쳤다고 할 법한 생각들을 서슴지 않고 표출했다. 그것이 인류를 위해 자신이 짊어져야 하는 운명이라고 여겼다. 자신을 인간이 아니라 다이너마이트라고 정의했다.

니체를 처음으로 마주하면 이 사람이 천재인지 과대망상증 환자인지 헷갈릴 수밖에 없다. 니체는 자신이 어떤 인물인지 대중이 알아차리기는 어려울 테지만, 100년이 지난 뒤 탁월한 천재가 나타나 자신을 무덤에서 발굴하리라고 예언했다. 그의 예언은 적중했다. 니체는 수많은 학자의 찬탄을 받으면서 연구됐고, 오늘날에 가장 인기 있는 철학자 중 한 명이 되었다. 당대에도 충격을 안겼던 니체의 문장들은 여전히 우리에게 전율을 선사한다. 그는 상식을 파괴하는 폭탄을 책 곳곳에 숨겨 두었다. 그의 책은 펼쳐치는 순간 파열음과 자욱한 연기를 내며 우리를 깜짝 놀라게 한다. 니체는 엄격한 논리를 구사하기보다는 문학적 기교에 가까운 유려한 문체를 구사한다. 아찔한 문장으로 독자를 아름다운 아픔 속에 빠트린다. 니체를 모르는 사람은 있더라도 한 번만 읽은 사람은 없다.

광기와 천재성 사이에서 오락가락하던 니체의 이성의 끈은 1889년 1월 3일 이탈리아 토리노에서 결국 끊어졌다. 그날 아침에 무슨 일이 일어났는지 확실하게 알 수는 없다. 다만 전해지는 말에 따르면, 니체는 평소처럼 광장으로 나섰다가 모질게 채찍질당하는 말을 목격했다. 니체가 달려들어서는 말을 부둥켜

안으며 목 놓아 울었고, 정신 줄도 놓고 말았다. 그 뒤로는 자신이 누구인지도 모른 채 침상에서 지내다가 세상을 떠났다.

니체가 정신을 잃어버리고 멍하니 여생을 보내는 동안, 유럽의 한복판에 니체라는 폭탄이 터졌다. 사람들이 니체가 불어넣은 열기에 어찌나 흥분했는지, 니체를 모르는 사람은 나체 상태로 돌아다닌다고 취급될 정도였다. 아마 문학가들 중에서는 니체의 영향을 받은 사람보다 안 받은 사람을 가려 내는 것이 더 쉬울 것이다. 무용마저도 니체의 영향을 받았다. 현대무용을 창시한 이사도라 덩컨은 니체를 최초의 춤추는 철학자라고 일컬으며 침대 곁에 니체의 책을 평생 두었다. 한국 현대무용의 개척자 최승희도 자신의 스승이 니체에 매료된 사람들이었던 터라 니체의 영향을 받지 않을 수 없었다. 음악에서는 여태껏 이백 명이 넘는 작곡가가 니체의 글에 음악을 붙여 작곡하거나 그의 철학에 감응을 받아 작품을 만들었다. 그 가운데 대표곡으로 리하르트 슈트라우스의 교향시 「차라투스트라는 이렇게 말했다」가 있다. 이 곡은 니체를 만나는 배경음악으로 아주 잘 어울린다.

노예도덕의 반란

니체는 우리가 당연하게 받아들이는 선악, 흔히 좋음과 나쁨으로 나누어 생각하는 도덕의 가치를 거부했다. 선이란 그저 착하게 행동하고 남에게 피해를 주지 않는 것이 아니다. 니체에게는 고귀한 것이 곧 선이었다. 좋음이란 원래 '고귀한 인간'에게 있었으며, 고귀한 인간과 하층민의 차이야말로 좋음과 나쁨의 대립이었다. 고귀하고 강력하고 아름답고 행복한, 신의 사랑을 받는 자가 추구하는 것이 선이라는 가치이다. 그런데 가치의 기준이 뒤집혀서 나약하고 비천한 자들의 욕망이 선으로 둔갑했다고 니체는 주장했다.

현재 통용되는 도덕에는 비천하고 무력하고 추하고 불행한, 신의 사랑을 받지 못하는 자들이 품고 있던 증오와 원한이 도사린다고 니체는 한탄했다. 선악의 기준이 뒤집힌 원인으로 니체는 유대교와 기독교를 꼽았다. 유대교인과 기독교인들은 로마 같은 강력한 압제자들의 모진 탄압에 맞서지 못했다. 무기력하게 지배당하면서 생겨난 증오와 원한을 종교 안에 숨겨서는 전세계에 퍼뜨려 자신의 적에게 복수한 것이다. 약자들의 도덕에서는 무력감이 선으로 칭송되고, 비굴함이 겸손으로 포장되며, 증오하는 것들에게 지배당하는 일이 순종으로 묘사되고, 약자가 지닌 비겁함이 인내라는 미덕으로 평가된다. 복수할 수 없으면서 복수하지 않는다고 착각하고, 심지어 그것을 용서라고 부르기까지 한다고 니체는 탄식했다. 사람들은 원수에 대한 사랑에 대해서도 떠든다. 식은땀을 뻘뻘 흘리면서 말이다.

니체에 따르면, 도덕의 차원에서 반란이 일어나 노예의 도덕이 세상을 지배한다. 노예도덕은 강자에게 맞서 싸울 힘이 없는 자신을 위로하면서 죽은 다음에 축복을 받을 것이라고 가르친다. 천국에 가 호강하겠다는 희망을 마취제처럼 맞으면서 시궁창 같은 현실에 체념한 채 나날이 신음하도록 만드는 것이다.

많은 이들이 양심의 가책이나 죄책감이라는 가시면류관을 머리에 쓴 것처럼 살아간다. 이것이 약자들을 관리하는 교묘한 통치술이라고 니체는 간파했다. 약자는 자유를 억압당하면서 생겨난 원한을 외부로 발산하는 대신 그 원한이 자신을 향하도록 한다. 발산되지 않는 공격성이 죄책감의 기원이라고 니체는 분석했다. 또한 양심의 가책을 가장 심각한 병이라고 간주했다. 자신을 괴롭히는 강자에게는 입도 벙긋 못하면서 자기 자신은 못 잡아먹어 안달한다. 적에게 저항하지 못한 채 자신을 학대하는 사람들은 자신이 착하다는 허영심에 사로잡힌다. 이것이 노예도덕이 초래한 사태다. 노예도덕에 옥죄인 사람들은 지배하기 편하다. 노예들은 어련히 순종하면서 지배자들의 어리석음과 잘못을 용서하는 가운데 자신을 짓누른다.

노예도덕은 인간을 길들인다. 인간이라는 맹수가 원한으로 만들어진 문화에 의해 가축이 되었다는 것이 현대 문명에 대한 니체의 진단이다. 고귀한 존재가 될 수 있었던 인간은 어느새 시시하고 별 볼 일 없는 존재가 되어 버렸다. 자기 힘을 펼쳐 내는 고귀한 사람이 사라졌다. 현대인은 예측 가능하고 규칙적이며 뻔한 존재다. 무의식에 공포가 심긴 채 자신의 본능을 부끄러워한다. 천사가 되고자 삶의 관능과 쾌락을 역겨워한다. 인간은 나약해지고 인생은 지루해진다. 니체는 약자들의 비빌 언덕이었던 신을 철학이라는 망치로 파괴했다. 이번 생의 자유를 포기하고 인내하다가 죽은 뒤에 천국에서 구원받으려는 이들에게 '신은 죽었다'고, 자신의 비겁함과 나약함을 미화하지 말라고 야단쳤다.

거침없는 문장들로 말미암아 니체는 약자들을 혐오하는 극우 사상가라고 오해받기도 했다. 분명 니체의 글에는 오해의 소지가 다분하다. 그런데 자세히 살피면 니체가 약자 자체를 혐오한 것은 아니다. 다만 약자들이 따르려고 하는 겸손이나 순종, 인내와 용서 같은 도덕을 경멸했을 뿐이다. 니체는 자기 삶을 부정하고 고통에서 빚어지는 쾌락으로 인생에 의미를 부여하는 사람을 병들었다고 판단했다. 고통을 잠깐 회피하고자 비겁하게 처신하지 말고, 자신보다 강한 상대와 투쟁하라고 말했다.

허무주의를 극복하는 힘에의 의지

니체는 뒤집힌 도덕의 기준을 전복하려 했다. 약자의 기준에 맞춰서 형성된 도덕이 아니라 고귀한 자의 도덕을 추구하라고 불호령을 내렸다. 니체는 자신처럼 가치를 다시 뒤집지 않으면 가장 섬뜩한 허무주의가 등장하리라 예견했다. 인간에 대한 커다란 혐오와 동정이 뒤섞이면서 생겨난 허무가 현대인을 집어삼킬 것을 우려했다. 현대인은 더 나은 인간이 되려고 자신의 힘을 발휘하지 않고 그저 남들과 비슷해지려고 안달하며 안주한다. 약자를 동정하고 강자를 혐오한다. 이러한 사람은 허무해진다. 허무한 사람들은 원한에 사로잡힌 채 자신을 경멸하면서 새로운 변화를 시도하려는 사람을 증오한다. 그들은 모두가 불행해질 때까지 불행을 퍼뜨린다. 허무한 나머지 허무를 욕망하는 지경에 이른다고 니체는 묘사했다.

허무를 욕망하지 않으려면 변화를 향해 힘을 뿜어내야 한다. 노예도덕에 길들여지면 자기 삶을 개척하는 의지가 병든다. 높은 영혼이 되고자 용감하게 모험하지 않는다. 지금부터라도 새롭게 도전하라고, 타고난 생명의 특성을 발휘하라고 니체는 촉구했다. 생명은 본래 거침없이 살아간다. 다른 생명을 착취하는 것은 생명의 본질에 속한다. 착취란 부패하고 불공정한 야만의 행태이기도 하지만 동시에 모든 인간 사회에서 이루어지는 행태다. 우리도 자신의 편리를 위해 지구를, 다른 누군가의 노동을 착취한다. 이러한 주장이 불편할지 몰라도 이것이 생명의 역사라면서, 우리 자신에게 솔직해져야 한다고 니체는 일갈했다.

모든 생명은 더 큰 힘을 바란다. 생명은 자신의 힘을 펼쳐 내려 한다. 이것이 니체 사상의 핵심인 '힘에의 의지'다. 이를 통해 인간 안에 생동하는 의지를 뿜어내고 세계를 향유하는 철학을 가르치고자 했다.

니체는 사람을 둘로 구분했다. 내 안에서 하고자 하는 것을 한다면 강자이자 귀족이다. 반면에 남들이 보기에 좋은 것을 하거나 수동적으로 행동하면 약자이자 노예다. 강자가 자기를 긍정하면서 자신의 도덕을 세운다면, 노예는 타인을 부정하면서 자신이 선한 사람이라는 도덕을 만든다. 타인을 나쁘다고 전제한 뒤에 자신을 착한 사람이라고 정의하는 자는 노예다. 노예가 곁눈질하면서 끊임없이 남들과 자신을 비교한다면, 귀족은 타인을 신경 쓰지 않고 스스로를 긍정한다. 그저 자기 인생을 한 편의 모험으로 즐긴다.

니체는 인생을 최대한 풍요롭게 실천하고 최대한 만끽할 수 있는 비결을 일러 준다. 화산의 비탈에 너의 도시를 세우라고. 위험하게 살라고. 새로운 전쟁을 준비하라고.

인간을 극복한 초인

당연하게 통용되는 도덕관을 부정했듯, 니체는 세계관도 부정했다. 세상에 정답이란 없다는 것이다. 사람들은 의지와 힘과 충동을 통해 각자의 방식으로 살아간다. 니체에 따르면, 하나의 진리란 없다. 수많은 관점이 있을 뿐이다. 고귀한 사람이 자신의 관점에 따라 만들어 내는 자기만의 삶, 그것이 풍요로운 인생이다. 니체는 고귀한 삶, 즉 자신의 인생을 진리이자 예술이라고 외치면서 자기만의 가치를 추구하는 삶을 살라고 말한다.

다른 가치를 추구하는 것을 허용하고 권장해야 한다. 누군가의 관점을 정당화하면서 타인에게 강요하는 것은 그 사람을 노예로 만드는 일이다. 니체는 다르게 생각하는 사람이 아니라 같은 사고방식을 가진 이를 존경하도록 지시하는 것이야말로 젊은이를 타락시키는 확실한 방법이라고 주장했다. 사람마다 빚어내는 각자의 차이를 존중할 줄 알라고 가르치는 셈이다.

주체성을 갖고 차이를 표현하는 사람은 판에 박힌 인간성에서 벗어난다. 자기 삶의 준칙을 스스로 세운다. 이런 존재가 진정한 철학자다. 진정한 철학자란 자기 내부의 저항을 극복하며 새로운 가치를 창조하는 입법자라고 니체는 정의했다. 자신이 창조한 관점을 통해 위대한 예술이 탄생하고, 자기의 삶 역시 놀라운 작품이 된다. 기존의 인간성에서 벗어나 새로운 가치를 창출한 존재가 바로 '초인'이다. 인간이라면 당연히 이래야 한다는 편견을 극복해야 초인이 된다. 초인은 자기 자신을 긍정하면서 인생을 흥미진진하게 펼쳐 낸다. 삶에 밀착해서는 아이처럼 한바탕 논다.

니체는 인간 정신의 3단계를 제시했다. 첫 단계는 낙타다. 노예도덕이 철저하게 길들인 존재다. 낙타는 채찍질이 무서워서 사막을 엉금엉금 걸어가면서도 자신이 착하고 성실해서 이렇게 산다고 착각한다. 둘째 단계는 사자다. 부당한 일을 강요하는 이들에게 맞서 싸우면서 낙타는 사자로 변신한다. 저항해야만 노예 신세에서 벗어나 사자가 되고, 그래야만 자기 삶을 지키기 시작한다. 하지만 사자는 너무 진지한 나머지 기존 가치에 붙들려 있어 새로운 가치를 창조하지 못한다. 마지막 단계는 아기다. 사자는 아기로 변해야 한다. 아기는 자기 자신을 긍정한다. 모든 것을 갖고 논다. 자기 삶을 새롭게 빚어낸다.

초인은 아기와 같다. 낙타처럼 부당한 상황을 노예처럼 비굴하게 긍정하지 않고, 사자처럼 세상을 부정하면서 싸우느라 지치지도 않는다. 인생을 신성하게 긍정하면서 자신이 겪는 모든 상황을 즐긴다. 초인은 진정으로 강하다. 삶의 모든 것을 즐기고 받아들이기 때문이다. 니체는 우리가 초인이 되길 바랐다. 자기 운명을 사랑하고 인생을 하나의 작품으로 만들어 낼 때, 우리는 초인이 된다.

‣ 니체의 핵심 개념

#신의죽음　#노예도덕　#힘에의의지　#관점주의　#초인

#낙타사자아기　#아이처럼

‣ 더불어 읽으면 좋을 책

고병권, 『니체의 위험한 책, 차라투스트라는 이렇게 말했다』, 그린비, 2003.
진은영, 『니체, 영원회귀와 차이의 철학』, 그린비, 2007.

제임스
WILLIAM JAMES (1842~1910)

웃어서 행복하다

인간이 뇌의 극히 일부만 사용한다는 통념이 있다. 일반인은 뇌의 2~3퍼센트밖에 사용하지 못하는데 아인슈타인은 뇌의 10퍼센트를 사용했다는 소문도 있다. 다 오해다. 인간의 뇌는 언제나 열심히 작동하고 있다. 이런 오해의 원인을 제공한 사람이 윌리엄 제임스다. 제임스는 인간이 지적 잠재력의 극히 일부만을 경험한다고 말한 적이 있는데, 이런 그의 주장이 와전된 채 미국을 떠돌다가 한국에까지 전해진 것이다.

　의도치 않은 오해를 빚어낼 만큼 제임스의 말은 파급력이 대단했다. 그는 미국뿐 아니라 유럽에서도 존경받는 지식인이었다. 미국을 얕보던 유럽의 편견은 제임스의 등장으로 산산이 부서져 내렸다. 세계의 석학들만이 초대되는 기포드 강연자가 된

제임스는 유럽인들을 상대로 2년에 걸쳐 강의를 진행했고, 그의 강의는 책으로 묶여 100년이 지나도록 사람들이 읽는 인문학 고전이 되었다.

제임스는 유럽과 대조되는 미국 특유의 철학인 실용주의를 세운 철학자다. 제임스는 실용주의를 강연하면서 자신의 친구이지만 자신보다 무명이었던 찰스 샌더스 퍼스를 앞세우곤 했다. 실용주의는 퍼스가 주창하고 제임스가 체계화해서 미국에 퍼졌다.

제임스는 학위 취득 후 3년 동안 우울증에 시달렸다. 인간의 한계를 절실히 체감했으면서도 인간의 잠재성을 믿었다. 그는 심리학자로도 활동하면서 인간의 심리를 깊게 꿰뚫어 보고는 명언을 남겼다. 행복해서 웃는 것이 아니라 웃어서 행복하다고. 불행해서 인상을 쓰는 것이 아니라 어쩌면 자신도 모르게 습관처럼 얼굴을 찡그리고는 웃으려고 노력하지 않아서 많은 사람이 불행한지 모른다. 제임스는 우리의 경직된 얼굴 근육을 풀어지게 만든다.

실용주의

제임스의 실용주의를 한마디로 정의하면, 진리는 저 하늘에 있지 않고 현실에서 유용성을 바탕으로 성립된다는 철학이다. 실용주의는 유럽 철학자들이 발전시켜 온 난해한 사변에 반대하고, 행위와 결과를 중시한다. 실험하고 경험할 수 없는 관념은 무의미하며, 대단해 보이는 용어나 거창한 개념이더라도 겪어 볼 수 없다면 별 쓸모가 없다는 얘기다. 제임스는 끝나지 않는 형이상학 논쟁을 해결하는 방법으로 실용주의를 제안했다.

진리는 어떤 관념 안에 머무르는 성질이 아니다. 어떤 관념이 진리라면, 어떤 사건을 일으키면서 스스로 진리라고 증명해야 한다. 즉 우리가 믿고 있는 생각이 참이라면 그 생각은 참의 결과를 산출해야 한다. 실용주의는 이 개념과 저 개념 가운데 무엇이 참인지 판단하기 위해 개념들을 실제로 사용해서 어떤 차이가 있는지 비교한다. 개념들이 서로 굉장히 다른 것처럼 보이더라도 막상 현실에서 별 차이가 없다면 어떤 개념이 참인지 벌이는 논쟁은 쓸데없다. 만약 그중 하나가 참이라면 실제로 차이를 보여 줄 수 있어야 한다.

지금 우리가 붙잡고 있는 생각이 진리라면 그 생각은 현실에서 어떤 차이를 만들어 내야 하고, 비교될 수 있어야 한다. 비교하고 검증해서 효과가 있어야 참이다. 그럴 수 없다면 그 생각은 참이 아니다. 참 관념을 가질 때 만들어지는 실질의 차이가 진리의 의미다. 진리는 실제로 이익을 준다. 우리에게 주는 효과만큼만 참이다. 이것이 '현금가치'다.

현금가치란 실생활에서 사용할 수 있는 가치를 뜻한다. 꼭 수익으로 환산되지 않더라도 인생의 문제를 풀어 주거나 우리의 의식을 건강하게 해준다면 현금가치를 지닌다. 이를테면, 명작을 감상하는 것은 돈으로 살 수 없는 감동을 준다. 이전과 다른 분명한 차이를 낳았으니 현금가치가 있다. 마찬가지로 철학은 인생과 세상에 대한 궁금증을 풀어 주면서 우리를 더 나은 인간이 되도록 자극한다. 겪은 다음에 좋은 변화가 생겨났다면 현금가치가 있는 것이다.

생각과 관념은 도구일 뿐이다. 세상을 더 명료하게 설명할 수 있는 관념이 등장하면 기존의 관념은 퇴장한다. 삶의 현장에서 작동하지 않는 믿음과 관념은 화석화된다. 박물관의 화석처럼 과거에는 분명 살아 숨 쉬었던 관념이 어느새 죽어서 뼈만 남아 있는 것이다.

행위를 이끄는 인식

우리 자신을 더 나은 쪽으로 이끄는 지식이 참이다. 아무리 대단한 위인이 남긴 말이나 종교에서 가르치는 율법이더라도, 내게 도움을 주지 못한다면 그것은 무의미하다.

자신의 신념을 돌이켜 보지 않을 수 없다. 우리는 자신이 고수하는 믿음을 스스로 점검해 본 적이 별로 없다. 관성처럼 어려서부터 자주 들었거나 사회에서 주입된 내용을 철석같이 믿을 뿐이다. 하지만 그것 가운데 상당 부분은 화석화되어서 현금가치가 없을지도 모른다.

생각과 관념은 어떤 행위를 위한 것이다. 인식은 행위로 이어져야만 쓸모가 있다. 인간은 자신의 목적을 실현하기 위해 앎이 필요하고, 앎은 목적에 부합하는 행동을 이끌어야 한다. 행위를 낳기 전까지의 인식은 미완성이며, 결과로 이어지지 않는 생각은 거짓이나 다름없다. 제임스의 관점에서 변화와 행동을 산출하지 못하는 우리의 믿음들은 화석화되어 있는 꼴이다.

세상에 차고 넘치는 생각들 가운데, 좋은 생각이란 잠들어 있는 자신을 일깨우는 생각이다. 인간은 세상에 반응하고 지식을 얻으면서 나름대로 세상을 이해하여 생존해 왔다. 세상을 알려는 의지와 호기심은 인간의 본성이다. 그런데 시간이 지나면 더 깊게 알려고 하지 않는다. 우리는 친숙한 세계에 적응된 채 정체되어 있다. 어릴 때는 모든 것이 새롭게 와닿아서 신기하면서도 불안했다면 나이가 들수록 만사에 심드렁해진다. 제임스는 이러한 상태를 일종의 마취 상태라고 불렀다. 마취 상태에서 벗어나도록 자극하는 생각을 만날 때 우리는 비로소 새롭게 생각하기 시작한다. 이런 변화를 제임스는 호흡에 견주었다. 평소에는 자신이 호흡하는 줄도 모르다가 갑자기 숨이 쉬어지지 않을 때 격렬한 괴로움이 생기듯, 자동으로 이루어지던 생각이 난관에 봉착할 때 우리는 놀라면서 깨어난다.

자신의 믿음을 뒤흔드는 생각을 접할 필요가 있다. 의식의 곤경 속에서 새로운 지혜가 자라나기 때문이다. 인간은 일상이 기존의 방식대로 흘러갈 때에는 사유하지 않는다. 많은 사람이 단지 그들의 편견을 재배치해 놓고는 자신이 생각한다고 여긴다고 제임스는 꼬집었다.

자신을 성장시키고 싶다면 자기 생각과 신념을 되짚어야 한다. 제임스는 "당신은 결국 당신이 생각하는 대로 될 것이다"라는 말을 남겼다. "마음가짐을 바꾸면 우리의 삶을 바꿀 수 있다는 것이 우리 세대의 가장 위대한 발견"이라는 말도 곁들였다.

복잡한 세상과 신앙

세상을 둘러보면 수많은 이론이 있다. 이론이라는 도구가 무진장 넘쳐 나는 것은 세상이 그만큼 혼란스럽고 복잡하기 때문이다. 우리는 세상이 어떻고 나는 어떻다는 둥 언어로 규정한다. 그렇게 언어를 통해 개념이 생겨나고 개념을 통해 세상은 설명된다. 언어와 개념은 단순화된 결과로써 적은 노력으로 세상을 다룰 수 있게 도와준다. 하지만 언어와 개념이 세상 자체는 아니다. 선이나 악 같은 단어는 특정한 실체를 가리키지 않는 추상화된 언어일 뿐이다. 세계가 이러이러하다고 믿고 싶은 기대는 인간의 정신에서 합리성에 대한 갈망을 낳았고, 어떻게든 궁극의 설명 체계를 갖도록 만들었다. 그러나 세계는 우리의 언어를 넘어선다. 온갖 이론으로도 온전히 포착할 수 없을 만큼 세계는 대단히 복잡한 시공간이다.

어린 시절에 제임스는 가족과 함께 세계를 돌아다니면서 견문을 넓혔다. 자신의 세계보다 더 큰 세계가 있다는 것을 실감했고, 그때의 경험이 유연한 사고와 개방성에 큰 영향을 미쳤으며, 실용주의 철학을 빚어내는 밑거름이 되었다. 제임스는 세계가 끊임없이 변화하며, 매우 다양한 모습을 가졌다고 주장했다.

우리는 모든 것을 훤히 알지 못한다. 경험을 통해 세계의 단면만을 파악할 수 있을 뿐이다. 인간은 그렇게 각자 자기의 세계를 우주의 중심이라고 믿으며 그 안에 있다. 저마다 다양한 세계를 만들어 내니, 아주 많은 세계가 있는 셈이다. 문제는 이러한 다원성을 존중하는 배려심을 지니지 못한 채 자신의 세계를 단 하나의 세계로 차별화하려는 열정이다. 차별화하려는 열정은 자신의 좁은 세계에 우월감을 가지려는 충동인데, 이 열정은 변화와 모호함을 싫어하고 자신이 확인한 몇 가지 사례를 완전한 진리로 인식하려 든다. 우리가 경계해야 할 모습이다.

제임스에 따르면, 세계에는 통일성과 무질서가 섞여 있다. 그래서 나아질 수 있다. 제임스는 자기 생각이 현금가치가 있다고 여겼다. 세계에 무질서한 미완성이 있으니 좀 더 나은 방향으로 개선한다는 생각은 행동으로 이어지면서 우리를 더 나아지게 하기 때문이다.

인간은 무의식중에 특정한 신념이 옳다고 믿으면서 그에 따라 살아간다. 자신에게는 아무런 신념이 없다고 믿는 것조차 하나의 신념일 뿐이다. 이미 우리는 언제나 특정한 신념에 따라 행위하고 있다. 제임스는 이 신념, 즉 각자의 세계를 인정하고 관용하라고 가르쳤다. 우리의 신념이 그 자체로 옳아서가 아니라, 신념과 행위는 같이 이루어지고 그 결과에 따라 자신의 신념을 조정할 수 있기 때문이다. 제임스는 시민들이 저마다 자신의 믿음을 성찰하면서 타인의 믿음을 관용하는 지성의 국가를 꿈꿨다. 그는 지식이란 신념과 실천 그리고 성찰의 과정에서 생겨나며, 인생은 지식이라는 열매를 먹는 긴 과정이라 정의했다.

제임스는 관용과 신념이라는, 어찌 보면 역설적인 두 가지를 모두 가질 것을 주장했다. 타인을 관용하는 가운데 자기만의 믿음이 있어야 한다. 믿음이 없이는 행동도 하지 않는다. 우리가 매우 집요하게 시도한다면 어떤 식으로든 획득할 수 있다는 신념은 도덕적 에너지를 낳으며, 이 도덕적 에너지의 도움으로만 '최고선', 즉 진리가 생길 수 있다. 진리를 창출하는 데 믿음을 배제할 수는 없다. 선한 세계를 만들려는 신념으로 만들어지는 세계는 선할 것이라고 제임스는 독려했다.

실질적 효과를 산출하는 신

제임스는 믿음의 가치를 중시했다. 제임스에 따르면, 신은 실질적 효과를 산출하기 때문에 실재한다. 신을 믿으면 선하게 살 수 있으니 현금가치가 있는 것이며, 따라서 신을 믿으라고 조언했다. 제임스의 신앙은 맹신이 아니다. 믿어도 좋은지 검증하고 비교해서 효과가 있다면 종교를 가지라는 권유다. 제임스는 종교와 영성에 관심이 많고, 인간은 종교 없이는 살 수 없다고 생각했다. 특정 종교가 아니라도 인간은 얼마든지 종교적 체험을 할 수 있으며 어떤 종교든 좋은 결과를 나타내면 진리라는 것이 제임스의 입장이다.

신앙인과 무신론자 사이에 투쟁이 격렬하게 이루어지는 현대다. 무신론이나 회의주의자조차도 신앙인만큼 자신의 신념을 고수하고자 투쟁한다. 무신론과 회의주의 자체도 하나의 믿음이고, 선택이다. 제임스의 말마따나 선택해야 하는 순간에 선택하지 않는 것은 그것 자체로 선택이다. 제임스는 무신론자와 회의주의자에게 종교를 권했다. 아무것도 믿지 않으려는 믿음보다 무엇이라도 믿으려는 믿음이 현금가치가 더 높다는 것이다. 종교를 통해 사람은 인내와 용기, 순종과 헌신 같은 능력을 얻는다. 같은 종교를 믿는 사람들 사이의 유대도 생긴다. 제임스는 신을 믿지 않고 느슨하게 얼렁뚱땅 사는 것보다 신을 믿고 치열하게 사는 것이 낫다고 보았다. 신에 대한 믿음은 내면의 열정을 꺼내 주는 열쇠가 될 수 있다.

아무런 믿음 없이 허무하게 살기보다는 자신만의 신앙을 가질 필요가 있다. 인생을 반짝반짝 빛나게 하는 믿음을 찾아야 하고, 없다면 발명해서라도 획득해야 한다. 어떤 신념이 머릿속에서만 머무르지 않고 현실에서 실험되고 실제로 좋은 결과를 낳는다면 그것이 진리라고 제임스는 설파했다. 자신의 신념에 대한 믿음으로 실천하고 성찰하는 것이 바로 지혜이다. 믿음을 통해 변화가 생겨난다.

제임스는 자신의 철학을 통해, 여태껏 믿음이 없었다면 이제라도 가져 보라고 제안했다. 만약 어떤 신앙에 독실하게 뛰어든 사람이라면 자신의 믿음을 한번 내려놓아 볼 필요도 있을 것이다. 우리는 여러 실험과 다양한 경험을 통해 자신에게 더 좋은 삶을 선택할 수 있다. 제임스는 우리가 가치 있는 인생을 산다고 믿기를 바랐다. 그러면 그대의 신념이 그러한 사실을 창조하도록 도울 것이라고.

▸ **제임스의 핵심 개념**

#실용주의   #현금가치   #행위를이끄는인식   #믿음   #신념

#다원주의   #신앙의가치   #종교적경험

▸ **더불어 읽으면 좋을 책**

윌리엄 제임스, 『실용주의』, 정해창 옮김, 아카넷, 2008.
윌리엄 제임스, 『종교적 경험의 다양성』, 김재영 옮김, 한길사, 2000.

하이데거

MARTIN HEIDEGGER (1889~1976)

사유의 폭풍을 몰고 온 철학자

하이데거는 20세기를 대표하는 철학자 가운데 한 사람이다. 그에게 생각의 빚을 지지 않은 현대 철학자를 찾아보기 힘들 정도다. 그렇지만 하이데거에게는 심각한 문제가 있다. 그는 나치였다. 1933년 5월 1일 하이데거는 나치당에 들어갔다. 당원 번호는 3125894번. 대학교 총장에 취임할 때 그는 나치에 가담하라는 연설을 하고는 "하일 히틀러!"라고 외쳤다. "히틀러 만세!"를 부르짖은 것이다. 하이데거는 나치가 패망해서 해산할 때까지 당직을 유지했다.

그는 어째서 나치를 지지했을까? 하이데거는 합리성을 중시하는 기술 문명이 비인간화를 초래한다고 생각했다. 기술 문명은 미국식 자본주의와 소련식 공산주의라는 자식을 낳았는데,

두 자식 모두 인간성을 전락시킨다고 우려한 것이다. 그런데 나치가 등장하더니 전통의 민족정신과 자연성의 회복을 주장하며, 본연의 인간성을 되살리려는 것처럼 비쳤다. 더구나 하이데거는 나치의 반유대주의 정책에도 공감했다. 유대인을 혐오했던 그는 스승인 에드문트 후설이 유대인이라는 이유로 대학에서 쫓겨날 때 수수방관했을 뿐 아니라 후설의 장례식에도 참석하지 않았다. 자신의 유대인 제자가 교수 후보로 물망에 올랐을 때는 유대인이라는 이유로 반대했다. 하이데거는 유대인들이 상업적이고 계산적인 정신을 퍼뜨리면서 인간성을 타락시킨다고 판단했다. 근대화의 공허한 합리성을 유대인과 연결해서는 자신의 유대인 혐오를 정당화했다.

나치 당원이었던 그는 철창에 갇혀야 마땅했다. 하지만 2차 세계대전이 끝난 뒤 자신의 제자이자 과거에 애인 사이였던 한나 아렌트에게 간청했다. 아렌트는 하이데거를 용서했고 유리하게 증언해 주었다. 프랑스 철학자들이 하이데거를 조사하여 그가 감옥에 가지 않게 조치해 주었다. 대외 활동을 금지하는 처분만 받았다. 하이데거는 자신의 나치 활동에 대해 평생 참회하지 않았다. 신념을 지닌 범죄자였던 셈이다. 2014년에 하이데거의 신념이 적힌 내밀한 글이 출간되자 독일 하이데거학회장은 이런 자를 대표할 수 없다면서 회장직을 박차 버렸다.

하이데거는 인간성과 재능에 대한 오래된 고민을 상기시킨다. 수치스러운 일을 저지른 예술가를 어떻게 대해야 할까? 대단한 실력을 지닌 운동선수에게서 추문이 발생했을 때 그 사람의 성취마저 부정해야 할까? 이와 비슷한 질문을 하이데거에게 던지지 않을 수 없다.

나치의 손아귀에서 간신히 탈출해 목숨을 건졌던 아렌트는 하이데거의 업적을 인정하고는 죽을 때까지 편지를 주고받는 동료 관계가 된다. 아렌트는 하이데거가 플라톤과 견줄 만큼 사유의 폭풍을 몰고 왔다고 평가했다. 하이데거를 좋아하든 싫어하든, 철학을 공부하려면 하이데거가 불러일으킨 사유의 폭풍을 우회할 수 없다. 이제 그 폭풍 안으로 들어가 보자.

일상에 빠진 세상 사람들

하이데거에 따르면, 우리는 자신의 본래성을 잊고 애매하게 얼렁뚱땅 살아간다. 평소에 하는 말은 대부분 잡담이거나 시시껄렁한 호기심이다. 우리는 일상에 빠져 자신이 누구인지 외면한다. 게다가 세상은 우리가 의문을 품지 못하도록 만든다. 세상에는 재미난 일들이 가득하다. 그런 세상을 우리는 친근하게 여기며 스스로를 붙박인다. 세상에 사로잡혀서 '세상 사람들'의 생활 방식을 따른다. '세상 사람들'은 어떤 특정한 사람들을 지칭하는 것도 아니고, 세상에 사는 사람들의 총계를 뜻하지도 않는다. 세상 사람들이란 불특정 다수다. 내가 아닌 '그들'이다. 나는 그들이 아닌데도 나를 잊어버린 채, 마치 그들인 것처럼 그들 안에 파묻혀 살아간다. 이러한 행태를 하이데거는 '세상 사람들의 독재'라고 불렀다. '그들'은 내게 영향력을 행사하고 '나'는 '그들'처럼 되어 버린다. 남들처럼 보고 남들같이 생각한다. 남들이 즐기는 것을 따라 즐기고, 남들이 격분하는 것에 덩달아 격분한다. 세상 사람들은 나에게 일상성의 존재 방식을 지정해 준다.

세상 사람들처럼 살아가면 나름 편안하다. 자기 자신을 스스로 만들어야 한다는 부담이 줄어든다. 세상 사람들이 살아가는 방식이 자신을 지배하도록 놔둔다. 그토록 소중하다는 자신을 내맡겨 버린다. 그들에게 자신을 내주면서 그들의 평균성과 고정된 한계 안에 머무른다. 나의 존재가 무슨 의미인지 탐구해야 하는데, 우리는 내가 '있다'는 이 놀라운 사실을 잊고 살아간다. '존재 망각'이 벌어지는 것이다. 우리는 존재를 망각한 채 세상 속으로 빠져 버린다. 이처럼 평균적 일상성에 빠져 비본래적으로 살아가는 것은 나로서 사는 일이 무겁고 버겁기 때문이라고 하이데거는 지적한다.

존재를 묻는 나

편하게 살고자 세상 사람들처럼 살더라도 불안이 생겨난다. 내가 존재하는 한 염려가 생긴다. 우리는 '내가 있다'는 사실에서 벗어날 수 없다. 그렇다면 그 사실이 무엇을 뜻하는지 묻지 않을 수 없다. 사람은 부모나 국적, 소속되어 살아가는 사회 등을 선택해서 태어나지 않는다. 이미 만들어진 세계에 내던져진다. 그것이 우리의 존재 성격이다. 산다는 것은 세계에 내던져진 나를 발견하는 일이다. 그 발견 이후 내가 누구인지 물으면서 삶의 의미를 찾는 일은 그 누구에게 부탁할 수 없다. 자기 존재의 의미를 스스로 밝혀내야 하는데, 우리는 그것을 제대로 밝히기보다는 피하고 돌아선다고 하이데거는 꼬집었다.

하지만 우리는 자신을 찾아서 열어 밝힐 수 있다. 어둠 속에 은닉되어 있던 우리의 존재에는 밝게 빛나는 본래의 가능성이 있다. 나의 존재를 열어 밝히는 일은 자기 자신에 대해 걸고 있던 '위장'이라는 빗장이 풀리며 수행된다. 그리고 이것은 자기 자신에 대해 질문을 던짐으로써 이루어진다. 이런 질문을 하이데거는 '존재물음'이라고 지칭했다. 존재물음이란 묻고 있는 자를 그 존재에서 투명하게 만드는 작업이다. 모든 동물 가운데 오로지 인간만이 존재물음을 한다. 그동안 '나의 존재'는 쓸데없는 이야기에 뒤덮여 있었다. 그러다 그것이 스스로에 대한 질문으로 쓰이는 순간이 찾아온다. 나의 존재에 대한 의구심이 질문으로 폭발한다. 그제야 자신의 본질이 무엇인지 탐구하게 된다고 하이데거는 설명했다.

그동안 우리는 '나'의 '있음'에 대하여 탐구하지 않았다. 이처럼 감춰졌던 존재가 드러나는 것이 하이데거가 생각한 진리이며, 그의 철학은 은폐된 존재를 끄집어내어 보이게 한다.

죽음을 향해 내달리다

그렇다면 불안에 휩싸이면서 존재물음을 하게 되는 때는 언제일까? 자기 앞에 죽음이 기다리고 있다는 사실을 깨닫는 순간이다. 하이데거의 말마따나 모든 사람은 '대부분의 사람'으로 태어나서 '한 명의 사람'으로 죽는다. 세상 사람들처럼 살아왔더라도 죽을 때는 나 혼자 죽을 수밖에 없다. 그들과 어울려도 그들은 나의 불안을 온전히 이해하지 못한다. 불안이 나를 개별화시킨다고 하이데거는 강조했다. 죽음은 나를 깨어나게 한다. 일상에 빠진 나를 끄집어내어 본래성을 찾게 만든다.

　나만의 본래성이란 완성된 형태로 있지 않다. 우리는 가능성의 존재이다. 자신을 미래로 내던지면서 인생을 만들어 간다. 미래가 있어서 나는 언제나 나 자신을 넘어서 있다. 우리는 현재 있는 것 그 이상의 존재라고 하이데거는 말했다. 하이데거에 따르면, 우리는 자신이 될 수 있지만 아직은 아닌 상태로 존재한다. 인간은 자신을 이해하면서 스스로에게 자신이 되라고 말할 수 있다. 가능성을 이루고자 자신을 내던지는 것이 바로 실존이고, 실존주의는 자신의 가능성을 선택하려는 철학이다.

　자신의 가능성을 실현하고자 자신을 미래로 내던지다 보면 끝내 죽음까지 생각하지 않을 수 없다. 인간은 '염려'하는 존재다. 염려란 자기를 앞질러 내다보는 것, 즉 자신의 존재 가능성을 헤아리면서 미리 거기에 있는 것이다. 불안함은 미래에 달라

지는 존재의 가능성 때문에 생겨나는데, 이 존재의 가능성을 극
단으로 끌고 나가면 결국에 죽음과 맞닥뜨린다. 죽음을 향한 존
재의 본질이 불안이다.

고유한 가능성을 선택하는 결단

죽음이 우리 앞에 닥쳐 있다. 누구도 건너뛰거나 피할 수 없다.
우리는 종말을 향한 존재다. 하이데거에 따르면, 우리가 존재하
자마자 떠맡는 존재의 한 방식이 죽음이다. 죽음이란 우리가 존
재하지 않는다는 불가능성의 가능성이라고 덧붙였다.

　하지만 세상 사람들은 마치 죽음이 자신에게 해당하지 않는
것처럼 살아간다. 세상은 죽음을 은폐한다. 죽음 앞에서 불안에
대한 용기가 피어오르지 못하도록 가로막는다. 하이데거는 죽
음에서 도피하는 사람들을 나무랐다. 죽음을 향해 미리 달려가
는 사람만이 세상 사람들에서 벗어나 본래성을 찾을 수 있기 때
문이다. 본래성을 찾는다는 것은 세상 사람들이 유포하는 환상
에서 해방되어 본래 자신이 되는 것을 의미한다.

　고유한 자신을 외면하고 세상 사람들의 잡담에 귀 기울이고
있을 때, 그들로부터 단절시키는 부름이 들려온다고 하이데거
는 말했다. 내 안에서 고유한 가능성을 발휘하라는 부름이. 물
론 우리 자신이 계획하거나 기다린다고 해서 이 부름이 들려오
지는 않는다. 오히려 예상치 못하게 발생한다. 부르는 자는 알

고 보면 자신의 존재 가능성 때문에 불안에 떨고 있는 나 자신이다. 하이데거에 따르면, 부름을 올바로 듣는다는 것은 자신의 가장 고유한 존재 가능성으로 자신을 이해하는 것이다. 그 누구도 탓하지 않고 자신을 떠맡은 채 자신의 가능성을 선택하는 것, 그것이 본래의 실존이다.

세상 사람들 속에서 희희낙락할 때, 겉으론 웃고 있어도 사실 불안하다. 우리는 죽음을 향해 달려가는 존재이기 때문이다. 죽음에 대한 근원의 불안이 결단을 강요하는데, 이때 결단이란 자기의 고유한 가능성을 선택하는 것이다. 결단은 본래성을 되찾고자 미래를 향해 자기 자신을 내던지는 결의다. 결단을 통해 상황이 만들어지며, 이전까지 없었던 무엇인가가 새로 빚어진다. 어떠한 내가 될지 선택할 권리가 우리에게 있으며, 이 선택권을 깨닫고 진정한 자신을 선택하는 것이 바로 결단이다. 결단을 통해 본래의 가능성을 되찾으라는 것이 히이데거의 철학이었다.

고향 상실

역사 속에서 우리는 미래를 선택해 나가는 과정의 존재다. 과거에 무엇을 했고, 현재 무엇을 하며, 미래에는 무엇을 할지가 나를 만든다. 나는 자신이 속한 세계 속에서 염려하고 불안을 느끼며 선택을 결단한다. 이렇게 사람들이 자기 존재의 본래 가능성을 발현하기를 바라면서 하이데거는 자신의 철학을 구상해 왔다. 그런데 시간이 흐르자 하이데거의 생각은 이전과 좀 달라 졌다. 현대인이 존재를 잊고 살아간다는 문제의식은 변함없었 는데, 관심의 초점이 바뀐 것이다. 그는 현대의 사고방식을 비 판하면서 자연에서 얻은 감수성을 바탕으로 존재의 의미를 파 악하는 데 주력했다. 은둔한 채 오솔길을 산책하면서 자신의 후 기 사상을 빚어냈다.

후기 하이데거 철학의 핵심은 '고향 상실'이다. 고향을 잃은 것처럼 현대인도 기술과 물질에 사로잡혀서는 고유한 존재를 잃어버렸다는 뜻이다. 하이데거는 절망하는 모습이 이 시대의 인간상이라고 탄식했다. 현대인은 자신이 집착하던 가치와 사 물이 다 헛되고 부질없다는 진실을 깨달으면서 경악한다는 말 도 보탰다.

과학기술이 인간을 압도하는 현대에는 존재 망각이 극단에 이르렀다. 그는 과학이 '사유'하지 않는다고 문제를 제기하며, 이는 과학을 향한 힐난이 아니라 내부 구조상 과학이 과학 자체 를 사유할 수 없다는 한계의 지적이라고 설명했다. 과학자들은 존재하는 것들의 성질을 연구하지만, 정말로 중요한 건 당연히 여겨지는 '존재'가 도대체 무엇인지 탐구하는 일이라고 하이데 거는 생각했다.

하이데거는 존재를 느끼면서 거주할 수 있는 자연을 자신의 터로 삼으라고 권유했다. 자연이 우리에게 말을 건네고, 누군가는 자연의 말을 듣고 대답한다. 그것이 바로 시다. 자연은 살아 숨 쉬는 모든 생명을 품는다. 한결같으면서도 끊임없이 변화하는 자연을 응시할 때 우리는 존재의 울림을 들을 수 있다. 이런 경이로운 경험은 삶을 충만하게 해준다. 존재는 이미 주어졌고, 우리는 시적 언어로 존재를 표현할 수 있다. 자연 속에서 경이를 느끼며 떠올리는 시 한 구절이야말로 어쩌면 현대인이 되찾아야 하는 삶의 본질인지 모른다.

‣ 하이데거의 핵심 개념

#실존주의   #존재망각   #존재물음   #죽음을향해내달림

#현존재   #염려   #부름과결단   #고향상실   #실존   #불안

‣ 더불어 읽으면 좋을 책

마르틴 하이데거, 『존재와 시간』, 이기상 옮김, 까치, 1998.
박찬국, 『들길의 사상가, 하이데거』, 그린비, 2013.

가다머
HANS-GEORG GADAMER(1900~2002)

새옹지마 철학자

가다머는 장수한 철학자다. 20세기를 통째로 살았다. 오래 산
만큼 우여곡절도 많았다. 그는 네 살에 어머니를 여의고 스물두
살에는 소아마비에 걸려 오랫동안 고통을 겪었다. 두 차례의 세
계대전이 벌어졌으나 공교롭게도 병 덕분에 징집되지 않았다.

가다머가 하이데거의 지도를 받고 있을 때, 나치가 권력을 잡
았다. 가다머는 나치와 거리를 두고 살벌한 시대를 견뎌 냈다.
나치 패망 이후 대외 활동이 금지된 하이데거와 달리, 나치에
협력하지 않았던 가다머는 대학 총장에 임명됐다. 대학 총장이
된 가다머는 하이데거와 딴판으로 대학의 사명을 제시했다. 나
치 시절 하이데거는 대학 총장 취임 연설에서 근로 봉사와 국방
봉사 그리고 학문 봉사를 대학의 이념으로 내세웠다. 반면 가다

머는 사물에 대한 객관성, 자기 자신에 대한 정직성, 타자에 대한 관용성을 대학의 이념으로 선포했다.

가다머는 하이데거의 제자였던 만큼 인식론에서 공유하는 바가 많다. 가다머도 과학의 방법으로 외부 사물을 객관적으로 연구할 수는 있더라도 경험의 세계에는 접근할 수 없다고 여겼다. 그는 인간의 경험을 이해하는 '해석학'이라는 방법을 통해 진리를 얻으려고 했다. 생활 세계의 경험을 이해하면서 진리를 획득할 수 있다는 것이 가다머의 해석학이다.

해석학은 의미를 읽어 내려는 학문이다. 의미는 그 자체로 자명하게 전해지지 않는다. 인식과 매개를 거쳐서야 전달된다. 해석학은 문헌을 연구할 뿐만 아니라 해석하는 과정에서 일어나는 일을 둘러싼 온갖 의미와 방법을 다룬다. 가다머는 해석자와 해석 대상 사이에 있는 친숙함과 낯섦의 긴장을 통해서 해석이 이루어신다고 설명했다. 해석학은 해석이 이뤄지는 관계의 긴장을 탐구한다. 긴장 관계에 있는 세상의 많은 것들을 탐구하며 펼쳐진 가다머의 사상은 우리를 흥미로운 긴장으로 이끈다.

온고지신을 배우라

우리는 자신을 잘 모른다. 그 원인에는 여러 가지가 있을 텐데, 그중 하나가 과거를 홀대한다는 것이다. 과거는 무시한다고 사라지지 않는다. 우리는 과거의 자신과 이어져 있다. 자신을 이해하려면 과거를 이해해야 한다. 그래서 가다머는 과거에 대한 이해를 중시했다. 과거를 간직하고 보존하는 일을 이성의 행위라고 여겼다. 새로움만 추구한다고 해서 오래된 것들이 없어지지 않는다. 가다머는 혁명이 일어나 모든 것이 뒤집힌 것처럼 보이더라도 옛것은 예상보다 많이 보존된다고 통찰했다.

과거의 전통은 꾸준히 영향력을 행사한다. 짧은 기간 동안 상전벽해가 이뤄진 한국만 보더라도 제사를 지내는 가정이 여전히 많고, 설날과 추석이면 대규모의 이동이 벌어진다. 전통과 관습을 통해 신성시된 것은 익명의 권위를 얻고, 이 권위가 인간의 행동을 좌우한다고 가다머는 분석했다.

가다머에 따르면, 교육은 전통의 권위를 바탕으로 이루어진다. 사람들은 그 사회의 전통과 가치를 아이들에게 가르친다. 한 아이를 성숙한 시민으로 키워 내는 것이 교육의 목적이겠지만 성숙한 시민이라고 해서 전통과 관습에서 벗어나는 것은 아니다. 오히려 교육을 잘 받은 사람은 그 사회만의 특수성과 불문율을 이해하고 수행한다. 옳고 그름을 판단할 때도 홀로 고민하는 것이 아니라 자신이 교육받은 사회의 가치 기준에 따라 판단한다. 성인으로서 성숙한다고 해서 일체의 전통과 관습으로부터 자유로워지는 것은 아니라는 지적이다.

물론 전통은 그대로 이어지지 않는다. 부모에 대한 효도나 웃어른에 대한 공경은 한국 사회에서 여전히 중요한 덕목이지만, 예전과는 양상이 사뭇 다르다. 전통은 전승되는 과정에서 시대와 상황에 맞게 해석되며, 마치 대화하듯 스스로 말을 걸어 온다고 가다머는 비유했다. 과거가 말을 걸어 올 때 우리는 조상들처럼 곧이곧대로 순응하지 않는다. 전통의 질문에 대답하면서 전통을 조금씩 바꿔 나간다. 전통을 이어 간다는 것은 전통을 답습한다는 뜻이 아니라 전통을 갱신하면서 창조한다는 뜻이다.

인간은 과거와 연결되어서 살아간다는 것이 가다머의 관점이다. 그저 미래만 외치면서 변화만 추구하는 것이 능사가 아니다. 과거는 하루아침에 사라지지 않고 외면하려고 해도 외면되지 않으니, 과거를 이해하고 지켜야 하는 것을 소중히 받아들이는 지혜가 중요하다. 가다머의 철학은 옛것을 익힘으로써 새로움을 안다는 온고지신과 상통한다.

권위의 재조명

가다머는 권위의 개념도 재조명했다. 권위란 거들먹거리며 복종을 유발하는 허세가 아니라 이성으로서 존경받을 자격이다. 가다머에 따르면, 권위는 명령이나 복종과 무관하다. 권위는 인정받을 만하다고 판단될 때 주어진다. 권위는 스스로 노력해서 얻어야 한다. 거저 얻은 것처럼 보일지라도 이미 형성된 권위는 과거에 인정을 받으면서 획득된 결과다. 권력자를 뒷배 삼아 행사하는 권위는 사람들에게 의심받고 비판받는다. 권위는 타인의 인정, 즉 '그가 자신보다 더 낫다'는 이성의 판단에 근거한다.

현실에서 권위는 사람들을 순종하게 만드는 권위주의 문제를 일으키는데, 이 문제는 이성을 통해 해결된다. 한 분야의 권위자가 되었다고 해서 권위가 굳어지지는 않는다. 권위는 줄기차게 재조정된다. 부덕한 권위자라면 사람들의 비판을 받으면서 추락하고, 존경받을 만한 권위자라면 그에 합당한 명예와 힘을 얻는다. 권위자가 통찰력이 있고 많은 것을 알기 때문에 권위자와 비권위자 사이에 위계질서가 생겨나고, 그에 따라서 명령을 내리는 힘이 부여된다.

가다머는 자유와 이성의 행위를 근거 삼아서 권위가 생겨나니 권위를 인정해야 한다고 했다. 권위를 인정한다는 것은 권위를 혐오하거나 비이성의 결과로 취급하는 것이 아니라 권위를 인식의 대상으로 삼으려는 태도라고 주장했다. 인정할 만한 권위조차 존중하지 못하는 것은 자신이 권위에 대한 잘못된 선입견으로 똘똘 뭉쳐 있기 때문이다.

선입견에 대한 선입견

앞서 살펴보았듯, 인간은 전통과 권위에 의지한다. 때문에 주관성 역시 이에 의지하여 생긴다. 주관성은 대상을 왜곡시키는 거울처럼 작용하기 때문에 공정하기 어렵다. 자기 딴에는 옳다고 믿는 관점이 있더라도 주관성은 역사와 문화라는 전통과, 국가와 사회라는 권위의 영향을 받은 결과이다. 판단의 추는 이미 특정한 방향으로 기울어 있다. 전통과 권위는 내가 어떤 것을 더 중요하게 여기고 어떤 사람들과 가깝게 지내고 싶어 할지 정해 놓는다. 생각, 욕망, 취향, 행동, 믿음에 이미 개입된 것이다. 가다머의 말마따나 역사가 우리에게 귀속되는 것이 아니라 우리가 역사에 귀속되어 있다.

주관성은 선입견의 다른 이름이다. 가다머는 선입견에 대한 선입견을 무너뜨렸다. 선입견은 없을 수 없다고 인정했다. 언제 어디서 살아가든 인간은 선입견을 지닌다. 선입견에서 벗어나려고 애쓰더라도 송두리째 뽑히지는 않는다. 선입견 없이 생각하고 자유롭게 판단할 수 있다는 믿음 자체가 선입견일 뿐이다. 자신의 선입견을 인정한 뒤에야 자신의 선입견이 합당한지 아닌지 검증할 수 있고, 그것에서 벗어날 가능성이 생겨난다. 선입견을 인정하는 사람은 자신의 관점과 판단만이 옳다고 확정하지 않는, 겸손함과 개방성을 얻을 수 있다.

그렇기에 '나의 선입견'을 자각하는 것이 중요하지만 쉽지만은 않다. 선입견이 작용하는 동안에는 선입견을 자각할 수 없기 때문이다. 그러므로 외부의 자극이 필요하다. 가다머가 과거를 중요하게 여기는 이유다. 과거의 전통과 만나면서 우리는 낯섦을 느끼고 현재 자신을 돌아보게 된다. 우리 자신의 근원인 전통을 이해하고 과거와 만나는 것이야말로 선입견의 검증 과정이다. 지금과 비교하면 과거의 모든 것이 옳았다고 할 수 없듯,

마찬가지로 지금의 모든 것이 옳을 수만은 없다.

지평 융합

나를 이해하려면 과거를 면밀하게 돌아봐야 한다. 과거와 현재
가 얼마나 비슷하고 또 얼마나 달라졌는지를 알아야만 나를 제
대로 이해할 수 있다. 나를 이해한다는 것은 나의 지평을 안다
는 뜻이고, 지평은 자신이 경험해서 알고 있는 세계를 이른다.
따라서 '나의 지평'은 나의 세계인 동시에 한계이기도 하다. '나
의 지평'이 다른 지평과 만나 경계를 넓히는 것을 가다머는 '지
평 융합'이라고 불렀다. 이해는 지평 융합을 통해 일어난다.

지금 이 순간에도 우리는 지평 융합을 하고 있다. 가다머라는
지평과 만나면서 말이다. 인간은 고정된 존재가 아니다. 자신이
살아가는 시대에 영향받고 수많은 사람과 만나면서 지평 융합
을 한다. 지평은 끊임없이 형성되는 과정에 있기에 완성된 인간
이나 완벽한 사회는 없다. 끝없는 지평 융합이 있을 뿐이다. 가
다머는 인간이 진정한 의미의 완결된 지평을 결코 갖지 않는다
면서, 이것이 역사적 역동성이라고 평가했다.

시대적 배경이 변하고 주변 사람들이 바뀌면 사람은 달라진
다. 무엇이든 그 자체로 존재하지 않는다. 언제나 해석을 거치
면서 변동하고, 해석은 나의 이해를 거쳐서 생성된다. 어떤 이
론이나 사회현상에 대한 이해는 '나'라는 고정된 존재에 단순히

지식만 추가되는 식으로 이루어지지 않는다. 이해는 나 자신의 변화를 동반한다. 외부 현상을 이해하면서 그것을 몰랐던 나의 내면에 대한 이해가 도출된다. 따라서 이해한다는 건 그동안 몰랐던 나의 내면을 밝히고 새롭게 여는 일이라고 볼 수 있다.

가다머는 모든 이해는 결국 자기 이해라는 것이 엄연한 사실이라고 단언했다. 흔히 '이해'와 나라는 '존재'는 동떨어져 있다고 여겨지고, 서로 다른 층위에서 논의된다. 나라는 존재가 따로 있고 인식 과정을 거치면서 어떤 대상에 대해 이해한다고 간주하는 것이다. 그런데 가다머는 존재와 이해를 일치시킨다. 존재가 곧 이해다. 나의 존재는 나의 이해 정도, 즉 지금 내가 이해하고 있고 이해된 상태다. 나는 무언가를 이해함으로써 딱 그만큼 나를 이해한다. 이해는 나의 존재 방식이다.

이해의 과정은 나를 알아 가는 여정이고, 이해한 만큼 나를 안다. 가다머의 논리는 성리학의 격물치지와 조응한다. 세상과 사물에 다가가 깊게 이해하는 일이 자신을 수양하며 우주의 이치를 깨우치는 과정이라는 동북아권의 오랜 사상은 이렇게 서양의 현대 철학과 이어진다.

인간의 유한성

가다머의 철학은 특정한 답을 맹종하지 않도록 돕는다. 가다머를 만나 지평 융합을 하면, 매사 신중해진다. 그 덕에 새로운 질문을 할 수 있다. 선입견을 의식하면서 어떤 방식으로든 판단을 유보한다는 것은 논리 차원에서 보면 물음의 구조를 갖는다고 가다머는 얘기했다. 내가 믿고 싶은 것을 지지하는 증거만 찾아다니는 것은 공부가 아니다. 아집을 허물어뜨리고 미처 인지하지 못한 세계에 눈을 떠야 제대로 된 공부다. 우리가 철학을 공부하는 이유도 지금 상황에서 드러나지 않은 것을 찾아내려는 의문을 키우고, 이를 통해 새로운 물음을 던지기 위함이다. 의문을 던져야 착상이 이루어지고 새로운 앎을 터득할 수 있다.

새로운 앎을 얻는 일은 평생에 걸쳐 일어난다. 이는 우리가 평생 성장하는 존재라는 의미이면서 동시에 인간이 유한하고 한정된 지평을 갖고 있다는 방증이기도 하다. 우리는 세상을 속속들이 알지 못한다. 모든 것을 기억하지도 못한다. 많은 것을 경험했더라도 어떤 것은 중요하게 기억되지만 어떤 것은 잊힌다. 이러한 한계를 인간의 본질로 인식하는 것이 중요하다고 가다머는 강조했다. 인간은 유한한 존재로서 자신에게 드리워진 그늘에 영향을 받는다. 자신의 경험을 초월해 모든 것을 기억하고 두루두루 헤아리면서 대쪽같이 판단할 수 없다. 가다머는 우리가 완벽한 인간이 되기를 바라지 않았다. 자신의 한계를 깨닫고 겸손해지면서 새로운 경험에 자신을 개방하고 지평 융합을 계속하는 사람이 되길 바랐다.

좋은 사람이란 지금 이미 대단한 사람이 아니라, 자신의 한계를 조금씩 넓혀 가면서 평생에 걸쳐 자신의 지평을 넓혀 가는 사람이다. 자신의 유한성을 잊지 않고 세상을 살아간다면, 우리는 더 멋진 사람이 될 것이다.

‣ **가다머의 핵심 개념**

#해석학   #권위   #선입견   #존재와이해   #지평융합   #겸손

‣ **더불어 읽으면 좋을 책**

한스 게오르크 가다머, 『가다머 고통에 대해 말하다』, 공병혜 옮김, 현문사, 2019.
한스 게오르크 가다머, 『진리와 방법』, 이길우 외 4명 옮김, 문학동네, 2012.

바디우
ALAIN BADIOU(1937~)

진리의 깃발을 들다

2013년 9월 30일 오후 6시, 서울 중구의 대한문 앞을 사람들이 분주하게 오가고 있었다. 그런데 갑자기 30여 명에 이르는 사람들이 발걸음을 멈춰 서더니 시집을 꺼내었다. 너무나 빠르게 움직이는 서울의 중심에서 그들은 침묵한 채 시를 읽었다. 그들의 앞에는 쌍용차 해고자 시민 분향소가 있었다. 부실 경영으로 위기에 처한 쌍용차는 노동자들을 무더기로 해고했는데, 노동자 가운데 수많은 사람이 죽었다. 시민 분향소는 그들을 위로하는 자리였다. 책을 읽는 사람 중에는 프랑스 철학자 알랭 바디우도 있었다. 바디우는 15분 동안 침묵하며 시로써 시위했다.

바디우는 전 세계를 돌아다니면서 자극을 주는 활동가이자 혁명을 사유하는 철학자다. 프랑스 철학자들이 활약이 두드러졌던 20세기에는 프랑스 사상계 숲이 각기 다른 개성으로 채워져 울창했다. 그중에서도 바디우는 단연 거목이다.

바디우는 나치에 맞서던 프랑스 지하 저항군이자 수학자였던 아버지의 기질을 고스란히 물려받았다. 바디우는 수학의 요소를 넣어 자신의 철학을 만들어 냈고, 자본주의에 평생 저항해 왔다. 바디우는 젊었을 때부터 혈기가 넘쳤다. 바디우가 성인으로 성장하는 시기에 프랑스는 식민지를 두고 사회가 분열됐다. 2차 세계대전에서 독일에 지배당했던 프랑스는 치욕과 분노를 역지사지하지 못했다. 자신들의 식민지를 포기하지 않고 독립의 움직임을 폭력으로 진압했다. 그런 가운데 알제리의 독립 전쟁은 기나긴 시간 동안 이루어졌다. 바디우는 알제리의 독립을 지지해야 한다고 호소했다. 다수의 프랑스인이 식민지 지배를 옹호하는 가운데 프랑스 공산당마저 두루뭉술하게 굴자, 바디우는 공산당을 탈당해 버렸다.

정의에 대한 열정이 강했던 바디우는 현대 사회에 문제의식을 뜨겁게 품었다. 그냥 돈 많이 벌고 잘 먹고 살다 죽으면 끝이라는 현대 사회의 허무한 풍조에 반기를 들었다. 이른바 포스트모던 철학은 진리를 해체했고, 사람들은 마치 짜기라도 한 듯이 철학과 진리의 죽음을 한목소리로 떠들었다. 그러나 바디우는 그들에 맞서 철학이 죽지 않았음을 외쳤다. 어느새 너무 무겁고 답답한 것이 되어 버린 진리를 부활시켜 사람들을 흔들어 깨우고자 했다.

바디우에 따르면, 진리는 현상과 절대를 넘나든다. 진리가 절대 영역에만 있는 것이 아니라 우리의 현실에서 출현한다는 것이다. 우리는 절대 영역에서 진리를 목격할 수는 없지만, 진리를 추구하면 현상으로 나타나는 진리를 체험할 수 있다.

진리가 출현하는 영역

바디우는 하나의 진리를 고집하지 않았다. 그가 말하는 진리는 과거에 언급되던 진리와 다르다. 과거에는 진리가 단 하나이며 고정되고 확실한 것처럼 여겨졌다. 그래서 진리는 독선과 폭력을 낳고는 했다. 진리는 하나이므로 누군가 진리를 안다면 다른 진리를 얘기하는 사람들은 모두 틀린 셈이 되는 것이다. 바디우는 진리의 개념을 현대에 맞게 조정했다. 진리는 복수성을 갖는다는 것이다. 그는 진리가 세계의 내부 여러 곳에서 다양하게 창출된다고 보고, 진리가 만들어지는 영역을 사유했다.

진리는 네 가지 영역에서 출현한다. 정치, 과학, 예술 그리고 사랑이다. 철학은 진리가 출현하는 영역이 아니라, 새롭게 나타나는 현상이 진리인지 검증하는 작업이다. 특정 영역에서 생겨난 현상을 사색하면서 진리 생산의 절차를 담당한다. 어떤 현상이 진리인지 아닌지 그 당시에는 알 수 없다. 철학을 통해 진리 생산의 절차를 거치면 비로소 진리로서 확인되는 것이다.

진리는 공백과 함께 출현한다고 바디우는 주장했다. 어떤 현상이 나타났는데 기존의 관점과 세계관으로는 도저히 설명할 수 없거나 수용되지 않을 때, 이것은 새로운 사건이다. 새로운 현상이 지배 질서의 공백을 드러내며 나타난다. 예컨대 프랑스대혁명이 일어났을 때, 아인슈타인이 상대성이론 논문을 썼을 때, 피카소가 평면에 입체를 담았을 때, 그리고 누군가가 내 마음속에 가득 차올랐을 때 사건이 일어난 것이다. 일어난 사건이 진리인지 아닌지 그 자체로는 알 수 없다. 이때 철학이 필요하다. 철학은 진리 자체를 생산하지는 않지만 새롭게 출현한 사건이 진리인지 아닌지 검증한다.

진리가 왜 이 네 가지 영역에서만 출현하는지 의문이 생길 수도 있다. 물론 바디우가 간과한 영역에서도 진리가 출현할 수 있을 것이다. 하지만 중요한 것은 진리 그 자체다. 진리는 세계 내부에서 우리 삶에 나타난다. 정신이 번쩍 들지 않을 수 없는 소식이다.

주체화

인간은 여느 동물과 비슷하면서도 좀 다르다. 우리는 그저 살기 위해 살지 않는다. 왜 사는지 묻고 따진다. 자기 자신만 잘 먹고 잘사는 게 아니라 타인의 안녕도 챙기면서 '사람답게' 살려고 한다. 우리는 삶의 의미를 찾으며 세상을 이해하려고 공부한다.

살다 보면 특별한 일도 생겨난다. 이전과 전혀 다른 삶을 살게 하는 사건을 만나는 것이다. 사건은 갑작스레 예고도 없이 나를 덮친다. 기존의 가치관이나 생활 방식으로는 받아들일 수 없는 사건을 겪으면서 과거의 나는 무너져 내린다.

가령 정치의 사건은 이런 식으로 일어난다. 회사에 충성하며 밤낮없이 일했는데 하루아침에 해고 통보를 받는다. 어떻게 해야 할지 모르겠고 억울하고 화가 난다. 그러다 세상에 눈을 뜬다. 자기만 이러한 처지에 놓이는 것이 아니라 자본주의의 구조상 누구에게든 일어날 수밖에 없는 문제라는 사실을 깨닫는다.

한편 사랑의 사건은 이런 식으로 일어나기도 한다. 인생이란 어차피 혼자 살아가는 것이라 믿었던 사람 앞에 누군가가 나타난다. 자꾸만 그 사람이 신경 쓰여 당혹스럽다. 평소에 어떻게 지내는지 궁금하다. 그 사람에게 환심을 사고 싶어서 그 사람이 무엇을 좋아하는지 알려고 애쓴다. 상대를 배려하고 타인에게 기쁨을 주려 하게 된다.

정치든 사랑이든 과학이든 예술이든, 우리는 사건을 겪으면서 다른 사람이 된다. 내면에 새로운 신념이 들어서고, 아름답고 완전한 이상이 마음에 각인된다고 바디우는 설명했다. 이전에 자기가 집착하던 욕심이나 관심사는 허물어져 내린다. 과거와 단절되고 새로운 사람으로 거듭난다. 이것이 바디우가 말하는 '주체화'다.

바디우에 따르면, 인간은 평소에는 그냥 동물이다. 인간-동물이 사건을 겪으면서 주체화가 되어야 진정한 인간이 된다. 동물처럼 순종하면서 하루하루 소일하는 것이 아니라 진리를 만나 자기 삶을 열어 갈 때 인간답게 된다. 결국 모든 사람이 한 줌의 흙으로 돌아갈 것이지만, 우리는 동물이고자 하는 의지를 거역하면서 '인간'이 되려고 한다. 인간-동물에서 인간이 될 때 죽지 않는 진리의 주체가 된다는 것이 바디우의 철학이다. 진리는 사멸하지 않는다. 영원하다. 진리는 이 세상에 끊임없이 출현해서 사람을 변화시키고 세상을 바꾼다. 진리와 함께하면서 주체화될 때, 인간은 죽어 사라지는 인간-동물이 아니라 불사의 주체가 된다.

충실성

사건을 겪고 진리와 함께할 때 죽음에서 해방된다. 그런데 지금 자신이 겪은 사건이 진리인지 아닌지 구분하기란 쉽지 않은 일이다. 공백과 함께 출현하는 사건은 진리일 수도 있지만, 우리를 파멸시키는 재앙일 수도 있다. 절대의 영역이 아닌 현상으로서 등장한 사건은 그 자체로 진리 여부를 가늠하기 어렵다. 진리 검증의 절차를 거쳐야만 하며, 그 속에서 진리가 생산된다. 진리는 그 자체로 출현하는 것이 아니라 인간을 통해서 출현한다. 인간과 무관하게 등장하는 진리는 없다. 오직 인간이 주체화되어서 사건을 삶에 품고 이어 갈 때 사건은 진리가 된다고 바디우는 논평했다.

새로운 예술 기법이 나왔다고 해도 예술가가 꾸준하게 작업하지 않는다면 진리가 되지 못한다. 기존의 과학으로는 설명할 수 없는 현상이 나타났어도 누군가 충실하게 그 현상을 탐구하지 않는다면 새로운 진리가 될 수 없다. 누군가를 마음에 품더라도 영원히 사랑하지 않는다면 진리가 아니다. 사회를 밝히고자 촛불 시위에 참여했더라도 자신의 삶 속에서 계속 촛불을 켜고 새로운 삶을 살지 않는다면 촛불 시위를 했던 경험은 그저 빛바랜 기억이 될 뿐이다.

내가 경험한 사건이 진리가 되려면 충실성이 필요하다. 바디우는 몸소 충실성을 선보였다. 그는 젊어서 징치에 눈을 뜬 뒤 평생 투사로서 살고 있다. 사랑의 영역에서도 그는 자신이 딱한 번 사랑을 포기했다고 털어놓았다. 그리고 아무리 거창한 이유를 내세우더라도 사랑의 포기는 늘 재앙을 불러온다고 언급했다. 재앙을 겪고 난 뒤로 바디우는 두 번 다시 사랑을 포기한 적이 없다고 자부했다. 시련과 고통을 겪으면서도 다시는 사랑을 떠나지 않았다는 바디우의 고백은 쉽게 만나 쉽게 헤어지는 현대 사회의 사랑에 울림을 준다.

사랑은 진리가 될 수 있다. 사랑을 저버리면 그때 그 만남은 우연에 지나지 않지만 사랑을 지속하면 운명이 된다. 사랑을 충실하게 지키면서 둘의 관계는 우연에서 운명으로 격상된다. 사랑을 지속하는 두 사람은 인생이라는 무대에 오른 두 주인공이 된다. 인간-동물에서 인간이 된다.

충실하게 살아야 참된 삶이라고 바디우는 설파했다. 진리를 담고 있는 영원한 이념과 함께 인간은 불멸자가 된다. 자신에게 일어난 사건을 충실하게 지켜 가느냐 아니냐에 따라 인생의 가치가 좌우된다.

민주주의 비판

바디우는 민주주의를 향해 매섭게 날을 세웠다. 그는 현행 민주주의가 여론을 추종하는 정치를 하고 있다고 지적했다. 여론은 진리가 아니라 그저 다수의 의견일 뿐이다. 다수의 표를 얻었다고 해서 꼭 옳지만은 않다는 의미다. 나치도 민주주의 제도하에 다수의 표를 얻어 집권했다. 바디우는 우리가 당연하게 여기는 현행 정치·경제체제에 의문을 제기했다. 자유민주주의와 자본주의라는 체제 말이다. 바디우는 자본주의의 극복을 시도하는 동시에 민주주의에는 정치의 본질이 없다고 비판했다.

바디우는 정치의 본질을 이념의 실현으로 여겼다. 그가 볼 때 현행 민주주의에는 정치의 본질인 이념이 없다. 지배 논리에 압도된 각 개인의 의견이 모여 있을 따름이다. 현행 민주주의는 사람들의 반응과 의견을 모아서 큰 문제 없이 체제를 운영하는 데 급급하다. 그는 이념 실현의 정치를 해야 한다고 주장했다. 바디우가 염두에 두고 있는 이념은 공산주의다. 공산주의는 하나의 제도가 아니라 인류의 이상이라는 것이다. 바디우는 민주주의가 사람들의 뜻을 대의한다고 하지만 사람들과 얼마나 동떨어졌는지 비판하면서 진리의 정치를 요구했다. 바디우는 민주주의를 성립하게 만드는 본질이 자본주의이고, 민주주의는 자본주의를 유지하기 위한 철학 없는 정치일 뿐이라고 보았다. 자본주의를 넘어서려면 민주주의를 넘어서야 하므로, 극우주의자들보다 민주주의자들이 저지르는 혁명의 방해가 더욱 심각한 문제다. 혁명의 진정한 적은 민주주의라는 것이다.

바디우는 민주주의의 실체를 폭로하고 혁명을 도모했다. 더 나은 세계를 바라는 사람들은 언제 어디든지 있기 마련이다. 그들에게 용기와 철학을 불어넣고자 바디우는 오늘도 지구 이곳저곳을 돌아다니면서 혁명과 진리를 이야기하고 있다.

▸ 바디우의 핵심 개념

#사건의철학   #진리의출현   #주체화   #충실성

#우연에서운명으로   #공산주의

▸ 더불어 읽으면 좋을 책

알랭 바디우, 『사랑 예찬』, 조재룡 옮김, 길, 2010.
알랭 바디우, 『투사를 위한 철학』, 서용순 옮김, 오월의봄, 2013.

2부

행복한 삶이란
무엇인가?

아리스토텔레스

ARISTOTLES (B.C.384~B.C.322)

아테네 학당의 중심에 선 인물

「아테네 학당」은 누구나 한 번쯤 보았을 법한 유명한 그림이다. 이탈리아의 화가 라파엘로는 활동 지역과 시기가 달랐던 수많은 선각자를 한자리에 모아 공력을 다해 그렸다. 그리스 철학이 부흥하기 전 페르시아에서 활약했던 조로아스터도 그림 속에 자리하고 있다.

아이돌 그룹이든 텔레비전 토크쇼든 중심에 누가 서느냐가 중요하듯 라파엘로의 그림 역시 마찬가지다. 라파엘로의 「아테네 학당」을 보면 중앙에 아리스토텔레스와 플라톤이 자리하고 있다. 내로라하는 수많은 학자 가운데 두 사람이 최고라는 것이다. 여전히 플라톤과 아리스토텔레스는 최고의 명성을 구가하고 있다. 그들이 죽은 지 2500년 가까이 지났어도 세계 어디서든 플라톤이나 아리스토텔레스를 가르친다.

아리스토텔레스 사상은 세계사에도 지대한 영향을 미쳤다. 유럽에서 일어난 르네상스의 동력을 아리스토텔레스가 제공했다고 해도 지나친 말이 아닐 정도다. 르네상스란 중세 유럽 말기에 기독교의 가혹한 검열에서 벗어나 고대 그리스의 사상을 되살린 문예운동을 가리킨다. 르네상스를 통해 유럽인들은 인간성을 탐구하면서 그동안 억눌려 온 인간성을 표현했다.

르네상스 이전까지 그리스 사상은 기독교의 위세에 짓눌려 오랫동안 자취를 감추고 있었다. 중세를 그저 암흑기로 묘사하는 것은 부당하지만, 갑갑한 시대였던 사실을 부인하기는 어렵다. 이탈리아의 기호학자 움베르토 에코는 중세 시대 연구로 명성이 자자한 가운데 소설도 훌륭하게 집필해 전 세계에서 사랑받았다. 에코의 소설 『장미의 이름』은 중세 수도원에서 아리스토텔레스의 책을 읽지 못하도록 꾸며진 음모를 파헤치는 이야기인데, 영화로까지 제작될 정도로 그 인기가 대단했다.

아리스토텔레스를 비롯해 고대 그리스의 사상은 철저하게 탄압되었고, 유럽인들은 기독교만을 유일한 사상으로 믿었다. 그런데 사라진 줄 알았던 그리스의 사상은 아랍 세계에 고스란히 보관되어 있었다. 아랍의 지식인들은 고대 그리스의 사상에 매료되어 그리스인들이 남긴 글을 간직하고 연구했다. 특히나 아리스토텔레스에 대한 아랍 지식인들의 존경은 대단해서 아리스토텔레스의 사상을 바르게 복원하는 것을 일생의 목표로 삼은 사람마저 있었다. 그의 이름은 이븐 루시드였다. 이븐 루시드는 아리스토텔레스의 모든 저작을 해석했고, 그의 책은 유럽에 전해졌다. 그렇게 유럽인들은 아리스토텔레스의 사상을 알게 되었다. 르네상스의 바람이 불었고 그리스 사상은 화려하게 부활했다. 중세의 어둠은 조금이나마 걷혔다.

아리스토텔레스는 플라톤과 사제지간이다. 아리스토텔레스가 플라톤의 제자이다 보니 많은 걸 공유하지만 그래도 둘의 사상은 꽤 다르다. 「아테네 학당」에 그려진 두 사람 손의 방향처럼 말이다. 플라톤의 손가락은 위쪽을 가리키는 데 반해 아리스토텔레스의 손가락은 아래를 가리킨다. 이 대조되는 모습은 라파엘로의 절묘한 표현이다. 영원에 대한 관심으로 세상을 파악했던 플라톤과 달리 아리스토텔레스는 현실을 중시했다. 이 차이를 손가락 방향으로 나타낸 것이다.

두 사람이 들고 있는 책도 사뭇 다르다. 플라톤은 우주론을 다룬 『티마이오스』를 들고 있고, 아리스토텔레스는 삶의 문제를 다룬 『니코마코스 윤리학』을 들고 있다. 아리스토텔레스는 다방면에 관심이 많았고 다양한 글을 썼는데, 그의 저술 가운데 단 한 권을 꼽는다면 단연 『니코마코스 윤리학』일 것이다.

행복이란 무엇인가

모든 사람이 알고 싶어 하지만 제대로 알지 못한 주제가 있다.

바로 행복이다. 아리스토텔레스는 행복을 본격 논의했다. 사람들은 세상의 많은 것을 추구하는데, 알고 보면 그것 자체를 얻기 위해 추구하지 않는다. 그것들은 목적이 아니라 행복을 얻기 위한 수단일 뿐이다. 아리스토텔레스에 따르면, 우리의 궁극 목적은 행복이다.

예컨대 젊은이들이 입시 공부를 하는 것은 유명한 대학에 들어가기 위함이고, 유명한 대학에 들어가려는 이유는 좋은 직업을 갖기 위함이다. 왜 좋은 직업을 가지려 할까? 앞날이 평탄하고 인생이 안락하기를 바라기 때문이다. 인생이 평탄하고 안락하길 바라는 것은 무슨 이유에서일까? 평탄하고 안락해야 행복할 수 있다고 믿기 때문이다. 물론 좋은 직업을 갖는다고 해서 삶이 평탄하고 안락하다는 보장은 없고, 무난한 삶을 산다고 해서 행복할지는 미지수다. 그래도 유명한 대학에 들어가고 좋은 직업을 가져야만 행복하리라는 기대가 사람들 마음에서 강력하게 작용하고 있다.

모든 일의 이유를 캐다 보면 결국 행복이 최종 목표다. 어떠한 성취를 이루는 이유에도 이미 행복이 관여한다. 유명한 대학에 들어가고 좋은 직업을 가지면 잠깐이나마 행복과 매우 유사한 성취감이 든다. 우리가 무언가를 하는 이유는 그게 뭐가 되었든 그것을 하면 행복해지리라 기대하기 때문이라고 아리스토텔레스는 지적했다. 행복이란 어떤 목적을 위해 추구되지 않고 그 자체로 선택된다고 설명했다. 인간은 오직 행복을 향해 움직이며, 행복은 그 자체로 목적이자 최고선이다. 우리는 모두 행복을 위해 산다.

그렇다면 행복은 어떻게 얻어야 할까? 흔히들 돈이 많으면 행복해진다고 기대한다. 그런데 현대 사회가 과거에 비해 엄청나게 부유해졌는데도 사람들은 별로 행복하지 않다. 도리어 불행한 사람들이 너무나 많다. 부자가 된다고 행복해지는 것이 아니다. 그렇다면 우리는 행복을 원하면서도 어떻게 해야 행복한지 모르는 셈이다. 불행한 사람들에게 아리스토텔레스는 탁월성에 따른 영혼의 활동을 통해 행복을 얻어야 한다고 조언했다. 탁월성에 따르는 행위는 그 자체로 즐겁고 좋으며 고귀한 것이다. 탁월성을 획득한 상태가 진정한 행복이다. 예를 들어서 춤꾼이라면 최고의 춤을 출 때 행복하고, 작가라면 자신의 역량을 총동원해서 탁월한 작품을 완성할 때 행복하다. 우리가 할 수 있는 최선의 활동이 곧 행복이다.

최선의 활동은 탁월한 품성을 요구한다. 잠재성이 출중하더라도 품격이 떨어지면 자신의 능력을 탁월하게 발휘하는 데 한계가 있다. 내면이 탁월하게 갖춰져야만 최선의 활동을 펼칠 수 있다. 아리스토텔레스에게 탁월성이란 오랜 시간 수련을 통해 도달한 내면의 상태다. 최고의 경지에 다다르면 최고의 탁월함을 발휘하면서 행복을 누릴 수 있다는 것이 아리스토텔레스의 행복론이다. 한마디로 탁월한 품성 상태가 행복이기에 훌륭한 인격과 풍요로운 내면을 지닌 사람이 행복하다는 것이다.

탁월성과 중용

아리스토텔레스뿐 아니라 고대 그리스 사람들은 탁월성을 중요시했으며, 지금 우리에게도 탁월성은 중요하다. 문제는 탁월성을 쉽게 얻을 수 없다는 점이다. 끊임없는 노력과 연습과 수행을 통해 가까스로 성취된다. 아리스토텔레스는 습관의 중요성을 강조했다. 그리스어로 성격을 뜻하는 '에토스'ēthos는 습관을 의미하는 '에토스'ethos를 어원으로 한다. 태어날 때부터 탁월한 사람은 없다. 탁월함이란 습관을 들이고 노력해서 성취한 결과다. 탁월하고 훌륭한 사람이 되려면 땀과 눈물을 감내해야 한다. 자신을 연마해서 훌륭한 사람이 되어야 행복해진다.

아리스토텔레스는 탁월성과 함께 '중용'을 가르쳤다. 중용은 그저 중간을 뜻하는 것이 아니라, 과도하지도 모자라지도 않은 상태를 뜻한다. 유교와 불교에서도 중시할 정도로 중용은 동서양을 막론하고 그 자체로 탁월한 경지다. 중용에는 여러 덕목이 포함되는데, 용기와 온화, 절제 등이 그것이다. 용기는 무모하지 않은 동시에 비겁하지도 않은 중용이다. 온화는 성마름과 화낼 줄도 모름 사이의 중용이다. 절제는 방종과 금욕 사이의 중용이다. 무절제하게 즐기려는 것도 문제지만 목석같이 굴면서 무조건 금욕하려는 태도도 문제다. 절제란 필요 없는 욕망에 휘둘리지 않고 좋은 것과 행복한 것을 추구하는 자세다. 마땅한 만큼 욕망하면서 적절하게 즐길 줄 아는 것이 절제의 덕목이다.

아리스토텔레스는 절제를 '실천적 지혜'라고 부르면서 상세하게 다뤘다. 인간은 절제를 통해 습관을 만들고 성격을 이루기 때문이다. 탁월함은 절제를 바탕으로 형성된다. 삶의 즐거움을 알맞은 시기에 적절히 향유하기 위해서라도 절제라는 미덕을 갖춰야 한다. 현실에 집중해서 살려는 몰입의 정신이 아리스토텔레스의 글 속에 녹아 있다. 몰입하여 살아가는 신명 나는 인생은 신성이 발휘된 모습이다. 아리스토텔레스는 탁월성을 발휘하면서 지성에 따르는 삶을 신적인 삶이라고 불렀고, 신적인 존재가 될 것을 모두에게 권했다.

우리가 죽을 수밖에 없는 운명이라고 해서 인간적인 것들만 생각해서는 안 된다. 우리 안에 있는 것 중 최고에 따라 살도록 최선의 노력을 기울여야 한다. 이러한 아리스토텔레스의 가르침을 받은 마케도니아의 알렉산더는 신적인 정복자가 되려 했고, 젊은 나이에 전무후무한 대왕이 되었다. 사람의 정신에 철학이 제대로 깃들면 이토록 엄청난 변화를 일으킨다.

좋은 사람이 되어야 행복하다

나 자신을 탁월하게 건축한 인생이 아름다운 삶이다. 우리가 자신이 살아가는 집을 꾸미고 잘 갖추려고 하듯, 자신을 훌륭하게 만드는 일에 열중해야 한다. 우리는 평생 자기 자신으로서 살아가기 때문이다. 자기의 재능을 평생에 걸쳐서 발휘하는 사람이야말로 멋진 사람이자 좋은 사람이자 행복한 사람이다. 우리 안에 갖춰진 잠재성을 제대로 발현하면 탁월해지고, 자신이 얼마나 탁월해졌는지를 알려 주는 지표가 행복이다.

탁월성을 발휘하고 중용을 지키면 세파에 덜 흔들린다. 타락하지도 않는다. 지극히 복된 사람들은 결코 가증스러운 일이나 비열한 행위들을 하지 않기 때문에 비참해지지 않을 것이라고 아리스토텔레스는 호언장담했다. 살다 보면 닥치는 여러 유혹에 우리는 휘청거리면서 흔들린다. 이때 필요한 것이 지혜와 중용이다. 자신의 지혜를 갈고닦아서 중용의 원칙을 지키며 사는 사람은 무너지지 않는다. 올바른 습관을 들이고 올바른 질서에 따라 살며 훌륭한 일을 실천하는 사람이 좋은 사람, 즉 탁월한 사람이라고 아리스토텔레스는 평가했다.

아리스토텔레스에 따르면, 인격이 깊어지는 만큼 행복하다. 행복은 자신의 품격을 반영한다. 좋은 사람이 된다면 세상에서 생겨나는 여러 가지를 품위 있게 견뎌 낼 것이라고, 언제나 가장 훌륭하게 행위할 것이라고 아리스토텔레스는 확신했다. 좋은 사람만이 탁월함을 성취할 수 있다. 좋은 사람이 아니면 마음이 비뚤어지고 그릇된 견해에 빠지게 되어서 실천적 지혜를 가진 사람이 될 수 없다.

악인들은 후회로 가득 차 있다. 악인들은 그 어떤 것도 사랑하지 않고 자기 자신마저 사랑하지 못한다. 이런 상태는 너무나 비참한 것이므로 있는 힘을 다해서 우리는 못된 마음가짐을 바꿔야 한다. 훌륭해지도록 노력해야만 자기 자신을 사랑스럽게 대할 수 있고, 다른 사람과도 친구가 될 수 있다.

공동체 속에서의 삶

아리스토텔레스의 윤리학은 정치학과 연결된다. 고대 그리스에서 산다는 건 시민으로서 사회에 참여한다는 의미였고, 공공 영역의 참가는 인생에서 가장 중요한 일이었다. 탁월성도 그저 혼자서만 감탄하는 것이 아니라 공공 영역에 나아가서 발휘해야 비로소 인정받을 수 있었다.

인간은 홀로 행복할 수 없다. 아리스토텔레스의 유명한 정의대로 인간은 사회적인 동물이다. 다른 사람들의 뒷받침이 없으면 고귀한 성취를 이루기 어렵다. 내가 좋은 사람으로 살기 위해서라도 오붓한 동반자가 있어야 한다. 신뢰할 수 있는 친구가 있어야 하고, 좋은 사회제도가 갖춰져야 한다. 혹여나 기존의 관계 방식에 문제가 있다면 관계를 재구성해야 한다. 자신이 살아가는 사회와 세계와 우주를 건강하게 품어 낼 때 행복한 사람이 될 수 있다. 훌륭한 사람이 되었다고 해도 외부의 도움에 무관한 존재가 아니다. 인간은 언제나 사회적인 동물이다.

훌륭하고 좋은 사람이 외로운 사람이라면 이상한 일이라고 아리스토텔레스는 운을 띄웠다. 모든 좋은 것을 다 소유하더라도 오롯이 홀로 살 사람은 아무도 없을 것이라고 덧붙였다. 인간은 사회공동체를 구성해서 함께 살게끔 되어 있다. 인간뿐 아니라 대다수 생명체에겐 친구와 동료가 필요하지만, 특히 인간은 친구의 영향을 많이 받는다. 좋은 친구가 생기면 그만큼 우리는 좋은 사람이 되어서 더 행복해진다.

잡념을 떨쳐 내고 자기 자신을 절제하면서 독서에 열중하는 것은 우리의 잠재성을 키워 탁월성을 발휘하는 과정이다. 인류의 사상가들이 남긴 지혜를 음미하면서 그들을 자신의 친구로 삼는 것은 우리 자신을 발전시키는 일이다. 좋은 친구를 만나 발전할수록 우리는 더욱 행복해진다.

‣ 아리스토텔레스의 핵심 개념

윤리학 # 행복 # 습관 # 탁월성 # 정치적인간

절제 # 중용 # 공동체 # 사회적동물

‣ 더불어 읽으면 좋을 책

아리스토텔레스, 『니코마코스 윤리학』, 천병희 옮김, 도서출판 숲, 2013.
아리스토텔레스, 『시학』, 김한식 옮김, 그린비, 2022.

에피쿠로스
EPICOUROS (B.C.341~B.C.270)

에피쿠로스의 정원

토머스 제퍼슨은 미국의 3대 대통령을 역임했다. 그는 미국 독립선언서를 작성한 인물들 가운데 한 사람으로 미국에서 건국의 아버지로 칭송받는 인물이다. 미국의 독립선언서는 인간의 존엄과 공화주의 정신이 담겨 있는 찬란한 예술 작품이다.

토머스 제퍼슨은 고대 그리스 철학자 에피쿠로스를 열렬히 흠모하여 자신을 에피쿠로스주의자라고 말하곤 했다. 제퍼슨의 마음에 에피쿠로스의 철학이 들어 있으니, 에피쿠로스의 철학은 시공간을 훌쩍 뛰어넘어 미국의 탄생에도 함께한 셈이다.

에피쿠로스는 총명한 위인이었다. 그는 자신의 철학을 사람들에게 전하기까지 오랫동안 준비했다. 젊은 시절에 군인으로 복무했고, 지중해 여러 곳을 돌아다녔던 그는 다양한 체험을 하고 문물을 두루 익힌 뒤 B.C.306년 아테네에 터를 잡았다. 그러고는 누구나 방문할 수 있는 정원을 열었다.

에피쿠로스의 정원은 모두에게 평등한 곳이었다. 당시에 천대받던 노예와 여자도 차별하지 않고 환영했다. 에피쿠로스는 지혜로운 데다 다정했기에, 그를 따르는 사람들이 늘어나면서 집단을 이루었다. 에피쿠로스학파의 등장이다. 에피쿠로스학파는 여성을 정식으로 받아들인 첫 학파였다.

에피쿠로스의 정원으로 통하는 문에는 조각이 달려 있는데, 그 조각에는 이런 글귀가 적혀 있었다. "방황하는 나그네들이여, 여기야말로 당신이 거처할 진정 좋은 곳입니다. 여기에 우리가 추구해야 할 최고로 탁월한 즐거움이 있습니다."

죽음을 두려워하지 않은 철학자

에피쿠로스학파는 쾌락주의 사상으로 알려져 있다. 그 풍문이 틀린 말은 아니다. 그의 정원에 적힌 환영사처럼, 에피쿠로스는 탁월한 즐거움을 누리던 사람이었다. 얼마나 즐거운 사람이었는지 죽어 가는 순간까지도 유쾌했다. 그렇다고 그가 편안한 죽음을 맞이했던 것은 아니다. 그는 요로결석을 앓다가 죽었다. 장기 안에 돌이 생겨 소변을 볼 수 없으니 몹시 고통스러웠는데, 엎친 데 덮친 격으로 이질까지 앓았다. 에피쿠로스는 자기 삶이 막바지에 이르렀다는 것을 알았지만 유서나 다름없는 마지막 편지를 경쾌하게 작성했다. 철학의 사색들이 빚어내는 기쁨이 신체의 고통을 상쇄해 주었기 때문이다. 에피쿠로스는 죽음 앞에서 초연했다.

에피쿠로스의 철학에 따르면, 죽음은 우리에게 아무것도 아니다. 우리가 존재할 때는 죽음이 존재하지 않으며, 죽음이 존재할 때 우리가 존재하지 않는다. 그러므로 죽음을 두려워하지 않아도 된다고 결론을 내렸다. 죽음은 두려워할 일이 아니라는 사실을 깨달으면 살아가면서 두려워할 것도 없어진다. 에피쿠로스는 삶을 만끽했다. 에피쿠로스가 정원을 마련해서 사람들을 불러 모은 까닭도 인생의 기쁨을 나누기 위함이었다.

이런 맥락에서 에피쿠로스는 "Non fui", "fui", "non sum", "non curo"라고 말했다. 각각의 문장을 번역하면 이렇다. "나는 존재하지 않았다", "나는 존재했다", "나는 존재하지 않는다", "나는 신경 쓰지 않는다". 이 글귀는 많은 이들의 정신에 영감을 불어넣었다. 로마제국 시대의 묘지를 살펴보면 이 네 문장이 새겨진 비석을 쉽게 발견할 수 있을 정도다. 오늘날에도 인문주의자의 장례식에서 종종 거론된다.

현자는 삶에서 도망가려고 하지 않으며 삶의 중단을 두려워하지도 않는다. 에피쿠로스처럼 죽음의 불안에서 벗어나 삶에 집중하는 태도를 인류의 현자들은 하나같이 공유한다. 공자는 '살아 있는 것도 다 알지 못하는데 어찌 죽음을 알 수 있겠느냐'며 삶에 집중하라고 설교했다. 뒤에 등장할 스피노자도 '자유인은 죽음에 대해 생각하지 않고, 자유인의 지혜는 죽음에 대한 성찰이 아니라 삶에 대한 성찰'이라고 강조했다. 지혜로운 자들은 죽음의 공포에 억눌리지 않고, 하나같이 현재에 충실하다.

자유의 철학

현재에 충실하다는 것은 자유롭게 자기 인생을 살아 낼 수 있음을 전제한다. 에피쿠로스에 따르면, 인간은 자유로운 존재다. 그는 이미 2300년 전에 원자라는 개념을 채택했고 자유의 필연성을 추론했다. 세계를 이루는 원자들은 움직이지만, 그 운동은 결정되어 있지 않다. 자연이 나름의 법칙대로 운영되더라도 변화는 항상 일어난다. 원자의 움직임이 평소의 궤적과 약간 다르게 움직이는 일이 벌어지는데, 이를 가리켜 '클리나멘'이라고 불렀다. 클리나멘이 발생하기 때문에 세상은 이전과 비슷하게 유지되는 가운데 끝없이 변화한다. 자연이 그렇듯 사람도 결정되어 있지 않다. 그래서 자유롭게 자기 삶을 만들어 갈 수 있다고 에피쿠로스는 말했다.

에피쿠로스는 이성을 통한 자유를 주장했다. 그는 관찰과 추론으로 확인된 결과가 아닌 것을 믿지 말라면서 과학 발전의 초석을 다졌다. 과거부터 답습하며 맹종했던 관념에 의문을 제기했고, 당대의 사람들이 받아들였던 통념에 저항했다. 스스로 생각하고 느끼고 행동하면서 삶의 주인공으로 살고자 애썼다. 자기 삶의 주체로 살아야만 행복할 수 있기 때문이다. 행복해지려면 여태껏 사람들이 믿어 온 것을, 믿어 왔다는 그 이유로 믿을 필요가 없다. 유명한 사람에게서 어떤 것을 들었다고 해서 귀를 팔랑거려서도 안 된다. 스스로 이성을 사용할 줄 알아야 한다.

에피쿠로스는 맹목적인 믿음의 대표적인 예시인 종교를 비판하기도 했다. 그는 신을 두려워하며 숭배하던 전통을 깨뜨린 최초의 인물들 가운데 한 사람이었다. 종교 활동에 참여했으나 종교가 주장하는 신의 개념이 거짓되었다고 생각했다. 오늘날 에피쿠로스의 역설로 알려진 그의 주장을 쉽게 풀어내면 이렇다. 신은 악을 없애려고 하는데 그럴 수 없다면 신은 전능하지 않다. 없앨 수 있지만 없애지 않고 있다면 신은 선하기는커녕 악의를 갖고 있다. 신이 악을 없앨 능력도 있고 없애려고도 한다면 악이 세상이 어떻게 있을 수가 있는가? 그가 능력도 없고 악을 없애려고 하지 않는다면 왜 그를 신이라 부르는가?

에피쿠로스는 신의 존재를 부정하지는 않았다. 다만 신이 인간에게 신경 쓰지 않을지도 모르며, 현생이나 내세에 우리를 벌하려고 하지 않을 것이라고 추론했다. 에피쿠로스에 따르면, 신은 심판에 관심이 없다. 대중은 나쁜 자에게 죄를 물으면서 고통을 주고 착한 자에게는 상과 복을 주는 것이 신의 역할이라고 여기는데, 이건 인간의 입맛대로 신을 아주 단순하게 만든 것이다. 대중이 숭배하는 신을 부정하는 자기 같은 사람이 불경한 것이 아니라 신에 대해 대중이 믿는 대로 맹신하는 이들이야말로 진정으로 불경한 사람이라고 에피쿠로스는 반론을 펼쳤다.

인류의 현자들은 신을 숭배하면서 신의 은총을 마냥 기다리지 않았다. 스스로 공부하며 평생 자신을 발전시켰다. 언제나 자기 자신만이 자신을 구할 수 있다. 공부가 곧 행복의 기초 작업이고, 자기 구원의 시작이다. 먼 훗날에 행복할 거라는 헛된 기대에 사로잡힌 채 하루하루 서글프게 늙어 가지 말고 지금 행복하게 살아야 한다. 마찬가지로 나중에 시간 나면 공부하겠다고 미룰 것이 아니라 지금 배워야 한다. 에피쿠로스는 철학할 시간이 아직 오지 않았다거나 그럴 시간이 지났다고 말하는 사람은 행복의 시간이 아직 오지 않았거나 더 이상 없다고 말하는 사람과 비슷하다고 꼬집었다. 젊은이건 노인이건 무지와 미신과 공포에서 벗어나 이성으로 철학을 해서 지혜와 자유를 얻으라고 격려했다.

진정한 쾌락

에피쿠로스에게 중요한 것은 신이 아니었다. 쾌락이었다. 그는 쾌락을 삶의 기준으로 삼았다. 쾌락과 고통에 따라서 좋음과 나쁨의 구별이 생긴다고 분석했다. 선함과 악함의 궁극적인 도덕적 기준은 쾌락과 고통이다. 혹시나 고통이 쾌락보다 더 큰데도 누군가 그런 행위를 선택했다면 단기간에는 고통을 얻더라도 결국에는 그 행동이 더 큰 쾌락으로 이어지리라 기대하기 때문이다.

에피쿠로스는 불쾌한 감각에서 벗어나 유쾌한 감각을 느낄 때 행복하다면서 쾌락을 추구하는 삶을 설파했다. 에피쿠로스는 지혜로운 즐거움을 공유하고자 노력했다. 행복한 삶이란 진솔하고 아름답고 생각이 깊은 나날을 가리킨다. 그는 이런 명언을 남겼다. 사려 깊고 아름답고 정직하게 살지 않고서는 즐겁게 살 수 없다고. 즐겁게 살지 않으면서 사려 깊고 아름답고 정직하게 살 수 없다고.

에피쿠로스는 쾌락의 종류를 고통과 연결해서 고찰했다. 하나의 쾌락은 고통을 수반하고, 다른 쾌락은 고통을 수반하지 않는다면 고통을 수반하지 않는 쾌락이 좋은 것이다. 에피쿠로스는 사람들이 잡으려는 쾌락을 덩달아 좇다가 고통에 시달리는 삶보다는 고통을 피하면서 고요한 기쁨이 흐르는 삶을 권장했다. 고통을 피하고 즐겁게 살 수 있다면 그것이야말로 좋은 삶이다. 진정한 쾌락이란 짜릿한 아찔함이라기보다는 마음의 평정심이다. 가장 큰 부를 소유하고 명예를 높여도 마음이 일렁이면 진정한 기쁨이 생기지 않는다. 평정심은 에피쿠로스가 우리에게 건네는 중요한 선물이다.

쾌락을 강조했기 때문에 에피쿠로스학파는 쾌락주의자들이라고 불리면서 오해와 경멸을 받았다. 하지만 에피쿠로스는 방종하기는커녕 쾌락을 제어하려고 노력했다. 에피쿠로스가 강조한 쾌락이란 육체의 방탕한 쾌감이 결코 아니다. 도리어 자신을 절차탁마해서 아름다움과 탁월성을 획득할 때 생겨나는 정신의 환희에 가깝다. 육체의 쾌락을 업신여기지는 않았으나, 감각의 쾌감만으로는 진정한 행복에 이를 수 없다는 것을 에피쿠로스는 체험을 통해 깨달았다.

에피쿠로스가 진실로 추구한 것은 고통의 부재다. 삶을 즐겁게 만드는 것은 술을 마시고 흥청거리는 일도 아니고, 끊임없이 생겨나는 욕구를 줄기차게 채우는 일도 아니며, 풍성한 산해진미를 날마다 먹는 것도 아니다. 자신의 마음이 어떻게 움직이는지 이해하고 쓸데없는 잡념을 몰아내면서 평화로운 정신 상태가 되었을 때 진정으로 즐거워진다. 죽음의 공포와 신의 심판에 대한 불안에서 벗어나 고요한 상태에 이를 때 자유롭고 행복하다고 에피쿠로스는 가르쳤다. 자신과 세상의 원리를 지혜롭게 이해할 때, 인간의 내면은 평온해진다. 그 평온함이야말로 진정한 즐거움이다.

행복에 필요한 세 가지 요건

에피쿠로스는 진정한 쾌락을 추구한 사람이었다. 진정한 즐거움을 누리는 과정에서 많은 것을 알아차렸다. 행복을 누리려면 갖춰야 하는 것이 있다면서 세 가지 요건을 꼽았다. 우정, 사색, 자유다. 에피쿠로스의 통찰처럼, 인간은 타인과 우정을 맺으면서 깊이 생각하고 자유로이 살아갈 때 행복하다.

행복은 자유와 긴밀하게 이어진다. 자유로운 사람은 가진 것에 만족한다. 이 문장을 뒤집어도 진실이다. 자신이 가진 것에 자족할 수 있을 때 사람은 자유로워진다. 에피쿠로스는 자기만족의 가장 큰 열매는 자유라고 소개했다. 에피쿠로스에 따르면, 자족할 수 있는 사람이 현자다. 현자는 자유로워서 더 많은 것을 가지려고 하기보다는 도리어 자신이 지닌 것을 기꺼이 나눠 준다. 에피쿠로스의 말마따나 충분한 것을 적다고 느끼는 사람에게는 어떤 것도 충분치 않다. 자족할 줄 아는 것이야말로 현대인이 에피쿠로스에게 배워야 할 지혜 가운데 하나다.

에피쿠로스는 평온한 자유를 추구했고, 명예나 영광이나 부유함은 염원하지 않았다. 타인에게 주목받는 삶이 아니라 비밀스러운 삶을 권유했다. 친구들과 맛깔난 음식을 오순도순 나눠먹고 하루하루 깊이 생각하면서 자유롭게 살라는 것이다. 에피쿠로스는 누군가를 미워하거나 시기하지 말라고도 했다. 미움은 별 쓸모가 없으며 자신의 평정심만 흐트러뜨린다. 악한 자들을 미워하면서 자신을 망가뜨리면 안 된다. 그들은 당분간 떵떵거리는 것 같더라도 머지않아 스스로 파괴하면서 무너져 내린다고 에피쿠로스는 예견했다.

에피쿠로스는 나이 드는 일을 두려워하지 않았다. 외려 좋게 여겼다. 젊음은 가능성으로 꿈틀거리나, 그만큼 혼란한 시기다. 한 해 한 해 시간이 지나가는 동안 꾸준히 공부한다면 혼란에서 벗어나 지혜로워진다. 지혜롭고 평정한 마음이 되면 젊었을 때보다 훨씬 행복한 나날을 보낼 수 있다. 행복한 노후를 맞이하기 위해서라도 철학 공부가 필요한 것이다. 공부란 진정한 즐거움을 누리기 위해 지혜를 키우는 일이다. 지금 자신이 처한 자리에서 즐겁게 살 수 있도록 에피쿠로스는 훌륭한 자극을 선사했다. 행복을 뒤로 미뤄선 안 된다. 인생의 주인은 바로 나이고, 인생의 주인으로 사는 사람은 행복할 수밖에 없다.

에피쿠로스는 인간은 영원히 존재할 수 없는데 행복을 미루다가 인생을 낭비하고 죽는다고, 자기 삶의 주인이 아닌 사람은 행복을 연기한다고 비판했다. 그가 남긴 말들은 수천 년이 지난 지금까지도 우리에게 생각할 거리를 남긴다.

‣ 에피쿠로스의 핵심 개념

#에피쿠로스정원 #클리나멘 #쾌락주의 #자유의철학

#평정심 #진정한쾌락

‣ 더불어 읽으면 좋을 책

에피쿠로스, 『쾌락』, 오유석 옮김, 문학과지성사, 1998.
카를 마르크스, 『데모크리토스와 에피쿠로스 자연철학의 차이』, 고병권 옮김, 그린비, 2001.

DAY 11

에픽테토스
EPIKTĒTOS(55~135)

노예이자 장애인

에피쿠로스학파와 함께 유럽 철학계를 이끌던 쌍두마차가 있
었다. 스토아학파다. 스토아학파는 그리스 도시국가 시대부터
로마 시대까지 크게 유행했다. 그리스와 로마 시대 지성인의 다
수는 스토아 철학자였다. 스토아란 기둥이 줄지어 늘어선 통로
를 가리킨다. 기둥이 늘어서 있고 폭이 좁고 길이가 긴 통로를
주랑이라고 하는데, 이 주랑을 뜻하는 그리스어가 스토아다. 일
정한 간격으로 기둥을 배치한 스토아 건축법은 고대 이집트에
서 발흥하여 그리스와 로마로 퍼졌고, 유럽 근세의 건축물에서
도 사용되었다. 스토아학파라는 명칭은 제논의 지도 방식에서
유래했다. 제논은 스토아학파의 선구자였다. 그는 주랑을 거닐
면서 자신의 사상을 얘기했고 제자들을 지도했다. 스토아를 돌

아다니면서 철학을 거론하니 스토아학파란 이름을 얻게 된 것이다.

스토아학파는 감정의 동요를 경계했다. 감정에 휩쓸려서는 삶에 충실하기 어렵기 때문이다. 스토아학파가 감정의 동요를 줄이려고 노력한 것은 에피쿠로스학파가 추구한 평정심과 비슷한 측면도 있지만, 뚜렷한 차이점이 있다. 의무의 강조다. 스토아학파는 이성을 발휘해서 굳건하게 살아가자고 힘주어 말했다. 에피쿠로스학파가 조용하게 나날의 기쁨에 집중했다면, 스토아학파는 삶이 힘겹더라도 용기를 내어 자기 할 일을 완수하는 데 주력했다.

스토아학파의 씩씩함이 오롯하게 응집된 인물이 있다. 에픽테토스다. 에픽테토스는 어린 시절 노예 신분이었다. 그는 다리를 절었는데, 이 다리를 주인이 부러뜨렸다는 일화가 전해진다. 주인이 에픽테토스의 다리를 비틀면서 부러뜨리려고 했는데도 그의 눈빛은 흔들리지 않았다. 감정의 동요가 없는 에픽테토스의 모습에 성질이 난 주인이 더욱 힘을 주어 그의 다리를 꺾었다. 그때도 에픽테토스는 감정의 기복 없이 주인에게 그러다 다리가 부러진다고 알려 줄 뿐이었다. 마침내 그의 다리가 꺾여서 부러지자 에픽테토스는 다리가 부러진다고 하지 않았느냐고 담담하게 반응할 뿐이었다.

물론 구전되는 일화가 대개 그러하듯 주인이 다리를 부러뜨린 사건도 실제로 일어나지 않았을 가능성이 크다. 다른 문헌

자료에는 에픽테토스가 어릴 때부터 발을 절었다는 기록이 있기 때문이다. 사실이 무엇이건 그가 노예이자 장애인이었다는 것에는 변함이 없으며, 그보다 더 중요한 건 에픽테토스가 아주 단단하고 담담한 마음을 지녔다는 사실이다.

노예이자 장애인으로 사는 일이 버거울 수밖에 없었을 텐데도 그는 현실에 굴복하지 않았다. 공부하기를 멈추지 않고 성실히 살았다. 에픽테토스는 끝내 노예에서 해방되었다. 자유인이 되어서는 사람들에게 철학을 가르쳤다. 오랜 기간 혼자서 검소하게 지냈으며, 노년에는 세상을 떠난 친구의 자녀를 입양하여 힌 여성의 도움을 받아 양육했다. 에픽테토스는 자기 삶을 스스로 일으켜 세운 인물이다. 에픽테토스란 이름 자체가 그리스어로 '획득한 사람'이란 뜻이다. 그 이름 그대로 자유를 획득해서 자기 삶의 주인이 된 철학자가 에픽테토스다.

자기 삶의 주인이 되어라

에픽테토스는 책을 저술하지 않았다. 그의 강의를 정리한 제자의 기록물만이 전할 뿐이다. 강의록에는 자기 삶의 주인이 되는 것이 우리의 목적이라고 거듭해서 말하는 에픽테토스의 목소리가 담겨 있다.

에픽테토스는 세계의 법칙을 이해하라고 촉구했다. 그는 우리에게 영향을 미치는 힘을 두 가지로 구분했다. 첫 번째 힘은 생각, 욕구, 의지처럼 우리가 통제할 수 있는 힘이다. 또 다른 종류의 힘은 몸, 재산, 평판, 관직처럼 스스로가 어찌 할 수 없는 힘이다. 관심을 가져야 하는 것은 우리가 통제할 수 있는 힘이다. 자신이 어찌 할 수 없는 것을 어떻게 해 보려고 한다면 좌절하면서 불평을 일삼게 된다.

에픽테토스는 자신의 것에만 신경을 쓰면 그 누구도 당신을 혼란스럽게 하거나 방해하지 못하리라고 설파했다. 즉 자신이 통제할 수 있는 힘에 집중하면 자신의 의지에 반하는 어떤 일도 하지 않게 되고, 그러면 어떠한 위협에도 해를 당하지 않을 것이라는 말이다. 한마디로 자신의 힘에만 의지하면서 자유를 추구하라는 것이다. 누군가에게 무언가를 얻기를 원하면 그만큼 그에게 의존할 수밖에 없다. 기대는 만큼 지배받기에 자유를 잃게 된다.

왜 우리의 삶이 서러운가 하면, 바라는 것이 있기 때문이다. 바라는 것이 채워지지 않아 억울하고 서러운 것이다. 자유를 원하면 자신의 욕망을 다스릴 수 있어야 한다고 에픽테토스는 충고했다. 욕망에 휘둘릴수록 삶의 자유는 줄어든다. 에픽테토스는 자신의 것이 아닌 것을 욕망하면서 삶을 낭비하지 말라고 말했다. 우리에겐 귀중한 정신이 있으니 그것을 함부로 내주지 말라고도 했다. 나의 몸을 타인이 함부로 주무른다면 우리는 분노한다. 그런데 막상 우리의 정신을 주무르려는 사람에게 자신의 귀중한 정신을 내주면서도 불편함을 느끼지 못한다. 정신을 내어 버리고 나면 머지않아 고통에 휩싸이게 된다. 때문에 에픽테토스는 정신줄을 똑바로 잡고 있으려고 평생 애썼다.

'철학'한다는 것은

에픽테토스는 사람들이 철학을 공부하며 자유로이 살기를 바랐다. 철학은 어려운 말들이 넘쳐 나는 지적 유희가 아니다. 이름도 어려운 외국 학자들을 들먹이면서 벌이는 지루한 암기도 아니다. 철학이란 훌륭한 삶을 사는 기술이다. 에픽테토스의 말마따나 철학은 모든 사람을 위한 것이다. 철학을 전문 철학자나 종교인의 손에서 구해 내야 한다고 에픽테토스는 주장했다. 더 나은 삶을 지향하며 행동과 철학을 결합하는 사람들이야말로 진정으로 철학을 실천하는 사람들이다.

철학을 공부한다고 하면 아마도 주변 사람들의 지지를 받기 어려울 것이다. 이상한 별종을 다 보겠다고 쳐다볼지도 모른다. 친구들에게 자신이 책을 좋아한다거나 인문학에 관심이 있다고 말하기 쑥스러울 수도 있다. 세상의 흐름은 예나 지금이나 더 나은 인간이 되고자 노력하는 사람을 따뜻하게 감싸 주기는커녕 차갑게 흘겨본다. 높은 수준의 지혜로운 삶을 추구하는 사람이라면 조롱과 비난의 대상이 될 각오를 해야 한다고 에픽테토스는 제자들에게 일러두었다. 에픽테토스가 살던 시대에도 철학을 공부하는 사람은 그리 환영받지 못했다.

남들 눈에 이상하게 보이지 않고자 자신의 수준을 계속 낮추어 온 사람들이 세상에 정말로 차고 넘친다. 그들은 의식 수준을 높이려 공부하는 사람을 보면, 자신도 분발하기보다는 오히려 앙심을 품는다고 에픽테토스는 탄식했다. 하지만 마음이 초라한 사람들에게 일일이 반응하지 말고, 그들에게 연민을 품으라는 것이 그의 해답이었다.

주변 사람들이 자신을 이해하지 못한다고 해서 슬퍼할 필요는 없다. 내가 어찌할 수 없는 것에 그다지 마음 쓸 필요가 없다. 다만 내가 할 수 있는 것에 최선을 다하면 된다. 책을 읽었다고 자랑하지 말고 독서를 통해 더 나아진 모습을 보여 주는 것이 훨씬 훌륭한 자세이며, 흔들림 없이 나아가면 당신을 조롱한 그 사람들로부터 존경을 받을 것이라고 에픽테토스는 조언했다.

에픽테토스는 여성에게도 조언을 아끼지 않았다. 오래전부터 세상은 여자들에게 공부를 권하지 않았는데, 에픽테토스는 달랐다. 어릴 때부터 겉모습으로만 평가받다 보면 내면의 잠재력을 발굴하기보다는 겉치장에 몰두하면서 의식 수준을 향상하기 어려울 수도 있다고 내다봤다. 공부를 통해 더 나은 사람이 되기보다는 더 예쁘게 되는 데 신경을 쓰면서 자기 안의 재능을 꽃피우지 못할 위험을 알아챈 에픽테토스는 여자들에게 미모는 부담이라고 촌평했다.

에픽테토스의 이러한 염려는 시대를 앞서간 성평등 의식의 발현으로 볼 수 있다. 여자는 남자보다 뒤떨어진다는 시대의 편

견에서 벗어나 여자도 열심히 공부해서 뛰어난 인물이 되라고
권유한 셈이다.

지금 당장 실천하라

에픽테토스는 사람들이 자신의 잠재성을 발휘하면서 하루하루
를 행복하게 살기를 바랐다. 철학을 배워서 곧장 실천하기를 바
랐다. 그런데 과거에도 사람들은 사정상 어렵다거나 나중에 상
황이 나아지면 하겠다고 핑계를 대었다. 그렇게 젊음이 지나가
면 어느새 후회로 마음이 가득한 노인이 된다. 후회는 실천하지
않았을 때 생겨나는 결과들이다.

　인생은 길지 않다. 눈 한 번 깜빡한 것 같은데 훌쩍 나이가 든
다. 자신이 어떤 사람이 되고 싶은지 당당히 밝혀야 삶이 특별
해진다. 삶에 대한 포부를 글로 적고, 그 내용을 자주 읽으면서
되새길 필요도 있다. 에픽테토스는 우리 자신이 아직 소크라테
스가 아니라고 할지라도 소크라테스처럼 살아야 한다고 당부
했다. 자신이 바라는 모습으로 살려고 노력하면 인생은 뜻한 바
대로 되어 간다. 대단한 사람도 원래부터 대단하지 않았다. 고
귀하고 특별한 삶을 살겠다고 마음을 먹고 실천한 사람들만이
고귀하고 특별해지는 법이다. 인생이란 만들어 가는 결과다.

　에픽테토스가 우리에게 하는 요청은 간곡하다. 자신이 바라
는 바를 지금 당장 실행해야 한다는 것이다. 핑계를 대면서 늘

장 부리는 일을 그치고 당장 변화를 감행하면 삶이 달라질 것이다. 자존감도 올라가고, 더 행복해질 것이다.

인생의 주인은 나다. 나는 내 인생의 방관자나 구경꾼이 아니다. 누군가를 원망하거나 책임을 전가해서는 안 된다. 자기 책임을 회피하고자 변명을 생각해 낼 시간에 책임 의식을 갖고 진력해야 한다. 인생은 돌이킬 수 없다. 그렇다면 인생이라는 밭에서 마지못해 일하는 노예가 아니라 스스로 일구는 주인처럼, 내 삶의 한복판에 뛰어들어야 한다. 철학 공부를 통해 새로이 알게 된 내용은 곧장 실행해야 한다. 철학은 그저 관념의 허영이 아니라 삶을 변화시키는 실천이다.

삶을 환히 밝히는 지혜

그 밖에노 에픽테토스는 삶의 시련과 관련해서 현명한 통찰을 남겼다. 위기가 들이닥칠 때 두려워하거나 회피하지 말고 위기를 기회로 삼으라고 귀띔했다. 노예이자 장애인으로 살아온 사람의 고귀한 충언이다. 고난 속에서 자신의 내면을 들여다보면 그 안에 잠들어 있던 자원을 끌어낼 수 있다. 역경을 견디면서 감춰져 있던 내면의 힘을 발견하고, 이를 통해 이전보다 더욱 강해질 수 있다.

지혜로운 사람은 자신에게 닥친 사건과 사고에 파묻히거나 마구잡이로 대응하지 않는다. 자신의 내면을 들여다보면서 힘을 길어 낸다. 깊이 파고들면 평소에는 몰랐던 힘이 꿈틀거리고 있다. 그 힘을 통해 위기에 대처할 수 있다. 인생은 오묘하게도 위기의 반복이다. 삶이 외롭고 괴롭다는 것은 어쩌면 나 자신을 마주해서 해결해야 하는 문제가 있기 때문인지 모른다. 곤경이란 내 안의 힘이 밖으로 나오기 위한 진통일 수 있다. 내면에 귀 기울이고 용기를 내어 실천하면 인생이 달라진다. 더 아름다워지고 더욱 진실해진다. 위기를 통해 인간은 변신한다.

방문이 닫히고 방이 어둡다고 해서 결코 혼자 내팽개쳐져 있는 것이 아니다. 내 안에 놀라운 의지와 신성한 힘이 함께하고 있다. 내 안에서 끈덕지게 울리는 소리에 귀 기울이고 그 지시를 따르라고 에픽테토스는 조용히 속닥였다. 위대함은 하루아침에 창조되지 않는다. 시간이 걸린다. 자신의 삶을 재료 삼아 멋진 인생을 빚어내라고 에픽테토스는 영감을 불어넣었다.

에픽테토스에게는 멋진 인생을 빚어내는 간단한 방법이 있었다. 죽음과 추방, 그 밖의 무시무시하게 보이는 다른 모든 것을 날마다 눈앞에 놔두는 것이다. 그러면 그 어떤 비참한 생각도 가지지 않게 되고, 어떤 것도 지나치게 욕망하지 않게 될 것이다. 모든 것이 죽음 속으로 침몰한다. 헛되고 부질없는 것들을 붙잡고 인생을 낭비해서는 안 된다.

죽음을 품으면 인생에서 정말 중요한 것이 무엇인지 알게 된다. 이 기술은 에픽테토스뿐만 아니라 세계 곳곳에서 전승되는 인류의 지혜다. 이것을 받아들여 지혜롭게 충실히 살라는 에픽테토스의 외침이 시공간을 넘어 지금 이곳을 사는 우리의 가슴에까지 울려 퍼진다.

▸ 에픽테토스의 핵심 개념

#스토아철학 #부동심 #자기삶의주인 #철학공부

#내면의보물 #죽음을가까이하기 #행복 #자유 #고귀한삶

▸ 더불어 읽으면 좋을 책

에픽테토스, 『강의 1·2』, 김재홍 옮김, 그린비, 2023.
에픽테토스, 『강의 3·4, 엥케이리디온, 단편』, 김재홍 옮김, 그린비, 2023.

아우렐리우스
MARCUS AURELIUS ANTONINUS (121~180)

황제이자 철학자

리들리 스콧 감독의 영화 「글래디에이터」(2000)는 지금 봐도 잘
만들어진 작품이다. 영화의 배경은 로마의 전성기. 전성기의 로
마제국은 북아프리카부터 영국까지 차지했다. 세계 인구의 사
분의 일이 로마의 지배 아래 있었다니 제국의 위세가 얼마나 대
단했는지 짐작할 수 있다. 영화가 보통 그렇듯 「글래디에이터」의
이야기 전개도 순조롭지 않다. 황제가 죽으면서 주인공은 곤경
에 처한다. 당시 로마 황제는 그가 죽자 로마의 전성기가 막을
내릴 정도로 뛰어난 인물이었다. 이름하여 마르쿠스 아우렐리
우스.

아우렐리우스는 로마제국의 16대 황제였다. 로마의 뛰어난
다섯 황제를 가리켜 오현제라고 하는데, 오현제의 마지막 황제

가 아우렐리우스다. 그의 명성은 자자했다. 지구 반대편인 중국의 역사서에 등장할 정도다. 중국에서는 로마를 '대진국'이라고, 마르쿠스 아우렐리우스는 대진국의 '안돈'이라고 불렀다.

아우렐리우스는 특별한 인물이었다. 다른 황제들에 비해 오래도록 이름이 기억되고 있는 이유는 그가 철학자이자 작가이기 때문이다. 인류사에서 황제는 쎄고 쎘지만 철학자 황제는 매우 드물다. 로마가 망했어도 로마의 명성은 사라지지 않듯 아우렐리우스는 죽었어도 그의 명예는 수그러들지 않았다. 동서고금을 막론하고 사람들은 그가 남긴 글을 애독하면서 필사했다. 한국에서도 독자들의 사랑을 꾸준히 받고 있다.

자신을 다스려라

모든 길은 로마로 통한다는 경구가 현대까지도 사람들 입에 오르내린다. 그만큼 로마는 무적의 제국이었고, 전 세계 사람들과 물자가 로마로 몰려들었다. 로마제국이 강력해질수록 로마의 황제는 방자해졌다. 권력은 사람을 오만하게 만들기 때문이다. 거의 예외가 없다. 세계 곳곳의 대통령이나 총리나 국회의원을 보면, 후보일 때는 예의가 바른 편이다. 그들도 처음에는 사람들을 위하겠다고 다짐한다. 하지만 원하던 권력을 얻고 난 뒤에는 거들먹거린다. 그렇게 변할 수밖에 없는 환경에 놓이기 때문이기도 하다. 모든 이들이 자신의 기분을 맞춰 주고 떠받들어 주니 말이다.

불과 몇 년의 임기 동안에만 권한을 지닌 정치인도 그러한데, 죽을 때까지 대제국을 지배하는 황제라면 오죽할까. 로마의 황제들 가운데 적지 않은 이들이 자신은 특별하다는 망상 속에서 별의별 일을 벌이다가 한 생을 마감했다. 그들은 황제라는, 인간으로서 오를 수 있는 최정상의 지위에 올랐으나 자신도 불행했고 사람들에게도 막대한 피해와 불행을 끼쳤다.

아우렐리우스는 불행으로 고꾸라진 황제들과 달리 아집에 사로잡히는 것을 경계했다. 자신이 대단하다는 자의식을 누그러뜨리면서 모든 사람을 동등하게 대하려고 노력했다. 아우렐리우스는 자신을 우월하다고 여기지 않고 타인을 존중했다. 잘난 사람만이 아니라 넘어진 자들도 사랑하는 것이 인간의 특성이라고 기록했다. 혹시나 문제를 일으키는 자들이 있다면 그들이 악인이라서가 아니라 무지하여 본의 아니게 실수를 저지르는 것이라고 여겼다. 아우렐리우스는 모든 인간에게 애정을 품었다.

그는 시간이 날 때마다 인생이란 무엇인지 탐구하였고, 자기 자신이 누구인지 고민하면서 글을 썼다. 아우렐리우스는 공부와 체험을 통해 우주의 만물이 이어져 있다는 것을 알았다. 만물에 신성이 깃들어 있고, 알고 보면 모두가 하나의 진리를 공유한다는 깨달음을 아우렐리우스는 묵묵히 적어 내려갔다.

아우렐리우스는 자의식에서 벗어나 자신의 감정을 다스렸

다. 우쭐한 기분이 든다고 어깨에 힘을 주지 않았고, 화가 난다고 아랫사람들에게 분풀이하지 않았다. 힘과 용기를 갖고 있다면 분노를 표출할 것이 아니라 온유하고 상냥한 성격을 유지하라고 스스로 되뇌었다. 권력자들은 쉽사리 성을 낸다. 그래도 아랫사람들이 대들지 못하기 때문이다. 반면에 아우렐리우스는 화를 좀처럼 내지 않았다. 분노가 허약함의 표시라는 것을 깨달았기 때문이다.

그는 몸과 마음이 튼튼한 사람이 되고자 온 힘을 다했다. 자기 이익을 위해 권력을 사용하지 않았다. 공동체를 위해 헌신했다. 그가 위대한 황제로 평가받는 이유다.

보편적 이성에 충실한 삶

아우렐리우스는 스토아학파의 철학자였다. 스토아철학이란 감정에 일희일비하지 않고 이성의 원칙에 따라 굳건히 살아가려는 사상이다. 아우렐리우스는 스토아 철학자답게 이성을 중시하면서 올바른 원칙을 강조했다.

물론 이성의 원칙에 따른다는 것이 말처럼 쉽지 않다. 인간의 이성은 굳건하지 못하여 원칙도 허물어지기 일쑤다. 이성의 원칙에 따른 삶이 매번 성공하지 못하리라는 것을 아우렐리우스도 잘 알고 있었다. 그 자신도 실패를 거듭했기 때문이다. 하지만 그는 포기하지 않았다. 실패해도 다시 자신의 원칙으로 돌아갔다. 타인에게 자신을 과시하려던 인정 욕망과 남들보다 자신이 더 우위에 있다는 허영에서 벗어났다. 이성에 따름으로써, 살아간다는 것 그 자체에서 안식과 행복을 얻었다.

스토아철학에 따르면, 이성에 따른 삶이 곧 안식과 행복이다. 외부의 어떤 상황도 이성에 따른 행복을 무너뜨릴 수 없다는 전제가 스토아철학에 깔려 있다. 세상에서 벌어지는 사건 사고에 흔들리더라도 아우렐리우스는 자신의 이성을 믿으면서 스스로 세운 원칙을 지키려 노력했다. 그는 이렇게 다짐하곤 했다. 모든 행동을 인생의 마지막 행동으로 간주해 보자고. 목적 없이 살아가는 일상과 격정의 일탈, 위선과 이기심, 운명에 대한 불만에서 벗어나자고. 독립심과 정의감을 갖고 의연하게 할 일을 하자고.

아우렐리우스를 비롯한 스토아 철학자들은 이성을 왜 그토록 중시했을까? 스토아 철학자에게 이성이란 신이 인간에게 준 선물이다. 이성에 충실한 삶이야말로 신성을 발휘하는 삶이었고, 신에게 축복받는 삶이었다. 아우렐리우스는 신의 선물인 자신의 이성을 믿고 굳건히 나아갔다. 외부의 충격에도 정신의 평온을 지키기 위해 철학을 공부하면서 이성을 연마했다.

아우렐리우스는 이성에 충실한 사람에겐 극복하지 못할 시련이 없다고 생각했다. 그는 자신에게 일어나는 일 모두를 사랑하면서 수용하려 했다. 이런 태도야말로 선한 자의 고유한 특성이다. 신이 인간에게 이성을 주었듯 자신이 겪는 일 모두가 신이 준 것이기 때문이다. 아우렐리우스는 자신의 운명과 사이좋게 지내면서 삶의 목표에 이르려고 했다. 그는 신을 믿었던 만큼 자신이 해야 할 의무와 삶의 목적이 있다는 사실을 믿어 의심치 않았고, 그 누가 알아주지 않더라도 자신의 목표에 이르는 길에서 벗어나지 않으려 했다.

철학을 공부하는 사람은 황제가 되어도 남다를 수밖에 없었다. 아우렐리우스는 수많은 물질적 쾌락을 누릴 권한이 있는데도 자제했다. 절제와 검약은 아우렐리우스를 비롯한 스토아철학의 공통된 특징이다. 아우렐리우스는 더 많은 것을 가진다고 더 행복해지지는 않는다는 사실을 깨달았다. 오히려 불필요한 것으로부터 자유로워져야만 만족에 이를 수 있다고 설파했다. 물질과 쾌락뿐만이 아니다. 생각과 행동도 마찬가지다. 아우렐리우스는 온갖 불필요한 것들을 줄이면서 홀가분해지는 체험을 했다. 인간의 말과 행동 가운데 상당수는 불필요한 것이므로, 군더더기를 버리면 마음의 동요가 줄고 삶의 여유가 생긴다고 적었다. 아우렐리우스는 말을 하거나 행동할 때 '이것은 불필요한 것이 아닐까?'하고 자문한다면 자신을 빗나가게 하는 행동을 하지 않게 될 것이라는 글을 남겼다.

죽음을 생각하라

인간의 이성이 고도로 발달하면 그 사유는 어김없이 특정한 목적지로 향한다. 바로 죽음이다. 아우렐리우스 역시 자신의 이성을 통해 죽음을 직면하려 했다. 죽음은 반드시 찾아온다. 돈과 명예, 권력이나 건강, 젊음도 속절없이 끝난다. 아우렐리우스는 우리가 분명히 죽을 것이라는 사실을 상기시켰다. 그는 여러 해 뒤에 죽든 내일 죽든 그 차이는 대단한 것이 아니라고 잘라 말했다. 중요한 것은 우리가 죽는다는 사실 그 자체다.

죽음을 생각하면 지금을 허투루 살 수 없다. 자기 삶의 분명한 목적과 사명이 있다는 생각도 죽음 덕분에 성립한다. 영원히 산다면 그 어떤 목적도 희미해지지만, 삶이 머지않아 끝나기 때문에 살아 있는 동안 무언가를 이루려고 노력하게 된다. 죽음 덕분에 삶이 소중해지는 셈이다. 흐리멍덩한 상태에서 깨어나 무엇이 중요한지 갈피를 잡는다. 아우렐리우스는 죽음에 대해 자주 언급했지만, 그의 글은 암담하기는커녕 상쾌하다. 대충 흘러갔을지도 모를 오늘이 얼마나 귀한지 새삼스레 일러 준다.

시간은 한정되어 있다. 사명을 이루는 데 시간을 쓰지 않으면 소중한 시간은 사라지고, 나 자신도 사라질 것이다. 아우렐리우스는 두 번 다시 이런 기회가 오지 않는다는 것을 이제는 알아야 할 때라고 강조했다. 죽음이 지척에 있으니 천년만년 살 것처럼 굴지 말고 살아 있는 동안 선한 자가 되라고 충고했다. 이런 말도 남겼다. 인생은 짧다고, 삶의 유일한 결실은 경건한 성품과 공동체를 위한 행동이라고.

아우렐리우스는 죽음이 꼭 나쁘지만은 않다고도 말했다. 죽음이란 삶의 질곡에서 벗어나는 사건이기도 하다. 자아는 사라지지만 그렇다고 죽음이 완전한 끝은 아닐 것이다. 우주에서 태어난 우리는 다시 우주 속으로 돌아간다. 아우렐리우스는 감각과 감정, 충동과 방황, 육신에 대한 봉사에서 벗어난 휴식이 바로 죽음이라고 믿었다.

아우렐리우스의 지혜

죽음이 더 편해 보일 때가 있을 만큼 우리의 삶은 때로 너무 힘겹다. 갖가지 시련이 한꺼번에 몰려든다. 도저히 넘기 어려울 것 같은 고비를 맞닥뜨리기도 한다. 이때 아우렐리우스는 무너지지 않고 죽음을 담담하게 기다리며 자신을 위로하는 두 가지 생각을 제시했다.

첫째, 우주의 본성에 맞지 않는 일이라면 그 어떤 것도 내게 일어나지 않을 것이라는 생각이다. 지금 닥친 일이 왜 자신에게 일어났는지 원망하기보다는 우주에서 일어나는 자연스러운 일 가운데 하나로 수용할 필요가 있다는 것이다. 사건 사고가 내게 일어나지 말란 법은 없다.

둘째, 나에겐 어떤 일을 하지 않거나 할 능력이 있다는 생각이다. 즉 선택하는 힘이 우리 안에 있다는 것이다. 불행이 찾아왔을 때 괴로워만 하면서 인생을 낭비할 것인지, 그 와중에 할 수 있는 것을 하면서 변화를 도모할 것인지 선택할 수 있다.

세상에 우연은 없을지 모른다. 시야와 인식의 한계 때문에 우연으로 보이는 것일 뿐, 알고 보면 필연에 따라 일어나는 일일 수 있다. 지금 우리 각자가 처한 곤경도 마찬가지다. 그렇다면 누군가를 탓할 것이 아니라 자신의 상황을 받아들이는 자세야말로 현재의 상황을 개선하는 유일한 방법이다. 좋은 것만 받고 나쁜 것을 피하면 좋겠지만, 인생은 좀처럼 그렇게 되지 않는다. 우리는 많은 것을 충분히 겪고, 씩씩하게 자기 삶을 온전히 살아 내야 한다. 아우렐리우스는 이런 마음가짐이 건강한 정신이라고 판단했다.

아우렐리우스는 건강한 정신을 건강한 위장에 빗댔다. 건강한 위장은 음식물이면 무엇이든 소화해 낸다. 마찬가지로 건강한 정신이라면 삶에서 일어나는 모든 사건을 받아들인다. 그저 편리와 안전과 칭찬만 바라는 정신은 초록색만 보려는 눈이나 부드러운 것만을 찾는 치아와 같다고 비유했다. 삶에서 일어나는 모든 일을 받아들일 때 강한 사람이 된다.

아우렐리우스는 현자로서 여러 지혜를 선보이는 가운데 인간관계에 대해서도 여러 글을 남겼다. 마음을 즐겁게 하고 싶으면 함께 사는 사람들의 장점을 생각할 필요가 있다고 조언했다. 타인의 약점이나 결함을 찾고 힐난하는 데 익숙한 사람과 타인의 장점과 미덕을 찾아서 감탄하며 사는 사람을 비교해 보면 누가 더 행복할지 불 보듯 뻔하다. 우리를 기쁘게 하고 행복하게 해주는 보물이 우리의 삶에 이미 한가득 뿌려져 있다. 다만 이

보물을 찾으려는 마음이 있느냐 없느냐가 사람마다 다를 뿐이다. 찾으려는 사람과 찾지 않으려는 사람은 같은 시간을 살아도 삶의 질은 천지 차이가 난다.

아우렐리우스는 우리가 타인에게 무언가를 베풀 때 돌아올 보답을 미리 계산한다고 지적하기도 했다. 누군가에게 좋은 일을 하면서 스스로 채권자의 위치를 점하는 것이다. 이런 선행은 안 하는 것보다는 훨씬 낫지만, 충분한 선행은 아니다. 아우렐리우스는 포도나무와 같이 베풀어 보라고 권유했다. 매년 열리는 포도를 아무런 조건 없이 내어 주는 포도나무처럼, 자기가 한 일을 의식하지 않고 타인에게 무엇인가를 기대하지도 않은 채 기쁨 속에서 살아가는 사람이 있다. 이런 사람 덕분에 주변은 행복해지지만, 정말로 행복한 사람은 그 자신일 것이다.

▸ **아우렐리우스의 핵심 개념**

황제철학자   # 깨어있음   # 이성의원칙

인간의평등   # 소명   # 건강한정신

▸ **더불어 읽으면 좋을 책**

마르쿠스 아우렐리우스, 『자기 자신에게 이르는 것들』, 김재홍 옮김, 그린비, 2023.
에릭 R. 도즈, 『불안의 시대 이교도와 기독교인』, 송유레 옮김, 그린비, 2021.

몽테뉴

MICHEL EYQUEM DE MONTAIGNE (1533~1592)

솔직한 글의 창안자

많은 사람이 수필을 쓴다. 수필이란 자기 생각이나 경험을 자유롭게 표현하는 산문을 뜻한다. 현대인에게 매우 익숙한 글쓰기 방식이다. 서점에 가면 수필 또는 에세이로 분류된 책이 잔뜩 쌓여 있고, 사람들에게 인기가 많다. 그런데 지금은 누구에게나 친숙한 수필이 과거에는 생소했다. 몽테뉴 이전까지는 말이다.

여태껏 인류 사회에서는 글쓰기 자체가 굉장한 고급 기술에 속했다. 과거에는 문맹률이 워낙 높아서 글을 읽을 줄 아는 사람이 적었을 뿐만 아니라 글을 쓰는 사람은 더더욱 드물었다. 글을 쓰더라도 과거의 틀을 답습해서 판에 박힌 글만 썼다. 조선 시대에 연암 박지원이 등장하기 전까지 유명한 서예가는 많아도 발랄한 문장가를 찾아보기 어려웠던 것과 비슷하다. 이전에는 볼 수 없었던 글쓰기 방식과 문체를 박지원이 펼쳤듯 서구에서는 몽테뉴가 새로운 시도를 했다. 박지원의 글쓰기가 그의 자유분방함을 반영했던 것처럼 몽테뉴의 수필도 그의 자유로운 정신을 담고 있다.

몽테뉴는 수필이라는 글쓰기 방식을 창안했다. 몽테뉴를 분기점으로 글쓰기의 방식이 크게 달라졌다. 그는 온갖 재료를 가져다가 글을 썼다. 고대 그리스와 로마의 책들을 읽으면서 인문 정신을 회복했고, 여러 책에서 필요한 부분을 발췌하고는 여기저기에 인용하며 자신이 전하고자 하는 바를 담아냈다. 그는 과거의 전쟁부터 독서에 대한 사유까지 각양각색의 글을 쏟아 냈다. 고양이에 대해 쓴 글도 남아 있다. 고양이와 놀고 있으면, 내가 고양이를 데리고 소일하는 것인지 고양이가 나를 데리고 소일하는 것인지 누가 알겠느냐고. 다들 점잖을 빼느라 헛기침만 하던 영역인 정욕, 사랑, 결혼, 격정, 분노 등에 대해서도 서슴없이 이야기했다.

심지어 여자들과 하룻밤을 보냈을 때의 상황도 과감하게 그려 냈다. 그런데 여자들이 몽테뉴에게 자주 실망했었나 보다. 그러나 몽테뉴는 자신에게 짜증 내는 여자를 경박하다고 비난하지 않고, 인간의 본성을 원망해야 하는 것이 아닌지 씁쓸해했다. 본성에 대한 몽테뉴의 원망은 현대에 등장한 진화심리학의 연구 결과와 연결된다. 진화심리학에 따르면, 오랜 진화 과정을 거치면서 우리는 특정한 심리를 갖추게 되었다. 이성을 마주할 때마다 괜찮은 상대인지 평가하는 것이다. 더 나은 이성을 짝으로 맞고 싶어 하는 남녀는 성애 과정에서도 상대가 괜찮은 짝인지 따진다. 생물학자들은 이를 교미 구애라 부르는데, 남자들이 성행위 후 여자에게 좋았냐고 묻는 이유다. 동침 이전까지 괜찮게 보였던 그가 막상 사내로서는 별 볼 일 없는 것에 실망하며 짜증을 낸 여자들의 행동을 몽테뉴는 인간의 본성으로 이해한 셈이다.

그는 자기 자신을 들여다보면서 인간의 본성을 연구했고, 있는 그대로의 자신을 묘사하려고 노력했다. 자신을 꾸미거나 감추지 않고 본질을 보이려고 했다. 자기 자신의 변덕, 고통, 애증, 혼란을 스스럼없이 드리냈다. 그렇다고 막무가내로 잡담을 늘어놓는 떠버리는 아니었다. 자기 생각을 펼치고자 여러 재료를 정교하게 사용했다. 똑똑하면서도 용기가 있는 사람만이 자기 자신에 대해서도 정직하게 서술할 수 있다. 몽테뉴는 날카로운 지성으로 남들은 좀처럼 직면하려 하지 않는 현실의 이면을 파고들었다.

청년들의 낭비가 없다면 장사가 되지 않는다고, 소송과 분쟁이 벌어져야 법조인이 먹고산다고, 사람들의 악덕과 공포가 있어야 성직자의 영광과 직무가 생겨난다고 몽테뉴는 콕 집어 얘기했다. 우리의 마음 깊은 곳을 뒤져 보면, 우리 대부분이 다른 사람들의 손해가 커지는 것을 소원한다고까지 지적했다.

행복과 품위

몽테뉴는 행복이나 불행은 자신의 마음에 달렸다고 판단했다. 흔히들 외부 상황이 좋으면 행복하고 그렇지 않으면 불행하다고 여기는데, 몽테뉴는 반론을 펼쳤다. 외부 상황에 대한 자기 생각 때문에 행복해지기도 하고 불행해지기도 한다는 것이다. 몽테뉴의 마음가짐이 얼마나 튼튼했는지 알 수 있는 통찰이다.

많은 사람이 고통 속에서 한 생을 허덕이며 비참하게 늙어 간다. 그런데 자신의 마음에 따라 행복과 불행이 좌우된다는 것을 깨우친 사람은 비참한 상태에서 빠져나올 수 있다. 불행이 우리의 판단에 따르는 것이라면 불행이라 여겨지는 사건조차도 좋은 일로 돌려놓을 수 있다. 어떤 일도 그 자체로 좋거나 나쁘지 않다. 자신의 판단에 따라 좋음과 나쁨이 정해진다. 몽테뉴는 몸소 겪은 일을 예시로 들었다. 그는 어린 자식을 두서넛 잃었다. 삶에서 자식이 먼저 죽는 일만큼 가슴 아픈 변고가 없다. 하지만 그는 그렇게 오랫동안 슬퍼하지 않으려 했다. 게다가 그는 질병에도 시달렸다. 그토록 혹독한 일을 당했는데도 몽테뉴는 원망하지 않았고, 세상을 저주하지도 않았다. 자신의 체험을 통해 비통이란 천성의 작용이 아니고 생각에 따라 생긴다는 사실을 깨달은 것이다. 어떤 시련을 겪더라도 자신의 마음가짐에 따라 처신할 수 있다.

다른 것들도 마찬가지다. 넉넉함과 가난도, 영광이나 건강도 각자의 생각에 달려 있다는 것이 몽테뉴의 철학이다. 부유함은 그 자체로 좋은 것도 아니고 유쾌한 것도 아니다. 아무리 가진 것이 많아도 부족하다고 생각하는 사람은 가난한 사람이고, 남들이 보기에 부족한 것이 많더라도 스스로 충분하다고 생각하는 사람은 부유한 사람이다. 몽테뉴의 결론에 따르면, 누군가 잘살고 못사는 것은 각자의 생각에 달렸다.

운은 인생의 향방을 좌우하는 마법을 부리곤 한다. 누군가는 운이 따라 줘서 인생이 잘 풀리고, 누군가는 곤두박질친다. 하지만 운이 인생의 행복을 결정하지는 않는다. 그저 재료와 씨를 제공할 뿐이라는 것이 몽테뉴의 생각이었다. 마음이 운보다 더 강하다. 행복과 불행을 결정하는 유일한 원인은 나의 마음이다. 우리가 마음을 어떻게 먹느냐에 따라 운마저 바꿔 낸다. 행복이 자신의 마음 상태에 달렸듯, 누군가 오래 불행하다는 것은 모두 그자신의 탓이라는 서슬 퍼런 충고도 했다.

몽테뉴는 한 인간의 품위와 가치가 그 자신의 마음과 의지로이루어진다고 보았다. 한 사람의 진실한 영광은 스스로 일군 내면의 상태에 달려 있다. 우리는 자신을 훈련해야 한다. 훈련은그 누가 대신 해주지 않는 자신만의 몫이다. 성격이든 성향이든체력이든 말투든 표정이든 자신에게 주어진 조건에 매여 지내는 것은 좋지 않다. 몽테뉴에 따르면, 타고난 조건에서 벗어나려고 하지도 않고 비틀어 보지도 못하는 사람은 자신의 주인이기는커녕 자신의 노예에 지나지 않는다.

죽음에 대한 대비

몽테뉴의 기백은 안락한 환경에서 빚어진 것이 아니다. 생과 사의 살벌한 경계에서 빚어진 당당한 정신의 산물이었다. 몽테뉴가 살던 시기는 온 유럽이 가톨릭과 개신교로 나뉘어 서로를 죽이던 시절이었다. 집에서 불과 조금 떨어진 곳에 가더라도 안전하게 귀가할 수 있을지 장담하지 못할 정도로 살인이 날마다 벌어졌다. 몽테뉴는 자기가 죽으면 장례와 함께 처리해 줘야 할 일을 항상 수첩에 적어 놓고 다녔다.

죽음의 공포가 휘몰아쳤으나 몽테뉴는 움츠러들지 않았다. 오히려 더 강해졌다. 몽테뉴는 죽음이 어디서 기다리고 있는지 확실치가 않아도 어디서든 죽음을 기다리자고 의연하게 말했다. 죽음과 직면하면 모든 굴종과 강제에서 해방된다. 죽기를 배우는 사람은 노예의 마음씨를 씻어 없애 버린다. 죽음을 당당하게 맞을 준비를 하는 사람은 결코 비굴해질 수 없다.

몽테뉴는 생애의 목표가 죽음이라고 서술했다. 몽테뉴의 말마따나 죽음이란 인간이 향해 가는 필연적인 목적지이다. 세상 사람들은 죽음을 생각하지 않으려고 하는데, 그건 눈 가리고 아웅하는 격이라 꾸짖기도 했다. 몽테뉴는 다들 쉬쉬하는 죽음에 대해 떠들어 댔다. 앞으로 100년 뒤에 자기가 죽어서 없을 거라고 슬퍼하는 것은 지금부터 100년 전에 우리가 없었다고 슬퍼하는 것 만큼 부질없는 일이다. 살아 있는 동안 그대는 죽어 가고 있다면서 몽테뉴는 사람들을 도발했다.

몽테뉴의 도발을 요약해 정리하면 이렇다. "그대는 생명에게서 훔쳐 온 것으로 살고 있다. 생명은 생명의 희생으로 이루어져 있다. 생명이 유지하려면 다른 생명의 죽음이 필요하다. 죽음은 다른 생명의 근원이다. 우리는 끊임없이 죽음을 만들어 내고 있다."

몽테뉴는 인생에서 이득을 보았다면 거기에 포만을 느끼고, 죽을 때가 되면 만족해서 물러가라고 일갈했다. 몽테뉴의 말마따나 나만을 위해 계속 살 수 없다. 우리는 사랑하는 후손들을 위해, 세상을 위해 언젠가는 죽어야만 한다. 인간은 저마다 다른 곳을 여행하지만 결국 종착지가 똑같은 여행객인 셈이다. 몽테뉴는 이런 철학을 자신에게도 고스란히 적용하여, 언제든 죽음이 찾아와도 홀가분하게 떠날 수 있도록 늘 준비했다. 죽음을 품었기에 그는 자유롭고 강한 사람으로서 살 수 있었다.

의심과 겸손

몽테뉴는 권위나 전통을 답습하며 맹신하는 사람들에게 의문을 강하게 품었다. 스승이라면 제자가 모든 것을 체로 쳐서 걸러 내도록 가르쳐야 한다고 주장했을 정도였다. 누군가의 가르침을 곧이곧대로 수용하는 것이 아니라 비판정신을 키우는 것이 진정한 배움이라는 말이다. 몽테뉴는 아무리 유명한 철학자나 학파의 원칙이더라도 그것을 무작정 자기 원칙으로 삼아서는 안 된다고 경고했다. 중요한 것은 스스로 판단할 수 있는 주체성이다. 할 수 있으면 선택하되 무엇이 옳은지 선택하기 어려운 상황에선 의문을 붙이고 판단을 유보해야 한다고 몽테뉴는 당부했다. 무엇이 확실하고 확정되었다고 보는 자는 미친 자들뿐이라고 덧붙였다.

꿀벌들이 여기저기에서 꿀을 가져오더라도 그것을 그대로 뱉어 내는 것이 아니라 자기만의 방식으로 소화를 시켜 꿀을 만들듯, 교육과 공부의 목표는 배운 바를 변형시켜서 자기 판단을 만드는 것에 있다. 몽테뉴는 자신을 개간하지 않으면 공상이라는 잡초로 가득한 들판이 될 것이라면서 전념할 만한 것을 찾아야 한다고 했다.

몽테뉴는 세상 사람들이 삶에 전념하기는커녕 자기 자신조차 개척하지 못한다고 안타까워했다. 우리가 시간을 들여 자기 자신을 살펴본다면 우리가 얼마나 약하고 실패하기 쉬운 부분들로 이루어져 있는지 알게 된다. 인간은 아무것에도 만족하지 못한 채 불안한 마음에 시달린다. 욕망과 공상 때문에 자신에게 필요한 것을 선택할 힘도 갖지 못한다. 인간은 불완전하기 짝이 없다. 우리의 허영심은 불행보다 크고, 어리석음은 악의보다 크다. 사람의 팔자는 참담하기보다는 비천한 것이다.

이러한 몽테뉴의 진단은 자기 자신에 대한 관찰로부터 도출된 것이다. 그는 상황에 따라 이리저리 바뀌는 자신을 보면서 인간이 얼마나 모순되고 불완전한 존재인지 깨달았다. 어떤 곳에서 어떤 이들과 어울리느냐에 따라 사람은 너무나 쉽게 변한다. 자기 자신에게 충실하기는커녕 줏대 없이 비틀거리기 일쑤다. 이처럼 모순되고 일관성 없이 행동하는 자신을 이해하려면 자신의 내면을 들여다보아야 한다고 몽테뉴는 판단했다.

어떤 원동력이 자신을 움직여 행동하게 하는지를 스스로 알아야 한다. 하지만 이런 시도는 고매하고 위태로운 것이다. 내면이라는 심연을 들여다보는 일만큼 아찔한 일이 없다. 자칫하면 그 심연에 나의 정신이 빠져 버릴지도 모른다. 하지만 스스로의 내면을 살피면서 자신을 파악하지 않고서는 결코 자기 자신을 알 수 없다. 몽테뉴도 했고, 우리도 하면 된다. 고매하고 위태로운 시도를.

몽테뉴의 사상을 한마디로 하면 회의주의다. 자기 자신도 잘 모르는 주제에 어떻게 세상의 진리를 논하느냐는 것이었다. 세상에서 주입한 내용을 무조건 믿으려고 하지 말고 의심을 통해 확인할 것을 강조했다. 무언가를 안다고 확신하지 말고 겸손하게 처신하라면서, 지금까지도 널리 공감을 얻는 이야기를 전했다. 보리 이삭 이야기다.

보리 이삭은 여물지 않았을 때는 고개를 빳빳이 들고 있다. 그러다 낟알이 생기고 속이 차면 고개를 숙인다. 사람도 마찬가지로 모든 것을 시도하고 자기 자신을 깊게 탐구한다면 자만심을 벗어던지고 자신의 타고난 조건을 겸허히 인정하게 될 것이라고 몽테뉴는 예견했다. 그의 철학은 지금 우리의 마음이 여물어서 고개를 숙이고 있는지 아니면 텅 빈 채 고개를 뻣뻣이 세우고 있는지를 돌아보게 만든다.

‣ **몽테뉴의 핵심 개념**

수필   # 에세이   # 진실한영광   # 자기훈련   # 죽음   # 내면탐구

의심과겸손   # 회의주의

‣ **더불어 읽으면 좋을 책**

미셸 드 몽테뉴, 『몽테뉴 수상록』, 손우성 옮김, 동서문화사, 2016.
미셸 드 몽테뉴, 『에세』, 심민화·최권행 옮김, 민음사, 2022.

스피노자
BARUCH SPINOZA (1632~1677)

철학의 그리스도

한 철학자가 태어날 무렵 유럽의 유대인들은 궁지에 몰려 있었다. 종교 재판과 탄압이 심해져 유대인은 신분을 속이거나 살길을 찾아 도망칠 수밖에 없었다. 그 철학자의 할머니는 마녀사냥을 당해 불에 타 죽었다. 그의 부모는 포르투갈을 떠나 네덜란드로 망명 와서 그를 낳았다. 스피노자 이야기다.

사람들은 스피노자가 전통의 율법학자가 되리라고 기대했다. 그런데 스피노자는 자유로운 사상을 추구했다. 스피노자는 유대인 사회에서 이방인이었고, 소수자들 안에서도 소수자였다. 그는 유대인 사회에서 배척당하다가 스물네 살에 파문당했다. 유대교회는 천사들의 결의와 성인의 판결에 따르는 것이라며 스피노자를 저주했다. 어느 누구도 그와 사귀어서도, 그와

한지붕 아래 살아서도, 그의 근처에 가서도, 그의 책을 읽어서도 안 된다고 못 박았다. 가족도 그와 의절했다. 가톨릭교회 역시 스피노자의 모든 책을 금서 목록에 넣었다. 어떤 광신자는 스피노자에게 칼을 휘둘렀다. 그 일로 크게 다치진 않았지만, 스피노자는 칼부림에 찢어진 옷을 곁에 두고서 모든 인간이 이성적인 것이 아니라는 사실을 기억하는 데 사용했다.

세상은 매몰찼으나 스피노자는 굴하지 않았다. 묵묵히 진리를 추구했다. 대학교수 제의가 왔을 때 6주 동안이나 고민하다가 사유의 자유를 위해 거절했다. 유리알 깎는 기술을 배우고는 하숙집 다락방에 은거했다. 현미경이나 망원경에 필수로 쓰였던 유리알을 세공하면서 생계를 유지했고, 나머지 시간에는 고독을 벗 삼아 인간과 세상을 들여다보며 탐구했다.

그는 온화한 성품으로 주변 사람들에게 존경받았다. 그를 지지하는 사람들도 생겨났고, 지지자들과 친한 친구들이 돈을 보내 주어 연구에 몰두할 수 있도록 도왔다. 스피노자의 최후는 지극히 평범해서 오히려 감동을 선사한다. 그는 평소처럼 식사하고 친구를 만난 뒤 하숙집 주인과 이야기를 나누고는 저녁에 조용히 세상을 떠났다.

스피노자의 육체는 죽었어도 그의 정신은 책에 담겨 전 세계로 퍼졌다. 시간이 갈수록 그의 진가를 알아보는 이들이 늘어났다. 독일의 철학자 헤겔은 근대 철학자들을 두고 스피노자주의자이거나 아예 철학자가 아닐 것이라고 했고, 사회혁명가 엥겔스는 스피노자가 중세의 몽매주의로부터 인간을 해방하는 실마리를 제공했다고 평했으며, 프랑스 철학자 질 들뢰즈는 스피노자가 신학으로부터 철학을 구원한 '철학의 그리스도'라고 치켜세웠다.

감정을 다스리는 능력자

스피노자에 따르면, 자연은 필연성을 통해 작동한다. 사람의 몸과 마음도 자연이다. 그런데 많은 사람이 자신의 자연을 잘 알지 못한 채 여러 가지를 행한다. 감정에 예속당한다. 상반된 감정에 휘말릴 때 자기가 무엇을 욕구하는지 정확히 알지 못한다.

스피노자의 추론에 따르면, 정신 안에 단일한 의지는 없다. 정신의 내부에 모든 것을 의도하며 관장하는 절대 능력은 존재하지 않고, 다만 개별적인 의지 작용이 있을 뿐이다. 어떤 일을 하도록 하는 충동이 내면에서 생겨나고, 감정을 통해 특정한 행동을 하게 된다. 이것이 자연의 필연성이다. 스피노자는 인간이 격정에 지배받고, 자연의 질서를 따르고 있다고 지적했다. 배가 고프면 무엇인가를 먹고, 밤이 되면 잠을 잔다. 자연의 요구에 복종하는 모습이다.

자연의 감정은 힘이 세다. 자신보다 강한 감정이 아니고서는 좀처럼 진정되지 않는다. 당장 우울해지면 새로운 무언가를 시도하기 어려운 것만 보더라도 그렇다. 이처럼 감정에 끌려다니는 무능력한 상태를 스피노자는 예속이라고 불렀다. 예속된 사람은 자기 뜻대로 살지 못한다. 감정에 지배당한 사람은 자신에게 좋은 것을 알아도 나쁜 것을 따르도록 강제된다. 감정에 휘둘리고 그것을 자제하지 못하는 무능력은 인생을 비극으로 몰고 간다.

스피노자에게는 감정을 다스리는 것이 덕이자 능력이었다. 그는 덕성이 능력과 동일하다고 해석했고, 능력자란 감정을 다스리면서 자신에게 좋은 일을 하는 덕성 있는 사람이라 보았다.

욕망하는 인간

스피노자가 설파하는 핵심 가운데 하나가 '코나투스'다. 코나투스란 자기를 지키는 역량을 가리키는 용어다. 우리에게는 자신을 지키려는 역량이 있고, 이러한 역량을 강화하는 것이 좋은 삶이다.

코나투스는 욕망의 형태로 등장한다. 자기 보존을 하게 만드는 인간의 본질이 충동이나 욕망이라고 스피노자는 설명했다. 욕망과 행동은 본성의 필연성으로부터 생겨나는 것으로, 욕망에 따른 행동은 자기를 유지하기 위한 자연스러움이다. 우리 안의 감정들이 다양하듯 욕망 역시 단일하지 않다. 스피노자는 욕망을 크게 두 종류로 나눴다. 본성으로부터 생겨나는 욕망은 능동, 외부에서 유래한 욕망은 수동이다. 능동은 능력의 표시이지만 수동은 무능력과 훼손된 인식의 표출이다. 간단히 예를 들면 이렇다. 끼니때가 되어 요리해서 먹는 식사는 능동이고, 배고프지 않아도 광고에 현혹되어 밤늦게 시켜 먹는 야식은 수동이다.

스피노자에 따르면 능동, 즉 욕망을 따르면서 자기를 지키려는 노력이 선이다. 인간의 능력과 이성에 의해 규정되는 욕망은 언제나 선하다. 코나투스를 증대하거나 촉진하면 선이고, 감소하거나 저해하면 악이다.

스피노자를 통해 윤리와 도덕을 구분할 수 있다. 사회에서 규정해 놓은 선을 따르는 것은 도덕이다. 반면에 윤리는 자신에게 좋은 것을 따르는 것이다. 도덕과 윤리는 대체로 일치하다가도 때때로 어긋난다. 도덕상 옳은 일인데 윤리적으로 나쁜 일이 있다. 예컨대 조선 후기에 여자가 외로움을 이겨내고자 은장도로 자신의 허벅지를 찌르는 일은 도덕상 옳을지라도 윤리적으로는 해롭다. 외부 규범이 세뇌한 욕망을 따르는 수동적 행위인데다 코나투스를 침해하기 때문이다.

스피노자의 관점으로 세상을 바라보면 이전과 딴판이 된다. 선악은 인간의 외부에서 정해진 것이 아니라 우리가 의식하면서 생겨난다. 기쁨으로 인식하면 선이고, 슬픔으로 인식하면 악이다. 중요한 것은 본성과 일치하면 그것은 필연적으로 선이라는 사실이다. 본성에 어긋나는 것은 악이다. 인간은 선을 통해 자신의 본성을 더욱더 표현한다. 자신의 욕망을 실현하면서 선을 이룬다. 그렇게 자기 이익을 추구해서 자기를 보존할수록 덕이 생겨난다.

자신의 본성에 접근할수록 완전한 사람이 된다. 본성의 완전한 실현이 우리 인생의 목표다. 완전성에 가까워질 때 기쁨이 생기고, 이 기쁨이 미완성에서 완성으로 나아가도록 이끈다. 반대로 자신의 완전성이 줄어드는 것이 슬픔이다. 스피노자는 이전보다 더 완전한 존재를 욕망하고, 슬픔이 아닌 기쁨을 추구하라며 삶의 바람직한 방향을 제시했다.

최고의 행복

자기 욕망을 따르는 것이 선이라는 스피노자의 설명에 고개가 갸우뚱할 수 있다. 우리 안에는 그리 떳떳하지 않은 욕망도 있기 때문이다. 욕망의 층위는 다양하다. 여러 욕망이 부딪치면서 대결한다. 헛된 욕망을 다스리려면 이성이 필요하다. 자연 질서를 따르는 것이 좋다는 사실을 우리의 이성은 알고 있다. 이성은 자연의 산물이고, 이성을 제대로 발휘하면 자연의 질서에 어긋나지 않는다. 즉 이성은 자연에 대립하는 것을 요구하지 않는다. 이성에 근거를 둔 욕망의 실현은 자연의 질서와 일치한다.

합당하게 이성을 발휘하면 필연적인 것만을 욕구하고, 참된 것에만 만족을 얻는다는 것이 스피노자의 설명이다. 이성을 통해 참된 만족을 추구하면 더 큰 완전성을 이룬다. 자신의 완전성을 이루도록 이성을 발휘하는 것이 정신의 최고선이다. 최고

선이란 할 수 있는 최고로 좋은 것이라는 얘기다. 스피노자에 따르면, 정신의 최고선은 신의 인식이며, 정신이 할 수 있는 최고의 능력은 신을 인식하는 것이다.

스피노자는 세상 모든 것의 궁극 원인이 신이라고 생각했다. 신은 영원하고 무한한 존재로서 자신이 원인이 되어서 만든 결과들과 마찬가지로 똑같은 필연성에 따라 활동하고 있다. 신은 언제나 자연 속에서 함께한다. 스피노자는 신을 인격화하지 않았다. 신이 곧 자연이다. 스피노자는 이성을 발휘해 자연에 내재한 신을 깨달으면 그 이성이 지성이 된다면서 사람들이 더 높은 단계로 나아가도록 인도했다.

인생에서 가장 유익한 것은 이성을 발전시켜 지성이 되는 일이고, 지성이 될 때 '지복'에 이른다고 스피노자는 설명했다. 우리는 이성을 발달시키면서 신의 본성으로부터 필연적으로 생겨나는 여러 활동이 우주라는 사실을 깨닫게 된다. 이렇게 지성이 완성된다. '지복'이란 지성의 완성, 즉 최고의 완전성을 이루어 신을 인식하면서 생겨나는 최고의 행복이면서, 신의 인식 수준에 도달했을 때 생성되는 정신의 만족이다.

스피노자에게 최고의 욕망이란 지복을 향한 욕망이다. 자기 자신과 세계를 합당하게 이해하는 욕망이다. 인간의 궁극 목적은 자기 자신과 우주 그리고 신을 환하게 깨닫는 것이다. 세상 만물을 영원한 상 아래에서 지각할 수 있을 때, 지성은 완성된다. 지성이 다다를 수 있는 최고 경지에서는 신의 관점으로 세상을 바라본다.

내일 지구의 종말이 온다면

신처럼 세상을 바라보는 초연함 때문일까? "내일 지구의 종말이 오더라도 오늘 한 그루의 사과나무를 심겠다"는 말을 스피노자가 했다고 알려져 있다. 사실 이 말은 종교개혁가 마르틴 루터가 했다고 추측된다. 이 문장과 함께 마르틴 루터의 이름이 적힌 비석이 있기 때문이다. 물론 마르틴 루터가 이 말을 처음으로 했다는 확실한 근거도 없기는 마찬가지다. 주목해야 할 점은 이 말을 누가 했느냐가 아니라 왜 스피노자가 했다고 널리 알려졌느냐는 것이다. 이것은 스피노자의 사상 때문이다.

스피노자에 따르면, 지구의 멸망도 우주 법칙에 따른 필연이고 이 필연을 이해한다면 두려워하거나 동요하지 않을 수 있다. '영원한 상의 관점'으로 세상을 바라보는 사람은 외부의 요인에 선동되거나 위축되지 않고 필연성에 따라 담담히 오늘을 살아간다. 스피노자는 이런 지성인을 현자라고 불렀다. 자연의 필연성을 알지 못하는 사람은 신과 세상에 대해 거의 무지해서 진정한 만족을 누리지 못한다. 반면에 현자들은 마음의 동요가 없다. 영원한 상의 관점으로 세상을 바라보면서 진정한 만족을 누린다.

스피노자에게 지복이란 선행하고 받는 보수가 아니라 지성인이 지닌 덕 자체이다. 덕성이 곧 능력이므로 자신의 능력 자체가 선사하는 만족감이 지복이다. 현자는 지복을 누리는 덕분에 적은 것에 만족할 줄 알고, 돈에 얽매이는 것이 아니라 필요에 따라 돈을 벌어서 알맞게 사용한다. 쾌락을 억제하기 때문에 지복을 누리는 것이 아니라 지복을 누리기 때문에 자잘한 쾌락에 끌리지 않는 것이다. 덕 자체가 최고의 행복이고 최고의 자유라고 스피노자는 말했다. 지복을 누리는 사람만이 건넬 수 있는 달콤한 속삭임이다.

지복과 자유를 얻으려면 올바르고 알맞게 인식하는 이성적인 생활을 해야 한다. 스피노자에게 자유란, 본성의 필연성으로부터 존재하면서 스스로 행동을 결정하는 능력이다. 우리의 본성은 신으로부터 생겨났다. 신은 자유롭지만, 우리는 신이 아니기에 자유롭지 못하다. 감정에 휘둘리고 여러 영향에 지배된다. 하지만 우리도 신의 본성을 나누어 가지고 있다. 우리 안에 신이 있음을 이해하고 신의 관점에서 세상을 인식하면서 우리는 신처럼 된다.

우주의 필연성에 따를 때 자유로워진다. 자유로운 사람은 죽음을 생각하지 않는다고 스피노자는 촌평했다. 죽음의 공포에 사로잡힌 채 근심하며 삶을 낭비하는 건 어리석다. 현자는 죽음을 두려워하지 않고 오늘 사과나무 한 그루를 심으면서 지금 이 순간의 살아 있음을 만끽한다.

사과나무를 뒷산에 심는 일보다 현자가 되는 일이 훨씬 험난해 보인다. 스피노자는 고귀한 모든 것은 이루기 어렵고 그만큼 드물다고 냉철하게 진단했다. 신의 관점에서 세상을 바라보고 지복을 누리며 자유로워지는 일이 쉽지만은 않지만, 더 큰 완전성을 이루려는 본성이 작용하고 있다. 인생이란 자신의 욕망에 따라 기쁨을 추구하는 여정이다. 스피노자처럼 우리도 자신의 욕망에서 출발해 현자가 되어 간다.

▸ **스피노자의 핵심 개념**

#예속 #욕망하는인간 #코나투스 #자기보존역량 #내재성

#지복 #현자 #영원한상의관점

▸ **더불어 읽으면 좋을 책**

바뤼흐 스피노자, 『에티카·정치론』, 추영현 옮김, 동서문화사, 2008.
진태원, 『스피노자 윤리학 수업』, 그린비, 2022.

쇼펜하우어
ARTHUR SCHOPENHAUER (1788~1860)

가장 많은 꿈을 파괴한 사람

쇼펜하우어는 철학자 헤겔을 평생 싫어한, 지독하게 고집스러운 인물이었다. 그는 헤겔을 사기꾼, 협잡꾼이라고 비하했다. 헤겔이 난해한 문체로 거짓된 이론을 퍼뜨려 대중을 저열하게 속여 먹는다고 판단했기 때문이다. 나아가 헤겔이 교수 패거리의 간사한 우두머리라며 대학의 파벌도 경멸했다. 그는 헤겔과 대결도 불사했다. 군이 헤겔과 같은 시간대에 강좌를 편성하여, 수강생이 단 한 명도 없는 굴욕을 겪었다. 교수 채용을 결정하는 시험 강의에서 헤겔과 논쟁까지 벌였다.

　헤겔에 대한 그의 경쟁심이 꼭 나쁜 것만은 아니었다. 19세기 중반까지야 헤겔의 명성에 비할 수 없었지만, 헤겔이 사망한 뒤 쇼펜하우어의 명성은 치솟았다. 정신분석가 알프레트 아들러는 열등감이 유익한 방향으로 작용할 수 있다는 사례로 쇼펜하우어에 주목했다. 분석심리학자 카를 융은 헤겔보다 쇼펜하우어를 추어올렸다. 헤겔이 난해하고 거만한 문체를 구사하면서 자신의 언어 구조 속에 갇혀 그 감옥에서 거드름을 피운 사람이라면, 쇼펜하우어는 우리를 둘러싸고 있음에도 다른 모든 사람이 외면했던 '고통'과 '고난'에 대해 처음으로 이야기한 인물이라고 상찬했다. 문학가 앙드레 지드 또한 쇼펜하우어보다 헤겔을 더 좋아하는 인간이 있다는 것은 황당한 일이라고 자서전에 적기도 했다.

쇼펜하우어는 문화예술계에 커다란 영감을 불어넣었다. 그 대표 인물이 음악가 리하르트 바그너다. 그는 쇼펜하우어의 주저 『의지와 표상으로서의 세계』를 1년 동안 네 번이나 읽을 정도로 쇼펜하우어에 매료되었다. 「트리스탄과 이졸데」는 쇼펜하우어의 사상에 대한 답변이라고 말했으며, 「니벨룽의 반지」에 자필 헌사를 써서 헌정했다. 첼리스트이자 지휘자로 활동하는 장한나도 쇼펜하우어를 좋아한다고 밝혔다. 문학계에도 쇼펜하우어의 입김이 스며 있다. 안톤 체호프, 이반 투르게네프, 도스토옙스키, 마르셀 프루스트, 에밀 졸라, 토마스 만, 헤르만 헤세, 프란츠 카프카, 서머싯 몸, 토머스 하디, 조지프 콘래드, 조지 버나드 쇼, 사무엘 베케트, 보르헤스 등등 내로라하는 거장들이 쇼펜하우어의 영향을 받았다. 그들의 작품 곳곳에 쇼펜하우어의 이름이 등장한다. 톨스토이의 집에 딱 하나 걸린 초상화 역시 쇼펜하우어의 초상화였다고 전해지며, 아인슈타인의 연구실에도 제임스 클러크 맥스웰, 마이클 패러데이 같은 위대한 선배 과학자들 곁에 쇼펜하우어의 초상화가 걸려 있었다.

쇼펜하우어는 세상의 그늘과 인간의 이면을 통찰했다. 빼어난 글솜씨로 인생의 어둠을 줄기차게 드러냈다. 인생의 어둠을 직면하는 일은 유쾌하지만은 않다. 모파상은 이 땅에 살았던 사람 가운데 가장 많은 꿈을 파괴한 사람이 쇼펜하우어라고 평가했다. 쇼펜하우어를 만나면 자신의 순수하고 여린 부분이 부서질 수도 있다. 하지만 바로 그렇게 충격을 받으면서 인간의 정신은 더 강해지는지 모른다. 의도하지는 않았지만, 쇼펜하우어는 자신의 사상을 통해 유명한 위인을 비롯한 수많은 독자에게 충격과 자극을 주고 그들이 성장할 수 있도록 이끌었다.

의지에 따라 살아가는 인간

칸트는 사물을 '물자체'와 '표상'으로 분리했다. 물자체는 알 수 없으니 우리가 표상만을 구성해서 인식한다는 것이 칸트의 사상이었다. 쇼펜하우어는 칸트의 인식론을 받아들인다. 다만, 물자체를 새롭게 정의했다. '의지'라고 말이다. 쇼펜하우어에 따르면, 세상 만물의 본질은 의지다. 의지가 모든 것을 만들어 낸다. 나의 몸은 내 의지가 객관화해서 나타난 것이다. 식욕, 수면욕, 성욕, 배설욕과 같은 신체적 욕구는 생명의 본질인 '의지'의 표현이다. 우리는 의지에 따라 생존과 번식에 사로잡힌 채 이기심을 갖고 살아간다.

세계는 너무나 광대하다. 그에 비해 모든 개체는 보잘것없다. 그런데도 각 개체는 자신의 생존과 안녕을 다른 모든 것보다 우선시한다. 다른 생명을 희생시키는 것도 서슴지 않는다. 조금이라도 더 오래 자신을 유지하고자, 자신에게 방해가 되는 것이라면 세계까지 없애버리려고 한다. 오늘날 인간이 벌이는 행태가 그러하다. 인류 문명의 파멸이 다가오는데도 욕망을 줄이지 못하고 자연을 파괴한다. 쇼펜하우어는 이것이 자연 속 모든 사물에서 작용하고 있는 본질적인 이기심이라고 보았다.

의지는 두 가지 근본 주제를 위해 다양한 행위를 하게 만든다. 세상 만물을 좌우하는 두 가지 근본 주제란 개체의 유지와 종족 번식이다. 나 자신을 보존하면서 자식을 낳는 것이다. 여느 생명체들처럼 인간도 생존이 어느 정도 보장되면 곧장 생식 행위에 돌입하며, 때로는 위험을 무릅쓰고서라도 성행위를 불사한다. 의지는 생명체가 있는 힘을 다해 번식하도록 내몬다. 쇼펜하우어에 따르면, 성욕은 단호하면서 가장 강력한 삶의 긍정이다.

인간은 이성이 고도로 발전해서 자신의 의지를 때때로 감추기도 하는 생명체다. 마치 성욕이 없는 것처럼 숨긴다. 반면에 식물은 적나라하게 자신의 의지를 드러낸다. 동물이라면 은밀한 곳에 숨겨 두는 생식기를 식물은 제일 꼭대기에 아무렇지 않게 꽃의 형태로 내보인다.

의지는 욕망으로 나타나는데, 욕망이 늘 충족되는 것은 아니다. 욕망이 충족되지 않을 때 고통이 생기고, 충족되면 쾌감이 생긴다. 의지는 생명체들이 고통을 피하고 쾌감을 쫓으면서 무언가를 욕망하게 하고, 충족을 위해 행동하게 만든다.

문제는 욕구가 충족되더라도 의지가 수그러들지 않는다는 점이다. 새로운 욕망이 끊임없이 생겨난다. 이 욕망의 놀음에서 허우적거리는 것이 인생이라고 쇼펜하우어는 촌평했다.

고통과 지루함 사이에서

많은 사람이 욕망의 놀음에 휘둘리면서 불행하게 산다. 세상살이가 잘 풀리지 않았다는 둥 자신의 성장 환경이나 주변 사람들 탓을 한다. 이것은 진실에 눈 감은 사람들의 투정에 지나지 않는다고 쇼펜하우어는 꾸짖었다. 고뇌는 삶의 본질이지, 외부로부터 흘러드는 것이 아니다. 우리는 각자 마르지 않는 고뇌의 샘을 가슴에 지니고 있다. 인생이 술술 잘 풀리고 모든 사람이 자기를 좋아해도 고뇌는 사라지지 않는다. 고뇌가 품고 있는 진실에 눈뜨는 것은 쓰디쓰지만 약이 된다는 것이 쇼펜하우어의 생각이었다.

쇼펜하우어는 인간이 겪는 고통의 원인으로 욕망을 지적했다. 욕망이 해소되지 않으면 해소되지 않아 괴롭고, 욕망이 실현되더라도 괴로움이 없어지기는커녕 더 큰 괴로움이 생기기도 한다. 욕망은 짧은 만족감을 남긴 채 더 큰 욕망을 불러오기에 그렇다. 인간은 좀처럼 만족을 모른 채 욕망의 쳇바퀴를 굴린다. 우리는 욕망을 다스리기는커녕 욕망에 휘말리면서 고통받는다.

쇼펜하우어는 고통과 지루함이 인생을 이루는 궁극의 요소라고 단언했다. 부족과 궁핍에 따른 걱정에 시달리다가 형편이 나아지면 곧장 지루함이 들이닥친다. 성욕, 사랑, 질투, 증오, 시기, 상실, 질병 등등이 시기마다 우박처럼 쏟아지면서 우리를 강타한다. 고통에서 잠깐이나마 벗어나면 권태가 떡하니 기다리고 있다. 여러 고통에 돌아가면서 빠지는 것이 인생이고, 고뇌라는 굴레를 쓴 채 몸부림치다 보면 어느새 끝난다. 대다수 인생을 외부에서 보면 얼마나 무의미하고 변변찮게 흘러가는지 믿을 수 없을 정도라고 쇼펜하우어는 탄식했다. 사람들은 빛바랜 동경을 품고는 하잘것없는 생각에 빠진 채 죽음을 향해 꿈결처럼 흐느적거리며 걸어간다고도 말을 보탰다.

아무리 좋은 음식을 먹고 운동을 열심히 해도 결국 죽음이 이긴다. 우리는 이미 태어날 때부터 죽음의 손아귀에 들어 있다. 죽음이 자신의 전리품을 갖고 노는 잠깐의 시간이 인생이다. 우리는 최대한 오랫동안 살려고 애를 쓰지만, 인생이란 비눗방울과 같다. 쇼펜하우어는 사람들이 언젠가 터질 것을 알면서도 비눗방울을 커다랗게 부는 것을 안타까워했다.

행복해지는 방법

비눗방울 같은 인생 안에서 사람들은 자기 자신을 깊게 헤아리지 않는다. 그냥 자기 정도면 괜찮은 사람이라는 착각 속에서 흐리멍덩한 상태로 살아간다. 쇼펜하우어는 자기 자신을 깊게 이해하고 깨어나기 위해서라도 과거를 돌아보라고 조언했다. 과거에 한 행위를 통해 의지의 핵심을 인식하게 된다. 이를테면 청소년 시절에 자신이 쓴 글을 찾아서 새삼 읽어 보거나, 혼자 있을 때 인터넷에서 무엇을 검색했고 어떤 댓글을 달았는지 찬찬히 되짚어 보라는 것이다.

우리는 처음부터 자신이 어떤 사람이고, 자기 안에 의지가 어떻게 작용하고 있는지 알지 못한다. 나중에 가서야 반성을 통해 알게 된다. 후회나 죄책감이 생겨나는 것은 의지가 빚어내는 행위를 곧장 저질러 버리기 때문이다. 자신에게 당당한 사람이 되려면 의지가 분출하는 대로 행동하면 안 된다. 자기 자신에 대해 안심할 수 있도록 나날이 노력하고 투쟁하라고 쇼펜하우어는 격려한다. 자기 자신에게 당당하지 않으면 행복할 수 없다.

나에게 떳떳해지려면 나에게 적합한 가능성을 찾아서 실현해야 한다. 우리에겐 많은 가능성이 있는데, 그 가운데 무엇이 나에게 적합하고 성취 가능한지는 아직 모른다. 그러니 모든 사람은 다른 사람의 처지를 부러워할 필요 없이, 자신에게 맞는 분위기에 있어야만 행복하다고 쇼펜하우어는 귀띔했다. 남의 개성과 특색을 모방하는 것은 남의 옷을 입는 것보다 훨씬 치욕이라고 평가했다. 자신에게 없는 매력을 보이려고 하는 것은 가짜 동전으로 도박하는 사기꾼에 지나지 않는다는 말도 보탰다. 속임수로는 결코 바라는 바를 이루지 못한다. 자신에게 맞는 삶을 살아야 한다.

흔히들 욕망이 채워져 만족하면 행복하다고 여긴다. 하지만 쾌감은 짧고, 욕망은 사라질 줄 모른다. 고통과 고뇌는 줄기차게 생겨난다. 행복하려면 다른 방법을 모색해야 한다. 쇼펜하우어는 의지로부터의 해방을 설파했다.

우리는 때때로 의지와 욕망이 가하는 충동에서 벗어난다. 예컨대, 아름답고 경이로운 자연을 만나면 의지의 조종으로부터 자유로워진다. 산을 오르고 바다를 바라볼 때 우리의 마음은 차분해지고 고요해진다. 쇼펜하우어는 이런 상태를 개체성에서 벗어난 순수한 인식 주관이라고 불렀다. 사사로운 개인의 욕망에서 해방되어 세계를 그 자체로 인식하게 되는 순간이다. 순수한 인식 주관 때문에 쇼펜하우어는 예술을 중요하게 여겼다. 충동과 욕망을 다루면서도 내 안의 어쩔 수 없는 의지를 완전하게 인식해서 진정시키고는 포기하게 만드는 것이 예술이다.

의지에서 해방된 인간

쇼펜하우어에게는 의지의 휘둘림에서 벗어나는 것이 구원이자 가장 복된 순간이다. 그는 의지가 이글거리는 신체가 수그러들도록 절제하라고 권유했다. 욕망하기를 그치고, 무언가에 집착하지 않도록 주의하며, 모든 사물에 최대한 무관심하라는 것이다. 성행위도 삼가야 한다. 의지를 부정하는 첫걸음은 자발적이고 완전한 순결이라고 쇼펜하우어는 강조했다.

마구 날뛰던 의지를 다스릴 수 있을 때 인간은 자유로워진다. 우리를 세상에 묶어 놓고 고통에 시달리게 만드는 욕망, 두려움, 질투, 분노 등등을 끊어 버리기 때문이다. 자유란 의지를 포기하고 부정한 사람에게만 나타나고, 그는 보통 사람과 다른 품행을 지닌다. 그렇게 세계를 극복하는 것이 가장 위대하고 중요하며 뜻깊은 현상이다. 그는 사람들에게 세계 정복자가 아니라 세계 극복자가 될 것을 주장했다.

쇼펜하우어는 세상이 덧없는 환상임을 깨닫고 욕망이라는 꿈에서 깨어날 때 이기심에서 해방된다고 보았다. 생존과 번식 등의 이기심에서 벗어나면 불안이나 걱정에서도 해방된다. 이기심이 완전히 사라지면 자기에 대한 불안과 걱정도 근본적으로 약해진다. 이렇게 이기심에서 해방된 사람은 양심에 꺼릴 것이 없어지고, 조용하고 확신에 찬 명랑함이 생겨나며, 인간애와 연민을 통해 선행을 베풀게 된다고 쇼펜하우어는 주장했다. 나뿐만 아니라 모든 생명체가 의지에 휘둘리고 있다는 사실을 이해한다면 우리는 연민과 인간애를 가질 수 있다. 참되고 순수한 사랑은 연민이다. 자신의 사욕이 아니라 연민을 통해 다른 존재를 보듬고 사랑하는 사람이 세계 극복자다.

쇼펜하우어는 세계의 본질을 관조하라고 권했다. 관조하는 삶은 고독할 수 있지만, 지성이 향상될수록 외로움을 좋아하고 잘 견딜 수 있다고 말했다. 쇼펜하우어도 외로운 삶을 살았다. 평생 독신이었고, 과민한 성격이었다. 권총을 침대 머리맡에 둔 채 잠들었다가 작은 소리에도 깨어나서 권총을 손에 쥐던 사람이었다. 그래도 고독을 즐겼다. 유행이 한참 지난 옷을 입고 날씨가 좋지 않아도 자신의 반려견 아트만과 꼭 산책했다. 점심을 먹고 나서는 거의 매일 플루트를 불었다. 철저한 고독 속에서 그는 책을 읽었고, 글을 썼다. 그렇게 철학사에 남는 위인이 되었다.

‣ 쇼펜하우어의 핵심 개념

헤겔반대자   # 의지   # 충동   # 고통과지루   # 행복해지는방법

세계극복자   # 세계의본질

‣ 더불어 읽으면 좋을 책

아르투어 쇼펜하우어, 『쇼펜하우어의 행복론과 인생론』, 홍성광 옮김, 을유문화사, 2023.
아르투어 쇼펜하우어, 『의지와 표상으로서의 세계』, 홍성광 옮김, 을유문화사, 2019.

에머슨
RALPH WALDO EMERSON (1803~1882)

초월주의 철학자

인류사의 위인 중에는 성직자의 자녀가 꽤 있다. 신부나 수녀나 승려는 자식을 낳지 않으니, 주로 개신교 목사의 자식이다. 그들은 아버지로 상징되는 종교의 울타리를 넘어 더 깊은 세계로 돌진한다. 종교학 용어로 말하면 표층 종교에서 심층 종교로 나아간다고 볼 수 있다. 특정한 종교의 교리나 의례에 사로잡히지 않고 모든 종교의 공통된 본질을 탐색하는 것이다.

랠프 월도 에머슨도 목사의 아들이었다. 더구나 에머슨 집안은 7대에 걸쳐서 목사직을 이어 오는, 뼈대 있는 목회자 가문이었다. 에머슨 역시 선조들을 따라 신학을 공부해서 목사가 되었으나 결국 목사를 그만뒀다. 어릴 때부터 당연한 소명이라 여겼던 목사직에서 벗어나는 것은 에머슨에게 심각한 고뇌였겠으나 한편으로는 새로운 철학을 잉태하는 사건이었다. 고리타분한 의례와 편협한 교리에 사로잡힌 기성종교의 장벽을 부수고 더 넓은 세계로 자신을 내던졌다.

에머슨은 동양 종교를 연구하면서 시야를 넓혔다. 신과 내가 하나라는 힌두교의 가르침을 받아들였다. 힌두교에서는 우주의 근본 실재를 브라흐만이라고 부르고 내 안의 영혼을 아트만이라고 하는데, 알고 보면 브라흐만과 아트만은 하나다. 힌두교는 우주와 내가 결국 하나라고 가르친다.

에머슨은 인간과 자연은 하나이고, 모든 사람은 특별하고 중요한 사람이라고 천명했다. 인간 안에 자연이 있고, 자연은 신이며, 신이 내 안에 있으니 우리 모두 특별하다. 에머슨은 죽은 후 천국에 간다는 믿음에서 벗어나 일상에서 신성을 체험할 수 있다는 신앙을 품었다. 순간순간을 귀하게 여겼다. 이런 사상이 에머슨의 초월주의다. 초월주의는 미국 사람들의 메마른 정신에 단비처럼 뿌려졌다. 당시 미국은 영국의 물리적 지배로부터는 독립했어도 정신적 독립은 하지 못한 상태였다. 미국에는 자신들의 철학이 부재했다. 철학이 없다면 몸이 자유로워도 진정으로 해방된 것이 아니다. 미국의 이러한 정신적 빈자리를 에머슨이 메웠다. 에머슨이라는 봄비 덕분에 미국은 자신만의 사상을 꽃피우기 시작했다.

에머슨은 미국 사회를 둘로 갈라지게 만든 노예제도에 반대 목소리를 냈다. 노예 해방은 문명의 요구라는 것을 사람들에게 일깨웠다. 에머슨의 글을 읽고 그를 초청해 백악관에서 만나기도 했던 링컨이 암살당하자 링컨을 기리며 연설했고, 동료 철학자 헨리 데이비드 소로가 결핵으로 죽었을 때도 추도 연설을 했다. 미국 사회는 에머슨을 중요한 인물로 기억하며 교과서에도 그의 글과 사상이 담겨 있다. 한국인이라면 세세하게는 아니더라도 불교와 유교와 도교를 어느 정도 알 듯 미국인이라면 에머슨을 어느 정도 알고 있다. 에머슨을 이해한다는 것은 미국 사회에 깔린 정신을 만난다는 말과 그리 다르지 않다.

자연과 인간의 결합

에머슨의 의식이 도약할 때 촉매가 되어 준 장소가 있다. 식물원이다. 그는 전시된 식물이 정갈하게 보존된 모습에서 내면의 자연성을 연상했다. 사람의 손길을 거쳤어도 자연성을 간직한 채 싱그러운 아름다움을 뿜어내는 식물원처럼, 문명을 겪었어도 사람 안에 광활한 자연이 있다는 사실을 깨달았다.

에머슨이 보기에 자연은 신이 나타난 결과이자 신이 빚어낸 작품이다. 신은 완전한 아름다움이고, 따라서 가장 크고 심오한 의미의 아름다움은 우주에 대한 설명이다. 진, 선, 미는 동일한 전체의 다른 표현일 뿐이다. 자연의 모든 만물은 무한한 변화 속에서 신성과 끊임없이 관계를 맺고 있다. 그 덕분에 자연은 형태와 색깔과 움직임으로 찬란하다. 자연은 예술과도 관계한다. 에머슨에게 예술이란 아름다운 자연을 새로운 형태로 구현하는 일이다. 인간이라는 증류기를 통과한 또 다른 자연이 예술이다.

자연은 무한하고 장엄하다. 가장 지혜로운 사람도 자연의 비밀을 다 풀지 못한다. 이토록 경이로운 자연이지만 제대로 이해하는 사람은 매우 적다. 에머슨은 태양을 예시로 들었다. 대부분의 사람은 태양을 인식하지 않는다. 날이 밝아 오면 그냥 아침이 됐다고 여길 뿐이다. 태양을 보더라도 하늘에 떠 있는 붉은 색깔의 동그라미에 눈부셔하면서 눈살을 찌푸리기만 한다. 반면에 아주 소수의 사람은 아이처럼 태양을 맞이한다. 태양을 바라보며 태양이 전해 주는 소리를 듣는다. 천진난만한 호기심을 품은 사람의 마음 한복판으로 태양은 웅장하게 떠오른다.

자연과 융화하는 삶이 에머슨의 철학이자 신앙이었다. 인생의 목적은 자연과 인간의 결합이다. 자연이 우리를 교육하고, 내면의 사연이 깨어나면서 인간은 자연과 하나가 된다. 그때 진정한 행복을 경험할 수 있다.

우리는 과거에 연연하고 미래를 예측하느라 현재를 살지 못한다. 자연과 더불어 현재를 오롯이 살지 못한다면 결코 행복할 수 없다고 에머슨은 일갈했다. 현재의 시간을 충만하게 채워서 후회할 틈을 남기지 않는 것이 행복이다. 장미를 바라보자. 장미는 후회도 모르고 불안도 없이 아름답게 피어난다. 에머슨은 장미처럼 모든 순간에 한결같이 만족하며 현재를 생생하게 살아가는 태도를 가질 때 행복하다고 말했다. 자연에서 신앙의 교훈을 배우는 사람이야말로 가장 행복한 사람이다.

자연을 예찬하는 에머슨의 글에는 미국의 개척 정신도 반영되어 있다. 자연은 또 다른 자연인 우리에게 봉사하도록 만들어졌고, 온순하게 인간의 지배를 받아들인다고 주장한 것이다. 세계란 인간이 모든 만물을 복종시킨 의지의 결과라고 에머슨은 해석했다.

자기에 대한 믿음

에머슨이 의식의 도약을 한 사건이 있었다. 당대에 유명했던 낭만주의 시인 새뮤얼 테일러 콜리지와 윌리엄 워즈워스를 만난 일이 그것이다. 에머슨은 그들을 만나고 매우 놀랐다. 그들이 평범했기 때문이었다. 위인도 알고 보면 평범하듯 평범한 사람도 위인이 될 수 있다는 발상이 에머슨에게 떠올랐다. 본성을 깨우면 누구나 위인이 될 수 있다는 것이었다.

에머슨은 아이 같은 자신의 마음을 지키라고 했다. 자신을 믿고 진실하게 산다면, 세계 역시 진실하게 인식할 수 있다. 다른 사람들이 알려 주는 천상의 영광보다 자기 마음을 가로질러 내면에서 번뜩이는 빛의 반짝임을 바라보는 법을 배워야 한다는 것이다.

에머슨에 따르면, 천재란 자신에게 옳은 것이 모든 사람에게도 옳다는 믿음을 가진 사람이다. 만약 자신의 믿음을 지키지 못하고 내버리면, 훗날 자신이 저버렸던 생각을 누군가가 가지고 등장할 것이라고 에머슨은 예고했다. 후회하지 않으려면 타인의 인정과 세상의 평가에 흔들리지 말고 불굴의 정신으로 자신을 신뢰하면서 내면의 본성을 지켜야 한다.

에머슨이 자신의 철학을 통해 사람들에게 전하고자 했던 것은 자신의 신념과 사명을 믿고 펼치라는 응원이었다. 세상은 우리에게 관습을 강요하면서 순응을 요구하지만, 제대로 된 인간이라면 순응하지 말아야 한다. 인간의 본질은 선하지만 사회와 제도와 관습에 길들면서 타락한다. 본성의 법칙 말고는 어떠한 것도 신성하지 않다. 유일하게 옳은 것은 본성에 따르는 일이고, 유일하게 그른 것은 본성에 반하는 일이다. 자기 자신을 믿고 사는 사람은 혼돈과 어둠을 헤집고 나아가는 개척자다. 타인에게 은혜를 베푸는 구원자다. 에머슨은 우리의 내면에 고결함이라는 신성이 있으니 자신에게 무죄를 선언하라 권했다.

에머슨은 관습에 타협하지 않으려 했다. 세상 사람들의 감정을 편안하게 하고자 자유와 힘을 팔 수는 없는 것이다. 우리의 인생은 타인을 위한 구경거리가 아니다. 허례허식이나 관습에 순응하면 힘이 분산되고 시간이 낭비된다. 타인의 시선에 사로잡힌 채 관습에 굴복할수록 인간은 점점 약해진다. 에머슨은 관습에 대항하는 것이 자신의 힘을 키우는 일이라고 생각했다.

에머슨은 사람들이 현실과 정면 대결하지 않고 여행을 통해

도피한다고 지적했다. 멀리 여행을 가더라도 나로부터 도망칠 수 없다. 자신을 특별하게 여기는 헛된 자의식이 세상이라는 전쟁 통에 깨져야 하는데, 우리는 운명의 전쟁터에서 내뺀 뒤 자의식을 붙잡고 늘어진다. 세상과 부딪쳐야만 인간은 성숙한다.

에머슨은 진짜 자기 자신이 되려 했고, 내면에 신성이 자리매김하는 것을 확신하고 즐겁게 살려 했다. 자기 자신을 유일무이한 존재로 여겼고, 타자를 모방하지 않았다. 삶의 순수하고 고귀한 영역에 거주하며 자기답게 살고자 최선을 다했다.

우주의 법칙

에머슨은 자연의 신성함을 믿었던 만큼 당장 인과관계가 선명하게 드러나지 않을지라도 모든 것은 연결된다고 확신했다. 그에 따르면, 세계는 균형을 이루는 신성의 빛에 의해서 조화롭게 운영된다. 조용히 그리고 확실하게 모든 죄는 처벌되고, 모든 덕행은 보상받으며, 모든 잘못은 시정된다. 인과응보는 우주의 법칙이다. 주면 얻는다. 우리는 한 일에 대해 더도 말고 덜도 말고 딱 그만큼의 결과를 얻는다. 나쁜 짓을 저지르면 결국 대가를 치르게 마련이다. 이러한 우주의 법칙을 이해하면 인생이라는 미로에서 길을 잃지 않을 수 있다.

물론 내가 노력한 만큼 곧장 보상받지 못할 수 있다. 하지만 에머슨은 그런 보상이 나중에라도 돌아온다고 호언장담했다.

때로 과분하게 많은 것을 얻더라도 머지않아 내놓아야 한다. 약간의 유예가 있을 뿐 모든 빚을 갚아야 하니 빚을 늘리지 말라는 것이 에머슨의 충고다. 자신이 감당할 수 없는 이익을 거머쥐고 있다면 빠르게 부패하고 벌레가 생길 것이라고 경고했다.

우주의 모든 것은 조화를 이룬다. 이 법칙은 개인의 삶에도 적용된다. 나의 강점은 때로 약점이 되기도 하고, 약점이 장점이 되기도 한다. 우리는 자신의 약점에 괴로워하다가 천천히 자신을 이해하고 보듬는다. 자신의 모든 것을 감사히 수용할 때 인간은 성장한다. 누구나 스스로의 결점에 감사할 필요가 있다.

결점만이 아니다. 시련도 감사하게 여겨야 한다. 무지와 자만과 어리석음에서 해방될 기회가 시련을 통해 주어지기에 그렇다. 현명한 사람은 안전만 바라지 않고 오히려 역경을 환영한다. 역경을 겪는 동안 압박을 받고 고통을 당하고 패배를 겪으면서 새롭게 배울 기회를 얻는다. 조화로운 우주는 고통받는 이에게 고통만 주지 않는다. 성장할 기회를 준다. 우리는 고통 속에서 지혜를 얻고 인격을 완성한다. 이것이 우주의 법칙이다.

의식 수준이 높아지면 우주의 법칙을 이해할 수 있다. 에머슨에 따르면, 의지의 바람이 영혼들의 우주를 영원히 관통해 정의와 필연의 방향으로 불어온다. 의지의 바람이란 우리 삶에 관여하는 대자연의 섭리를 가리킨다. 대자연은 의지의 바람이라는 힘을 통해 우주의 조화를 이뤄 낸다. 우주에 작용하는 힘을 읽고 이해하는 일은 곧 지성인이 된다는 뜻이다.

불행의 보상

조화로운 우주답게 인간에게 선사하는 우주의 고통은 공평하다고 에머슨은 생각했다. 모든 인간이 고통을 겪으며 산다. 사람은 모두 괴로운 삶을 산다는 공통점이 있다. 다만 고통을 대하는 자세의 차이가 있고, 이 차이가 인생의 차이를 빚어낸다.

에머슨에게도 고통이 들이닥쳤다. 에머슨은 아내와 가족들의 죽음을 겪고 난 뒤 자식마저 잃는 슬픔을 겪었다. 그렇지만 에머슨은 무너지지 않았다. 그는 고통을 통해 단 한 가지를 배웠는데, 그것은 고통이 너무도 피상적이라는 점이라고 담담히 고백했다. 힘겨운 시련을 겪으면서도 모든 재난이 변화와 발전을 위한 자극이자 귀중한 암시라며 그는 하루하루 굳건히 살아갔다.

에머슨은 불행의 보상이란 개념을 고안해 냈다. 자신이 겪고 있는 불행은 돌이킬 수 없는 상실로 느껴지고, 곧장 어떤 보상을 주지도 않을 것이다. 그러나 세월이 지나면 모든 사실 밑에 놓여 있는 깊은 치유력이 드러난다고 에머슨은 귀띔했다. 박탈로만 느껴졌던 고통이 우리 자신을 혁명처럼 바꾸고, 우리를 성숙시킨다. 지금의 고통을 훗날 분명히 이해할 것이라고 에머슨은 속닥였다. 푸념하고 불평하는 데 시간을 허비하지 말고 순간순간을 소중히 완성해야 한다. 그는 인생행로의 모든 걸음마다 삶의 목적을 발견하면서 되도록 좋은 시간을 많이 갖는 것이 지혜라는 교훈을 남겼다.

자신을 무엇과 동일시하느냐에 따라 삶의 궤적이 크게 엇갈린다. 누군가는 내면의 신성을 깨닫고 신과 동일시하면서 놀라운 삶을 펼친다면 누군가는 육체와 자신을 동일시하고 노화와 죽음을 두려워한다. 인생은 우리가 믿는 대로 열리고, 찾는 것을 내준다. 에머슨은 "당신이 되고자 결정한 사람이 당신이 될 것으로 정해진 유일한 사람"이라는 명언을 남겼다. 우리는 자기 자신을 믿고, 그럼으로써 자기 자신을 결정해야 한다.

인생이라는 잔치에서 최고의 순간은 우리가 지혜로워지는 바로 그 순간이다. 내면의 눈이 열리고 우주의 법칙을 이해하면 우리의 나날은 축복으로 충만해진다. 에머슨의 관점에서 진정한 지혜란, 이렇게 살아 있다는 사실에 경탄과 감사와 행복을 느끼는 의식 수준을 가리킨다. 나의 운명은 내가 나를 믿고 이해하는 만큼 나아진다. 에머슨은 자신의 철학을 통해 우리는 정체하는 존재가 아니라 진보하는 생명체임을, 자기 자신을 믿고 인생을 즐기면서 나아가라는 이야기를 전하고자 했다.

▸ 에머슨의 핵심 개념

`# 초월주의`　`# 자연합일`　`# 자기신뢰`　`# 우주의법칙`

`# 조화우주`　`# 불행의보상`

▸ 더불어 읽으면 좋을 책

랠프 월도 에머슨, 『랠프 월도 에머슨 : 자연』, 서동석 옮김, 은행나무, 2014.
랠프 월도 에머슨, 『자기신뢰』, 전미영 옮김, 창해, 2015.

3부

세계는 어떤 방식으로
존재하는가?

헤겔

GEORG WILHELM FRIEDRICH HEGEL(1770~1831)

해괴한 헤겔어

누구에게나 운명 같은 인연이 있기 마련이다. 철학자 헤겔에게도 특별한 만남이 있었다. 그는 대학의 신학부에 입학했다. 강의는 그에게 만족을 주지 못했지만, 대학에서 그는 훗날 독일에서 가장 위대한 시인이 될 횔덜린, 그리고 철학자 셸링과 교분을 쌓았다. 셋은 기숙사를 같이 쓰며 절친한 삼총사가 된다.

당시는 유럽에 자유의 바람이 불고 있었으며, 프랑스 혁명도 일어난 시기였다. 삼총사는 자유를 염원하면서 목사가 되지 말자고 다짐했고 혁명을 지지했다. 그러나 혁명 세력은 당국에 탄압을 당했다. 헤겔은 계몽되는 것만으로는 자유를 얻을 수 없으며, 사회적 실천이 필요하다는 사실을 깨달았다.

헤겔이 한창 자신의 책을 집필하고 있을 때, 하숙집 창문 밖으로 나폴레옹이 지나가는 것을 보고 "저기 절대정신이 걸어가고 있다"고 말했다는 유명한 일화가 남아 있다. 나폴레옹이 자유와 평등이라는 시대정신을 실현하는 존재라는 뜻이다. 나폴레옹은 독재자가 되고 말았지만, 그를 통해 들불처럼 번져 나간 자유를 향한 열망은 결국 유럽의 구체제를 무너뜨렸다.

헤겔은 전쟁으로 어지러운 시기에 사람들의 정신을 전쟁터로 몰아넣는 것 같은 어마어마한 책을 내놓았다. 이름하여 『정신현상학』이다. 이 책은 엄청나게 난해한 데다 그 분량도 굉장히 방대하다. 원래 예상했던 양보다 원고가 계속 늘어나는 바람에 헤겔은 매번 마감 기한을 지키지 못했고, 출간하고 나서 자신의 책을 재검토하려던 뜻도 이루지 못했다. 헤겔 자신도 감당하기 어려운 책이었다.

하지만 헤겔을 통해 세상으로 나온 철학은 한 시대를 관통했다. 헤겔은 갈수록 유명 인사가 되었다. 사람들은 그를 만나고 싶어 했고, 강의실은 인산인해를 이루었다. 헤겔의 제자들이 마련한 깜짝 생일잔치는 지역신문에 실렸을 정도였다. 프로이센 국왕은 그 신문을 보고는 노여움을 참지 못했다. 자신의 생일을 보도한 기사보다 더 큰 지면을 장식하고 있었기 때문이다.

헤겔의 책은 백 명이 읽으면 백 명이 각자 다른 해석을 한다. 그의 문체가 간결하지 못해 독일인들조차 그가 '해괴한 헤겔어'로 책을 썼다고 얘기할 정도다. 어려울 수는 있겠지만, 그럼에도 마음을 단단히 먹으면 누구나 충분히 헤겔을 즐길 수 있다.

진리는 전체이다

헤겔은 진리를 실체로서뿐 아니라 주체로서도 파악해야 한다고 보았다. 진리가 나와 상관없이 외부에서 작용하는 것이 아니라 나 자신이라는 주체와 함께한다는 얘기다. 이전까지 철학에서는 세상의 근원이나 궁극의 본질을 실체라고 부르면서 신을 실체라고 상정하고 있었다. 그런데 헤겔은 실체가 곧 주체라는 새로운 관점을 제시했다. 세상의 근원이자 궁극의 본질인 실체는 바로 나이다. 진리는 주체 없이 성립하지 않는다. 나라는 주체가 진리의 실체이다. 우리의 의식은 처음, 즉 우리가 세상에 태어났을 때에는 협소하고 미약하다. 점점 그 지평을 넓혀 가면서 의식이 끝내 세계 전체와 일치할 때 진리가 실현된다.

헤겔은 세계를 절대정신의 결과로 보았고, 절대정신이 자기 자신을 완성해 가는 여정으로 세계를 묘사했다. 정신이 세계를 만들어 내기 때문에, 우리 앞에 펼쳐진 세계란 나와 상관없이 존재하는 대상이 아니라 나의 의식을 통해 형성된 세계이다. 세계를 '정신이 자기를 외부로 빚어내면서 만들어진 결과'로 본 것이다. 세계, 즉 현실은 정신의 외화이며, 그러니 정신적인 것이 곧 현실적인 것이다.

정신은 현상과 자신이 따로 동떨어져 있다고 여기다가 마침내 현실이 자기 자신이라는 것을 깨닫고는 최종 지점에 도달한다. 이것이 바로 절대정신이다. 절대정신은 구석구석에서 주체로서 나타나 자기 자신을 실현하기 위해 나아가는데, 이를테면 나폴레옹을 통해서 구현되기도 하고 현재 헤겔에 대해 생각하고 있는 '나'의 의식에 작용하기도 한다.

절대정신은 의식 형태로 출현한다. 하지만 의식과 현실 사이에 분열이 있다. 의식은 세계의 여러 현상을 파악하고 왜 이런 현상들이 일어나는지 납득하려고 애쓰지만, 나의 이해는 불충분할 수밖에 없다. 의식은 상반되는 요소 가운데 하나의 특정한 관념만을 진리로 받아들이기 때문이다. 따라서 세계 전체를 두루 보지 못한 채 자신이 진리를 알고 있다고 착각하게 된다.

그런데 이러한 분열을 넘어설 힘 역시 의식 안에서 작용한다. 이것이 자연 상태의 동식물과 인간의 다른 점이다. 인간은 의식을 통해 자기 자신을 대상화하면서 인식할 수 있다. 자기 본연의 모습을 지각하는 가운데 현재 자신이 처해 있는 한정된 상태를 넘어설 수 있는 것이다. 한정된 상태에서 생기는 만족을 뿌리치는 내면의 힘을 통해 우리는 자신이라고 믿고 있던 한계를 박차고 나아간다. 우리의 의식은 정신이 만들어 가는 세계 속에서 이러한 분열을 마주하고 종합으로 향하며 진리를 마주한다.

미성숙하여 특정한 관념만을 진리로 받아들이던 시절을 지나면 우리는 더 넓은 관점에서 세계를 이해하게 된다. 세상이 썩었다는 사실을 진리로 여기는 누군가가 있다고 가정해 보자. 그의 견해가 현실의 일부를 반영하는 것이라고 해도 전체를 합당하게 아우르지는 못한다. 세상 어떤 부분이 분명 문드러져 있더라도 다른 부분은 건강하기 때문이다. 그의 의식은 세상 전체를 포괄하지 못하고, 그와 세계 사이에는 모순이 있다. 이 모순을 해소하면서 세계를 자신과 일치시키려는 과정이 진리다. 주체와 세계가 하나가 될 때 세계를 온전하게 이해할 수 있다.

세계의 진실이란 자기가 곧 세계라는 것이다. 헤겔이 말했듯 세계는 정신의 외화다. 세계를 마주하면서 정신은 세계가 자기이고 자기가 세계라는 앎을 얻는다. 그런데 이때 세계의 좋은 점뿐 아니라, 세계를 구성하는 모든 것이 정신의 결과임을 간과해서는 안 된다. 보고 싶은 것만 보고 믿고 싶은 것만 믿어서는 안 된다는 것이다. 헤겔은 부정적인 것을 직시하면서 그 곁에 머무를 때 정신이 힘을 발휘한다고 강조했다.

전체가 진리다. 세계 전체 그리고 인생 전체가 나의 진리다. 인생 전체란 나의 본질이 스스로 전개되어 완성된 결과다. 따라서 살면서 겪는 모든 일은 다 필요한 과정이다. 우리는 현재 자신의 진리를 제대로 파악할 수 없으며 종말에 이르러서야 비로소 참모습을 알 수 있다. 진리는 나의 삶을 통틀어 아우르는 총체이기 때문이다.

변증법으로서 운동

헤겔은 분열과 통일을 줄기차게 반복하는 운동이 변증법이라고 설명했다. 변증법이란 부정과 긍정을 거치며 종합을 이루어가는 과정이다. 분열과 부정을 그저 없애려고 하는 것이 아니라 수용하면서 극복하는 것을 헤겔은 지양이라고 표현했다. 지양을 통해 새로운 통일이 이루어지며, 부정은 그 과정에서 사라지지 않고 그 속으로 흡수된다.

인간도 변증법을 통해 성장한다. 우리는 처음에 자기 자신을 긍정한다. 즉 '나'라는 상태로 통일되어 있다. 하지만 살다 보면 나 자신이 싫어진다. 자신의 어떤 특성을 부정하게 되는 것이다. 이것이 바로 분열이다. 인간은 자신의 부정적인 면을 지양하면서 더 성숙하고 현명해진다. 우리의 의식은 변증의 과정을 거치면서 더 큰 의식으로 확장된다. 이는 나와 세계가 통일되는 과정이다. 협소했던 의식이 확장되어 세계와 하나가 되는 것이 우리 인생의 여정이다.

그런데 주체는 완벽한 통일성에 이를 수는 없다. 이미 언제나 분열이 있다고 헤겔은 간파했다. 스스로 완성되었다고 여겨지더라도 또다시 부정이 생겨난다. 통일된 삶은 끊임없는 부정과 함께 이루어진다. 이것이 헤겔이 말하는 자유다. 자유를 자각한 인간은 자기에 안주하면서 이전의 자기와 대립하는 것이 아니라 이전의 자기와 화해해서 새로운 상태를 이룬 것이다. 우리는 분열을 매개로 삼아 새로운 긍정에 이를 수 있는 자유의 주체이고, 진리란 완벽하게 통일된 상태가 아니라 주체 내면의 분열을 통일해 나가는 과정 그 자체다.

이렇듯 끝없는 분열과 생성의 운동 전체가 진리이고, 운동을 해 나가는 우리 자신이 진리다. 정신이 주체이자 실체라면 그 정신의 운동이 인생이고 세계이고 현실이고 진리다. 인간이 추구해야 하는 목표는 성취와 업적만이 아니다. 진리에 이르는 여정에는 반드시 실패와 실수가 포함되어 있다. 이 모든 것이 진리의 실현에 필요하다.

주인과 노예

헤겔의 유명한 논의 가운데 '주인과 노예의 투쟁'이 있다. 이를 간략하게 설명하면 이렇다. 자기의식, 곧 내가 운동해 나가는 과정에서 또 다른 나와 대립한다. 자기의식 외부에는 또 다른 자기의식, 타자가 있다. 각자는 자기가 독자적인 존재라고 믿으며 생사를 건 투쟁을 벌인다. 단지 주어진 대로 삶을 살아가는 것이 아니라 독자성을 인정받고자 하는 것이다. 이기는 존재만이 자유를 확증한다. 하지만 타자가 없다면 이 투쟁은 성립하지 않는다. 지는 존재, 즉 상대가 있어야만 자신의 승리와 자유로움을 인정받을 수 있기 때문이다. 상대를 물리치면서도 상대로부터 받는 인정을 보존해야 한다. 이것이 '인정투쟁'이다.

인정투쟁을 통해 자기의식과 사물 형태의 의식이 생겨난다. 한쪽이 자립성을 지닌 주인이라면 다른 쪽은 의존하는 노예다. 이 관계는 나와 타자 사이에서 생겨나기도 하지만 내 안에서도 생겨난다. 내 안의 특정한 의식이 다른 의식을 진압하면 그게 주인이 되고, 패배한 의식은 그에 종속된 노예가 된다.

그런데 시간이 지나면서 변화가 생긴다. 목숨을 걸고 자유를 쟁취한 주인은 노예를 지배하면서 더 이상 부정할 것이 없어진다. 주인은 노예를 통해서만 세상과 관계할 뿐이다. 반면에 노예는 노동을 수행하면서 사물을 가공하며 세계를 만들어 낸다. 주인은 욕망하고 소진한다면 노예는 형성한다. 주인은 노예가 없으면 안 되는 처지가 된다. 목숨을 걸고 싸워 자유를 획득해서 주인이 되었으나 자신의 상태에 부정이 생기면서 노예에게 의존하는 비자발적인 상태가 된다. 목숨을 건지고자 항복해서 살아남은 노예는 노동을 통해 세상을 부정하며 변형하다가 자기를 옥죄던 주인마저 부정하기에 이른다. 이렇게 노예는 변증의 과정에 따라 새로운 통합의 상태로 나아가는 것이다.

헤겔의 주인과 노예 개념은 우리 안의 자기의식과 또 다른 의식의 관계뿐 아니라, 인간 사이의 관계를 생각해도 와닿는다. 주인과 노예는 주인과 노예로 영원히 남지 않고 끊임없이 부정되면서 변화를 맞이한다. 모든 것이 변증의 과정을 겪는다.

인륜의 나라

헤겔은 의미심장한 개념인 '불행한 의식'을 거론했다. 불행한 의식이란 모순된 자기를 자각하는 상태를 가리킨다. 이를테면, 지성인이 되길 바라면서도 휴대전화 속 가십을 하염없이 들여다보면서 시간을 날리는 자신의 상태를 문득 인식하는 것이다. 그러나 이 불행한 의식도 변증의 과정을 거친다. 불행한 현 상태를 부정하면서 끊임없이 넋두리하는 것을 멈추고, 모순을 극복하려 행동에 나선다. 불행한 의식 상태는 나뿐만 아니라 다른 이들도 분열을 겪는다는 것을 인식하면서 더 높은 차원으로 올라간다.

이렇게 모순의 극복을 통해 변하는 일이 모든 사람에게 일어나기를 헤겔은 염원했다. 각자가 분열된 내면을 통합하고, 저마다 통일된 지 유로운 존재가 되어 타인의 자유를 받아들일 때 '인류의 나라'가 들어선다고 예측했다. 이는 객관화된 이성의 의지가 실현된 국가를 가리킨다. 개인이 자립적인 생활 속에서 정신의 통일을 유지하며 나타난 결과로, 모두가 자신의 잠재성을 온전히 실현해서 자유롭게 살아가는 이상화된 사회다.

이상화된 사회에서는 모두가 모두와 연결된다. 헤겔의 분석에 따르면, 우리가 일하면서 애를 쓰는 것은 자기의 욕망 못지않게 타자의 욕망을 충족시키고자 하기 때문이다. 나의 욕망도 타자의 노동을 통해 성취된다. 각자 살아가더라도 우리는 이미 공동의 노동을 수행하고 있다. 헤겔은 사회 전체가 '전체'로 이루어진 '개인의 작품'이라고 규정했다.

이렇듯 우리는 보편 존재로서의 법칙을 안고 살아간다. 하지만 보편성을 실현하지는 못한 상태다. 자신이 남들과 동떨어진 개별자라는 망상 때문이다. 자신을 지배하던 이 착란상태를 자각하고, 개별화된 의식에서 자유로워지는 것이 덕성이다. 타인은 나와 다르지 않다. 다른 사람들도 여러 분열을 거치면서 자유로운 통일을 이루고 있으며, 인간은 사회 안에서 협력하며 타인의 힘으로 살아가는 존재다. 나와 타인 모두 절대정신이 자기를 실현한 진리의 결과물이다. 헤겔이 남긴 말처럼 '만인이 나이고, 내가 만인'이다.

헤겔은 쾌락에 두 가지 종류가 있다고 말했다. 하나는 자기만 즐거운 '경박한 쾌락', 다른 하나는 자기의 탁월한 뜻을 발휘해 인류의 복지를 구현하는 '고매한 쾌락'이다. 고매한 쾌락은 개인의 즐거움인 동시에 만인의 가슴에 가닿는 공동의 쾌락이다. 헤겔의 사상을 통해 세상 전체가 모두 나이고, 내가 세계라는 것을 깨달은 사람들은 경박한 쾌락에서 벗어나 고매한 쾌락을 추구하게 된다. 인류의 나라로 나아가는 것이다.

▸ **헤겔의 핵심 개념**

진리는전체   # 변증법   # 절대정신   # 인정투쟁

주인과노예   # 불행한의식   # 인류의나라   # 고매한쾌락

▸ **더불어 읽으면 좋을 책**

게오르크 빌헬름 프리드리히 헤겔, 『정신현상학』, 임석진 옮김, 한길사, 2005.
찰스 테일러, 『헤겔』, 정대성 옮김, 그린비, 2014.

비트겐슈타인

LUDWIG JOSEF JOHAN WITTGENSTEIN (1889~1951)

신이라 불린 철학자

루트비히 비트겐슈타인은 철학자로서 앞날이 창창했었다. 당대 최고의 지식인이었던 버트런드 러셀은 전통의 천재 모습에 가장 완전히 부합하는 천재라면서 비트겐슈타인을 제자로 삼았다. 우울증에 시달리던 비트겐슈타인은 러셀의 격려를 구원처럼 여겼다. 하지만 러셀이 자신을 이해하지 못한다면서 점차 거세게 비판했다.

비트겐슈타인의 삶에는 죽음이 배어 있었다. 그는 예술가 기질이 다분한 8남매 가운데 막내로 태어났다. 그 역시 절대음감의 소유자였고, 음악에 대한 애정이 남달랐다. 그렇지만 예술성이라는 화사한 햇살은 그의 삶에 과민함과 우울이라는 그늘을 드리웠다. 비트겐슈타인의 첫째 형과 셋째 형은 자살했고, 이어서 둘째 형도 자살한다. 젊은 날에 비트겐슈타인이 추종했던 사상가 바이닝거, 그리고 꼭 만나고 싶었던 물리학자 볼츠만과 예술가 트라클 모두 자살로 유명을 달리했다. 비행기 사고로 애인이 죽었다는 소식이 비트겐슈타인에게 전해진 적도 있다.

비트겐슈타인도 자살 충동에 시달렸다. 내려갈 수 있는 가장 밑바닥까지 가라앉았다고 털어놓는 글도 썼다. 죽고 싶었기 때문일까? 그는 징집에서 면제되었는데도 굳이 1차 세계대전에 자원입대했다. 그리고 최전방 관측소에 보내 달라고 요청해서 최우선 폭격 지점으로 갔다. 심지어 후퇴하라는 명령에도 진지를 지켰다. 비트겐슈타인은 거푸 훈장을 받고 계속 승진했다.

전쟁에서 돌아온 뒤에도 그는 몇 년 동안 군복을 입고 지내는 이상 행동을 보이다가, 참전을 급작스레 결정했던 것처럼 느닷없이 사범학교에 들어가더니 두메산골에 부임했다. 사회성이 부족했던 데다 안고히기까지 했던 비트센슈타인이 교사 생활을 순조롭게 할 리 없었다. 그는 초등학생을 모질게 체벌해 고발당했다.

사직서를 제출한 비트겐슈타인은 사람들의 간곡한 요청에 힘입어 대학교로 돌아갔다. 그가 복귀한다는 소식이 전해지자 환영 인파가 북새통을 이루었다. 경제학자 케인스도 기차역에서 그를 마중하고는 "신이 강림하셨다"고 편지를 남겼다.

비트겐슈타인은 뒤늦게 박사학위를 취득하고자 면접시험을 치렀다. 시험관은 스승이었던 러셀, 그리고 조지 무어였다. 구두 시험을 치르고 난 뒤 비트겐슈타인은 격려하듯 러셀과 무어의 어깨를 가볍게 쳤다. "당신들이 결코 이해하지 못하리라는 것을 알고 있으니 걱정하지 말라"는 말을 하면서 말이다. 당대 최고 철학자들의 어깨를 두드리고 시험장 밖으로 나가는 모습에서 오만함과 당돌함, 그리고 외로움도 묻어난다. 비트겐슈타인은 자신이 철학의 문제를 해결했는데, 사람들이 자신이 전하려는 바를 이해하지 못한다고 푸념했다.

말할 수 없는 것에 대해서는 침묵하라

젊은 날의 비트겐슈타인에 따르면, 기존의 철학에서 제기하는 문제란 언어의 논리를 오해한 결과일 뿐이다. '말할 수 있는 것'은 언어의 논리로 명료하게 말하고, '말할 수 없는 것'에는 침묵해야 한다. 철학이 난해하고 문제를 일으키는 까닭은 말할 수 없는 것에 언어를 사용하기 때문이다. 이러한 주장은 '그림이론'이라고 불린다. 세계와 언어가 그림처럼 대응하기 때문에 언어를 정확하게 서술하면 세계를 올바르게 이해할 수 있으며, 그렇기에 언어의 한계가 곧 세계의 한계라는 것이다.

　다만 언어와 대응하지 않는 것들이 있다. 윤리나 아름다움, 신이나 자아 같은 것들이다. 이에 대한 논의는 무의미하다고 비트겐슈타인은 간주했다. 그렇다고 이것들을 업신여기지는 않았다. 다만 '언어로는 증명할 수 없다'는 것이 그의 입장이었다.

그는 '말할 수 없는 것'을 굳이 증명하려고 언어를 사용하면서 오류로 가득한 무의미한 언어들을 생산하지 말라는 만류를 전하고자 했다. 그것들은 언어로 표현하지 않아도 스스로 드러난다. 비트겐슈타인은 이러한 사상을 담은 책,『논리철학 논고』한 권을 내놓고 두메산골로 훌쩍 떠나 버렸다.

그림이론에서 놀이이론으로

누구나 나이가 들면서 달라진다. 교사로 일하면서 비트겐슈타인은 성장했다. 자기의 철학이 하나의 이론일 뿐이라는 것을 절감했다. 세상 사람들은 언어를 정확하고 명료하게 사용하지 않으며, 엉뚱하게 사용해도 뜻이 통한다. 언어는 단 하나의 뜻만 내포하지 않는다. 그리고 그 뜻은 언어를 둘러싼 맥락에 따라 만들어진다. 비트겐슈타인은 자신의 이론에 중대한 오류가 있다고 인정하고 학계로 돌아와 새로운 탐구에 몰입했다. 자신의 체험과 동료 학자들의 비평을 밑거름으로 삼아 자기 생각을 뜯어고쳤다. 후기 비트겐슈타인의 탄생이다.

전기에는 명제가 대상과 그림처럼 대응하는 가운데 원자처럼 서로 독립되어 있다고 주장했다면, 후기에는 언어의 본질이 사용에 있다는 견해를 내비쳤다. 후기 사상은 '놀이이론'으로 불린다. 비트겐슈타인은 언어에 하나의 공통된 본질이 있는 것이 아니라 놀이처럼 쓰임새에 따라 다른 규칙을 갖는다고 여겼다. 예컨대 놀이라고 부르는 것들은 모두 규칙을 갖는다는 공통점이 있지만, 모든 놀이를 아우르는 규칙은 없다. 판 위에서 하는 놀이, 강강술래, 줄넘기, 술래잡기, 가위바위보, 카드놀이, 공놀이, 격투 등을 아우르는 하나의 정의란 없는 것이다. 그런데 이상에 눈이 멀어 '놀이'라는 낱말의 실제 적용을 똑똑히 보지 못하는 이들도 있다. 이를테면 소꿉장난에는 경쟁 요소가 없기에 완전한 놀이가 아니라면서 '놀이'의 본질을 찾으려 든다.

놀이라 불리는 다양한 행태 안에 공통된 본질은 없지만, 그것들을 '놀이'로 묶을 수 있게 해주는 것이 '가족 유사성'이라고 비트겐슈타인은 주장했다. 가족 구성원들의 생김새나 기질, 걸음걸이나 성향 등등이 조금씩 다르더라도 가족이라는 것을 알아볼 수 있다. 마찬가지로 한 낱말이 어떤 범주에 들어가기 위해서 꼭 가져야 하는 요소가 따로 있는 것은 아니다.

소꿉장난은 놀이가 아니라고 주장하는 사람처럼, 자신의 관념 속에 갇혀서 실제로 벌어지는 현상을 인식하지 못하는 사람들이 있다. 그들은 머릿속으로 추상화된 이상에 딱 들어맞는 것만 찾으려 한다. 현실에서 벌어지는 다양한 현상을 자신의 이상에 따라 재단하고는 진정한 것이 아니라고 오판한다.

코에 걸쳐 있는 안경

이상은 확고부동하게 우리의 사고 속에 자리하고 있으며, 우리는 거기서 빠져나올 수 없다. 비트겐슈타인은 이상을 코에 걸쳐 있는 안경에 빗댔다. 우리는 언어라는 창을 통해 세계를 인식한다. 그러면서도 언어라는 안경을 쓰고 있다는 것을 모른다. 역겹다고 말하면 역겨움이 느껴지는 것처럼, 언어가 발화되면 곧장 감각이 작동된다. 기호와 감각의 결합이 마음에 각인되기 때문에 언어가 실재처럼 작동한다고 비트겐슈타인은 분석했다.

그러나 언어는 수단이지 진리가 담긴 실체가 아니다. 문장을 도구로 간주하라고 비트겐슈타인은 말했다. 문장이라는 도구를 사용하면 뜻이 생겨나는데, 맥락에 따라서 뜻이 아예 딴판이 되기도 한다. 예컨대 "잘됐네"라는 문장만 보면, 무언가 일이 잘 풀렸다는 뜻일 수도 있는 한편 망한 상황을 비꼬는 말일 수도 있다. 언어는 그 자체로 뜻이 고정되어 있지 않다. 사용되는 현실에 따라서 뜻이 달라진다.

비트겐슈타인은 규칙이 당연한 진리로 있기보다는 이정표처럼 해석해야 할 대상으로 있다고 이야기했다. 이정표는 판자 위에 그려진 선분과 모양일 뿐이다. 그것 자체는 아무 의미가 없다. 인간의 이해가 없다면 그것은 판자 위에 그려진 자국일 뿐이다. 모든 기호가 혼자서는 죽은 것으로 보이고, 사용 덕분에 기호에 생명이 생긴다고 비트겐슈타인은 설명했다.

맥락의 이해를 통해 뜻이 전달된다. 규칙에 맞게 딱 떨어지고 적합한 언어 표현을 해야만 상대에게 뜻이 전달되는 것이 아니다. 이를테면, 사랑이라는 낱말을 사용해야만 상대에 대한 나의 마음이 전해지는 것이 아니다. "오늘 하루 어떻게 보냈느냐"
는 다정한 물음이나 "달이 밝아서 생각이 났다"는 연락도 사랑
의 표현이다. 언어에 집착하지 말고 언어가 사용되는 맥락을 이
해할 필요가 있다. 비트겐슈타인은 명령과 수행 사이에 틈이 있
고, 그 틈은 이해로 메워져야 한다고 주장했다.

사자가 말하더라도

명명백백한 논리에 따라 정확히 사용해서 진리를 알아내겠다
는 '이상 언어'에 대한 열망을 비트겐슈타인은 내려놓있다. 그
리고 일상 언어에 주목하기 시작했다. 젊은 날의 비트겐슈타인
은 "오늘 점심은 라면이다"라는 명제가 세계를 그림처럼 묘사
하고 있다고 여겼다. 하지만 후기 비트겐슈타인은 "오늘 점심
은 라면이다"라는 명제가 사람들의 생활양식에 따라 다양하게
이해될 수 있다는 점을 강조했다. 오랜만에 라면 먹을 생각에
들뜬 사람의 환호일 수 있고, 넉넉하지 않은 자기 처지에 대한
자조일 수도 있다. 언어는 삶의 흐름 속에서만 뜻을 갖는다.

언어의 본질은 생활양식 안에서 사용하는 데 있다는 것이 후
기 비트겐슈타인의 사상이다. 타인의 말을 이해한다는 것은 삶
의 형식을 공유한다는 의미다. 예컨대, 유흥업소를 가본 적이 없
는 이들은 "여기 물 좋네"라는 언어가 담고 있는 뜻을 읽어 내지
못할 것이다. 동일한 언어를 사용하더라도 삶의 형식을 공유하

지 않기 때문이다. 이런 맥락에서 비트겐슈타인은 '사자가 말할 수 있더라도 우리는 사자를 이해할 수 없을 것'이라고 주장했다. 사자와 삶의 형식을 공유하지 않으니 말이다.

삶의 형식을 공유하는 사람들 사이에서 언어 자체는 중요하지 않다. 그들은 삶의 형식을 공유하기 때문에 무슨 말을 하더라도 그 맥락을 헤아리면서 이해한다. 우리가 외로움을 느끼는 것은 삶의 형식을 온전히 공유하는 타인이 없어서일지도 모른다. 비트겐슈타인도 자신이 가장 그리워하는 것은 말도 안 되는 말을 장황하게 할 수 있는 상대라고 토로했다.

언어의 논리만으로 구성되는 현실은 없다. 비트겐슈타인이 보기에 학자들은 언어의 관념에 빠진 채 현실과 괴리되어 있었다. 우리는 빠져나오기 어려울 정도로 언어에 사로잡혀 있다. 언어가 무자비하게 반복되고 있기 때문이다. 우리 자신을 돌아보면 머릿속에 언어가 들끓고, 끊임없이 말을 하며 언어에 에워싸여 살아간다. 그렇다고 언어가 현실이 될 수는 없다. 새로운 개념이나 특정한 이론을 배우더라도 현실 자체를 알게 된 것이 아니다. 현실에 대해 고찰한 언어 형식을 따르고 있을 뿐이다.

지식인들이 지식, 존재, 대상, 자아, 명제, 법칙이라는 언어를 통해 세상의 본질을 파악하려고 애쓸 때 비트겐슈타인은 도리어 이런 단어가 늘 그렇게 사용되는지 되짚어야 한다고 비판했다. 비트겐슈타인에 따르면, 낱말들을 형이상학적 사용으로부터 일상적인 사용으로 돌려보내는 것이 우리의 할 일이다.

생각하지 말고, 보라

비트겐슈타인은 현실에 발을 디뎌야 한다고 강조했다. 관념으로 만들어진 빙판 위를 미끄러지듯 빠르게 활강하면서 마치 현실을 파악했다고 착각하지 말라는 것이다. 현실에서 제대로 걸어가려면 마찰이 필요하므로 '거친 대지', 즉 생생한 현실로 되돌아갈 것을 주장했다. 이상 언어로부터 빠져나오려면 '생각하지 말고 보아야 한다'. 언어에 사로잡혀 예전처럼 생각하지 말고 역동하는 현실과 직면하라는 외침이다.

아이가 다쳐서 울부짖을 때 우리는 그 아이에게 고통이라는 언어를 가르친다. 그렇지만 고통이란 두 글자로 이루어진 낱말일 뿐, 그 아이의 현실 자체는 아니다. 언어를 통해 현실을 어느 정도는 묘사할 수 있을지 모르지만 그것이 울부짖는 아이의 상태를 온전히 담아내지는 못한다. 언어에는 한계가 있다.

철학이 일으키는 문제의 원인은 편식이라고 비트겐슈타인은 꼬집었다. 관념에서 벗어나 현실과 부딪쳐야 한다. 광활하고 복잡한 현실 세계를 두루두루 경험해 보면 비트겐슈타인처럼 된다. 진리를 찾았다고 건방지게 구는 비트겐슈타인이 아니라 자신이 중대한 오류를 저질렀다고 인정하는 비트겐슈타인 말이다. 현실은 논리나 이론과는 사뭇 다르게 돌아간다.

비트겐슈타인에 따르면, 우리의 인지 능력이 언어의 한계에 달려가 들이받으면서 생겨나는 뻔한 무의미와 혹들의 발견이 여태껏 잘못된 철학의 결과이다. 우리가 자승자박하는 것을 일목요연하게 보려면 이전의 철학과는 다른, 새로운 철학이 필요하다. 난제의 답을 구하는 것이 아니라 오히려 잘못된 전제로부터 생겨난 문제 자체를 해소하는 것이 철학이어야 한다고 비트겐슈타인은 제안했다. 삶이라는 문제를 한 방에 해결할 수 있다고 우쭐거리는 단 하나의 철학을 신봉할 것이 아니라, 원인 모를 병에 대증치료를 하듯 여러 방법을 통해 문제를 해소하면 된다. 중요한 것은 언어의 규칙 체계를 정화하거나 완전하게 만드는 것이 아니라, 언어를 통해 만들어진 문제에서 완전히 풀려나야 한다는 사실이라고 비트겐슈타인은 강조했다.

우리가 정말 알아야 하는 것은 거창한 개념이나 유행하는 이론이 아니다. 바로 그러한 언어들에 사로잡혀 정작 중요한 것을 인식하지 못하는 나의 상태를 알아채야 한다. 한번 보이면 가장 강력한 것이지만, 그것은 우리 눈에 띄지 않는다. 그러나 '중요한 것'은 언제나 우리와 함께하고 있다. 비트겐슈타인에게 공부란 어쩌면 가장 중요한 것을 보려는 노력이었는지 모른다.

‣ 비트겐슈타인의 핵심 개념

#침묵하라 #그림이론 #놀이이론 #이상언어 #일상언어

#생각하지말고보라 #언어철학

‣ 더불어 읽으면 좋을 책

루트비히 비트겐슈타인, 『논리철학논고』, 이영철 옮김, 책세상, 2020.
루트비히 비트겐슈타인, 『철학적 탐구』, 이영철 옮김, 책세상, 2019.

프로이트
SIGMUND FREUD(1856~1939)

무의식을 밝히다

프로이트는 철학과 사상을 다룰 때 빼놓을 수 없는 인물이다. 인문학계를 통틀어 자주 언급되는 인물을 조사하면 프로이트는 언제나 다섯 손가락 안에 든다. 그는 정신분석학을 창시하면서 인간을 새롭게 들여다보았다. 지구가 우주의 중심이 아니듯 나의 중심은 의식이 아니라고 간파했다. 프로이트는 의식이 인지하지 못하는 무의식이 있다고 세상에 알렸고, 무의식을 본격 탐구했다. 프로이트에 따르면, 정신분석학이란 무의식을 합리적으로 논할 수 있는 과학 체계다.

프로이트의 연구는 인류 사회에 어마어마한 파문을 일으켰다. 그동안 이성을 통해 인간을 설명하려고 했던 사회의 흐름을 뒤집어 놓았다. 나는 의식으로서 존재하지만 의식은 나의 전부가 아니다. 프로이트에 따르면, 내가 좀처럼 인정하지 못하거나 종잡지 못하는 무의식이 우리에게 엄연히 도사리고 있으며 인간은 무의식의 엄청난 영향을 받는다. 인간은 이성으로만 살아가는 존재가 아니다. 이성으로 완벽히 제어되지 않는 비이성의 영역이 바로 무의식이다. 프로이트는 무의식을 비롯해 좀처럼 파악하기 어려운 마음을 연구해서 세상에 소개했다. 프로이트를 통해 자기 자신을 정직하게 들여다보는 창이 열렸다.

프로이트는 인간의 마음을 '원초아'와 '자아' 그리고 '초자아'로 나누었다. 원초아는 원초적 본능의 욕구를 가리킨다. 우리는 자아를 자신과 동일시한 가운데 원초아를 다스리면서 현실에 적응하려고 애쓴다. 그 과정에서 초자아가 개입한다. 초자아는 사회 관념과 도덕교육을 통해 형성된 내 안의 또 다른 나다. 나를 감시하고 비판하는 기능을 수행한다. 인간은 원초아의 충동에 시달리는 데다 초자아의 엄격한 추궁에 압박을 받는다. 원초아가 하려는 걸 모조리 할 수 없고, 초자아의 명령을 철두철미하게 따를 수도 없다. 자아는 원초아와 초자아가 충돌하지 않도록 고뇌하면서 현실에 적응해야 한다. 걸핏하면 우리가 걱정과 불안에 휩싸이는 까닭이다.

프로이트가 창시한 정신분석학이란 내면의 정신 역학이다. 역학이란 힘을 다루는 학문을 뜻한다. 정신분석학은 마음이 힘을 받아 어떤 운동을 하는지를 밝히려는 시도다. 마음 안에서 벌어지는 역동성을 포착하고자 프로이트는 분투했다.

대화로 치료하다

프로이트가 처음부터 정신분석학을 연구하고자 했던 것은 아니다. 그는 젊은 시절 최면에 몰두했고, 최면을 통해 환자들을 치료하려 했다. 하지만 최면 치료를 통해 환자의 증상이 좋아지더라도 그 효과가 오래가지 않았다. 최면술이 통하는 환자도 한정됐다. 프로이트는 최면술을 포기했다. 대신에 '자유연상 기법'을 창안했다. 정신분석학은 이 기법에서 태동한 것이다. '자유연상 기법'이란 환자를 편하게 한 뒤 생각나는 내용을 자유롭게 말하도록 하는 방법을 가리킨다. 프로이트는 환자 자신이 보기에 별로 중요하지 않은 것 같더라도 일단 떠오른 생각이면 무엇이든 말할 수 있도록 자유롭고 우호적인 분위기를 조성했다. 환자가 생각을 충분히 표현한 뒤, 상담가는 환자의 말을 헤아려서 환자가 인식하지 못하는 바를 인식하도록 도왔다. 프로이트의 자유연상 기법은 좋은 효과를 일으켰다.

프로이트의 방법은 대화 치료라고도 불린다. 사실, 대화 치료는 인류사에서 오랫동안 자연스레 사용되어 온 치료술이다. 답답한 일이 있을 때 미더운 친구를 만나 허심탄회하게 속사정을 꺼내면 기분이 나아진다. 끙끙거리던 일을 누군가에게 털어놓으면 한결 마음이 가벼워진다. 다른 사람들과 대화할 수 없는 이야기라면 대나무숲에다 대고 "임금님 귀는 당나귀 귀!"라고 외치기라도 해야 편안함을 느낄 정도다.

물론 그렇다고 문제가 몽땅 해소되지는 않는다. 대화한다고 해서 치료 효과가 언제나 발생하지는 않을뿐더러 우리에게는 언어로 표현하기 어려운 것들도 잔뜩 있다. 내면에는 좀처럼 남들에게 알릴 수 없는 욕망과 기억이 있다. 떠오르는 내용을 자유롭게 말하려고 해도 차마 입 밖으로 꺼낼 수 없는 고통, 즉 억압된 무언가가 있는 것이다.

프로이트는 환자들과 대화 치료를 하다가 어떤 사건이나 체험에서 생긴 감정이 무의식 깊숙이 묻혀 밖으로 나오지 못하는 현상을 목격했다. 이것이 '억압'이다. 억압은 무의식중에 일어나는 자기방어 중 하나다. 자기방어란 자신을 압도하는 불안으로부터 자신을 보호하도록 작용하는 무의식 반응으로, 억압이나 동일시, 부인, 투사, 합리화, 퇴행 등을 이른다.

프로이트는 자기방어가 발생하는 지점에 개입해서 마음의 문제를 해소하려고 했다. 정신분석가의 진단을 통해 환자는 그동안 인식하지 못했던 무의식의 작용을 직면한다. 그동안 어둠에 가려져 있던 무의식의 문제가 의식의 빛 아래에 드러나고, 도저히 견딜 수 없었던 것들을 조금씩 견딜 수 있게 된다. 이렇게 자기방어가 사라지면 응어리가 풀리는 것이다.

정신분석은 자유연상 기법과 상담가의 도움을 통해 환자가 거부하고 억눌러 온 강력한 감정의 기운을 풀어 주려고 했다. 억압에서 풀려나면 무의식 속 이물질처럼 존재하고 있었던 기억과 경험, 감정이 내면에서 알맞은 위치를 차지한다. 이런 과정을 거쳐서 내면이 통합된 사람은 차마 꺼내 보일 수 없었던 것을 담담하게 말할 수 있게 된다. 그렇게 치유가 이루어지는 것이다. 억압에서 해방된 사람은 말과 행동이 이전과 달라진다. 타인을 대할 때 더 진솔해지고, 저 자신도 더욱 편안히 대한다.

성이라는 에너지

프로이트는 무의식의 문제 가운데 상당수가 성(性)과 관련되어 있다고 밝혀 냈다. 그가 살던 시대에는 위선이 득시글댔다. 성에 대해 다들 쉬쉬하며 얌선한 고양이처럼 굴다가도 디들 부뚜막에 먼저 올라가려고 발버둥 쳤다. 그러니 억압과 저항은 더욱 옴팡지게 생겨났다. 성은 자연스러운 본능이고 충동인데 사회에서 성을 금기시하니, 사람들은 예의범절을 따르는 동시에 어쩔 수 없이 강박적으로 성에 집착한다. 이런 식으로 일어나는 분열은 정신 건강에 무척 해롭다.

　프로이트는 사람들의 건강을 해치는 시대와 정면 대결을 했다. 성과 관련된 일이 조금만 생겨도 호들갑을 떨던 시대였지만 프로이트는 성을 본격적으로 거론했다. 난리가 나지 않을 수 없었다. 사람들의 멸시와 오해를 무릅쓰고 꿋꿋이 연구한 프로이트 덕분에 오랫동안 그늘이 드리워 있던 성의 영역으로 햇살이 비치기 시작했다. 프로이트가 상당량의 땔감을 장만한 덕에 20세기 중후반에는 성 혁명이라는 불길이 활활 타올랐다. 현대인이 누리는 자유로운 연애와 성생활을 프로이트가 의도치 않게 뒷바라지한 셈이다.

생명체는 생존과 번식에 대한 본능이 있을 수밖에 없고, 우리 모두는 생식 행위를 통해 생겨난 생명체다. 따라서 생존본능 만큼이나 성욕도 강렬하다. 그런데 인간 사회를 둘러보면 자연의 본능을 문화에서 적절하게 받아 내지 못하고 그저 짓누르려고 한다. 그럼 위선자와 아픈 사람들을 양산할 수밖에 없다. 그런 증세 가운데 대표적인 것이 히스테리라고 진단되는, 정신적 원인으로 발생하는 제어 불능의 흥분 상태이다. 프로이트 시대에는 히스테리 환자들이 차고 넘쳐 났다.

프로이트는 모든 사람은 아기일 때부터 성욕을 갖는다고 과감히 선언했다. 성욕은 인간에게 주요한 동기이자 에너지다. 많은 것들이 성에 기초한 에너지를 통해 이루어진다. 프로이트에 따르면, 누군가가 운동이나 공부를 열심히 하는 동기의 밑바탕에도 성이 자리하고 있다. 열심히 공부해서 높은 지위를 차지하고, 운동으로 신체의 매력을 가꿔서 나중에 누군가를 만나 성욕을 충족하려는 것이다. 프로이트의 눈에는 인간사 대부분의 행동이 성욕에서 파생하는 것으로 비쳤다. 물론 이러한 행동을 하게 만든 욕망은 무의식에서 작용하기 때문에, 자아는 자신을 움직이게 하는 원동력을 부인하거나 이해하지 못할 수 있다.

프로이트는 성 에너지에 '리비도'라는 이름을 붙였다. 리비도라는 연료를 통해 인간은 한 생애를 내달린다. 내 안에서 작동하는 리비도가 어떤 영향을 미쳤는지 알아차릴 때, 우리는 자기 자신을 한층 깊숙이 이해하게 된다.

왜 담배를 피우는가

프로이트의 이론에 따르면, 인간은 리비도의 이동에 따라 쾌감을 추구하는 신체 부위가 바뀌는 성장 과정을 거친다. 리비도를 통해 유아의 발달 단계가 형성된다. 구강기, 항문기, 남근기, 잠재기, 성욕기는 프로이트가 주장한 발달 단계들이다.

구강기와 항문기와 남근기는 각각 구강과 항문과 성기에 집착하는 단계이고, 잠재기와 성욕기는 자신의 신체 부위가 아니라 타인과 관계를 통해 만족을 추구하는 단계이다. 우리는 자기 몸에서 쾌감을 느끼던 아이에서 타인과 관계하면서 만족하는 성인으로 자란다는 것이다.

물론 성인으로 자랐다고 해서 어릴 때 느낀 신체 부위의 쾌감을 잊는 것은 아니다. 많은 이들이 어른이 되어서도 어린 시절의 쾌감을 약간 변형해서 느끼려 한다. 프로이트에게도 그런 습성이 있었다. 엄마의 젖꼭지뿐 아니라 모든 것을 입에 가져다 물고 빨려고 하는 아기처럼 프로이트도 항상 담배를 물고 살았다. 오죽하면 기자가 찾아와 프로이트 당신은 구강기 시절의 충동에서 벗어나지 못했기 때문에 담배를 피우는 것 아니냐고 질문할 정도였다. 프로이트는 자신에게 구강기 시절의 특성이 있다고 인정했고, 담배를 끊지 못하는 이유를 구강기 시절의 경험 때문이라고 설명했다.

프로이트의 논리는 얼핏 설득력 있는 분석 같지만, 담배 중독을 스스로 합리화하는 답변이기도 하다. 무엇인가를 물고 있고 싶다면 막대 사탕을 빨아도 될 텐데 굳이 담배를 피웠던 것은 담배가 연소하며 발생하는 화학 성분에 중독된 탓이다.

프로이트의 삶에서 중독은 자주 일어났다. 그는 아편에 중독된 친구에게 코카인을 권한 뒤 아편 중독이 조금 완화되자 코카인을 선전해서 판매했다. 그렇지만 친구는 아편에서 벗어나기는커녕 아편에 이어 코카인에까지 중독되어 사망했다. 프로이트 자신도 담배를 끊으려고 코카인을 섭취했다가 담배와 코카인 모두에 중독되었다. 아직 담배의 해로움이 알려지지 않았던 시대라 프로이트는 코카인 복용만을 중단하고, 평생 골초로 살다가 구강암에 걸리고 말았다.

프로이트는 16년 동안 서른두 차례의 수술을 받으면서 죽도록 고생했다. 막판에는 너무 고통스러운 나머지 존엄사를 택했다. 그는 이틀 연속으로 모르핀을 투약받고는 세상을 떠났다.

신화가 된 프로이트

프로이트는 한평생 환자들을 치료하려고 노력했고, 고통받는 인류에게 도움이 되려고 연구에 매진했다. 프로이트 또한 과민한 불안과 우울증에 시달리던 신경증 환자였다. 불안과 우울을 해소하고자 담배를 입에서 떼지 못했다. 그는 자신의 문제를 들여다보고자 스스로 정신분석을 했고, 자신에 대한 관찰을 토대로 이론을 세웠다. 그 대표 사례가 '오이디푸스 콤플렉스'다.

오이디푸스 콤플렉스란 인간이 어렸을 때 아버지를 적대하면서 어머니에게 애착하는 심리를 가리킨다. 오이디푸스 콤플렉스에서 벗어나야 성숙한다는 주장이다. 그럴듯해 보여도 자세히 살피면 허술한 이론인데, 20세기에는 이 개념이 대단한 법칙인 것처럼 삽시간에 전 세계를 덮어 버렸다. 최근에는 오이디푸스 콤플렉스를 비롯한 프로이트의 이론은 인정받지 못하고 있다. 과학자와 임상의학자들 가운데 프로이트를 높게 평가하는 사람은 찾아보기 어렵다. 프로이트 이론은 실험으로 검증되지 않을 뿐 아니라 치료 효과의 편차가 크기 때문에, 정신분석학을 엄밀한 과학이라고 할 수 없다는 것이 중론이다.

하지만 프로이트의 시도 자체는 과학의 정신에 부합한다. 프로이트는 경험으로 관찰된 사실을 일관된 가설로 설명하려고 시도했고, 자신이 세운 가설이 현실을 설명하지 못할 땐 과감하게 이론을 수정했다. 프로이트는 과거의 영광에 사로잡히지 않고 죽을 때까지 인간의 정신을 밝히고자 새로운 이론과 개념을 고안해 냈다. 프로이트는 정신분석학이라는 잠수함을 만들어 낸 발명가다. 그 잠수함을 타고 여태껏 좀처럼 접근되지 않았던 무의식이라는 심해를 탐사했다. 프로이트를 통해 자기 내면을 탐방하면 그동안 몰랐던 내 마음속 심해를 알게 된다. 프로이트 잠수함에 탑승해 본 적 있는 사람이라면 누구나 그를 경탄한다.

요즘에도 정신분석학을 배우는 이들이 많다. 모든 책이 마찬가지지만, 프로이트 책을 오류가 없는 경전으로 읽어서는 곤란하다. 그의 책은 인문학 고전으로 읽으면 좋다. 프로이트가 자기 이론을 끊임없이 갱신했듯 프로이트를 계승하는 정신분석가들도 그의 이론을 일정 부분 버리거나 고쳐서 사용한다.

프로이트의 위상이 떨어졌더라도 프로이트의 영향력은 앞으로도 이어질 것이다. 프로이트는 인류사에 한 획을 그은 거장이다. 그의 발자취를 말끔히 지우기란 불가능하다. 프로이트는 우리 모두 그러하듯 빛과 그늘을 모두 가졌던 인물이었고, 그의 영향에도 빛과 그늘이 다 있다.

프로이트는 신화 속 인물처럼 되었고, 우리는 프로이트 신화가 아직 영향력을 발휘하는 시대를 살아가고 있다. 비트겐슈타인은 프로이트를 이렇게 평가했다. 그는 새로운 신화를 창조했고, 프로이트 사상의 매력은 실제 신화의 매력과 닮아 있다고.

‣ **프로이트의 핵심 개념**

#정신분석학 #무의식 #원초아 #초자아

#자유연상 #대화치료 #리비도

‣ **더불어 읽으면 좋을 책**

지그문트 프로이트, 『그 사람 모세와 일신론적 종교』, 변학수 옮김, 그린비, 2020.
지그문트 프로이트, 『정신분석 강의』, 홍혜경·임홍빈 옮김, 열린책들, 2004.

프롬

ERICH FROMM(1900~1980)

마르크스와 프로이트를 섞다

20세기에는 마르크스와 프로이트라는 거대한 바람이 세계를
강타했다. 자연스레 마르크스와 프로이트를 섞으려는 움직임
이 생겨났다. 사실 이 둘의 이론은 별로 어울리지 않는다. 마르
크스가 물질의 생산력을 바탕으로 전개되는 인류 사회의 구조
를 분석했다면 프로이트는 정신세계의 구조와 역동성을 탐색
했다. 둘의 관심사나 연구 방법은 사뭇 다르다. 그래도 둘은 인
간에 대한 이해를 송두리째 바꿔 놓았다는 공통점이 있었다. 마
르크스와 프로이트의 사상을 합쳐서 단점은 보완하고 장점은
강화하려는 사람들이 등장했다. 이들은 독일에서 활동하였기
에 '프랑크푸르트학파'라고 불렸다.

에리히 프롬도 여기에 합류했다. 그는 베를린에서 정신분석

상담소를 운영하면서도 프랑크푸르트 사회연구소와도 긴밀하게 왕래했다. 베를린과 프랑크푸르트 사이의 거리는 545.5킬로미터다. 서울에서 부산까지의 거리에다 서울에서 대전까지 거리를 합친 거리다. 초고속 열차가 없던 시절이었으나, 성장하려는 프롬의 의지를 먼 거리가 가로막지는 못했다.

프롬은 사회심리학자이자 정신분석가, 의사이자 철학자로서 다방면으로 의욕 넘치게 활동했다. 종교를 연구하면서 의식 수준의 변화를 추구했고, 영감을 주는 글도 많이 썼다. 이를테면, 성숙이란 부모로부터 자신을 해방하려는 노력을 통해 이뤄진다는 글도 남겼다. 자기 삶을 스스로 결정하지 않는다면 나이가 들었다고 해도 어른이 되는 것은 아니다. 자유로워지려고 애쓰지 않는 사람에게 독립을 향한 길은 열리지 않는다. 프롬은 자유롭고 성숙한 사람이 되라며 사람들에게 용기와 지혜를 불어넣었다.

인문학계를 은하수에 비유한다면, 수많은 학자는 은하수를 이루는 별이라고 할 수 있다. 그 가운데 프롬은 정다운 별이다. 학자들 사이에서 인정받고자 난해한 용어를 늘어놓던 관행에서 벗어나 대중을 몸소 상대했다. 그는 엄청난 부수의 책을 판매한 대중작가였다. 인문학 세계에 들어서는 초보자에게 프롬은 푸근한 길라잡이 노릇을 한다.

시대와 사회의 영향력

프롬은 정신분석가로서 인간의 마음과 성격을 연구하는 가운데 사회의 영향을 중시했다. 우리는 외떨어져서 혼자 사는 것이 아니라 특정한 사회 안에서 살아간다. 사회와 떼려야 뗄 수 없다. 자신을 잘 알려면 사회를 들여다봐야 한다.

프롬은 독일 사회를 연구하여 가부장의 권위가 권위주의 사회를 만든다고 주장했다. 가부장에게 억압당하는 일이 일상화된 사람들은 권력의 명령에 복종하는 데 익숙하다. 권위에 복종하는 것이 습관처럼 되었기 때문이다. 그런데 이런 복종은 복종자의 내면에 일그러진 폭력성을 만든다. 권력자에게 복종하던 사람은 자신보다 약한 사람들을 야멸차게 공격하고, 자신의 공격을 정당화한다. 자신보다 위에 있는 사람은 추앙하면서 스스럼없이 복종하고, 아래에 있는 사람은 경멸하며 서슴없이 폭력을 가한다. 강한 자에게 약하고 약한 자에게 강한 이중성이 성격처럼 되어 버린다.

프롬은 권위주의가 만연한 가정과 사회가 바뀐다면 사람들의 비굴한 이중성도 줄어들 것이라 내다보았다. 인간의 악덕은 타고난 결점이라기보다는 성장 환경과 사회 조건에서 생겨난 결과물에 가깝고, 한 사람의 성격은 자신이 살아가는 사회의 성격을 반영한다는 것이 프롬의 연구 성과였다. 프롬은 인간이 달라질 수 있다는 가능성을 믿었으며, 개인의 노력뿐 아니라 사회

개혁이 함께 이루어져야 인간의 성격이 바뀔 수 있다고 여겼다.

　사회성을 타고나는 인간은 자신이 살아가는 사회에 적응한다. 타인을 경계하고 경쟁해서 이기라는 압박이 가해지는 사회라면, 자기 이익을 위해 물불 가리지 않는 성격이 만연해질 것이다. 반대로 서로를 챙기고 돌보려는 사회라면 태평하고 다정한 성격이 많아질 것이다. 프롬에 따르면, 나 자신을 온전히 이해한다는 것은 내게 작용했던 사회의 영향력을 파악한다는 뜻이다. 나를 돌아보면 내가 살아 온, 나를 둘러싼 사회가 보인다. 그것을 헤아리면서 인간은 성숙해지고 지혜로워진다. 지혜란 곧 자유의 다른 이름이다.

자유로부터 도피

권위주의가 만연했던 독일에서 사람들은 지혜롭지 못했고, 자유롭지 않았다. 사람들은 히틀러에게서 어릴 때부터 익숙했던 가부장의 모습을 발견했다. 무섭지만 강력하게 집안을 휘어잡던 가부장처럼 히틀러가 무질서한 사회를 확 휘어잡아 주길 원했다. 당시 독일은 1차 세계대전에서 패한 뒤 엄청난 배상금을 물어야 해서 경제 사정이 처참한 데다, 사건과 사고가 들끓어 혼란이 극심했다.

　프롬에 따르면 인간은 성장하지 못하거나 자아실현이 방해받을 때 위기 상태에 처한다. 위기에 빠진 사람은 공격성이 강해지거나 권위주의에 복종하려고 든다. 프롬은 독일 사회가 위기를 맞자 사람들이 자신의 자유를 부정했던 것을 그 예로 들었다. 사람들은 자유로부터 자유롭기 위해 나치를 지지했다. 자신에게 주어진 자유를 제대로 발휘하지 못하면 인간성의 씨앗은 제대로 여물 수 없다. 인간성이 온전히 개화하지 못할 때 삶은 파탄이 나고, 이런 사람들이 늘어나면 민주주의도 무너진다.

인류는 오랜 시간 자유를 열망하며 투쟁했다. 그런데 막상 자유가 주어지면 그것을 감당하기 버거워한다. 프롬은 사람들이 자유가 선사하는 불안으로부터 도망친다고 진단했다. 현대 사회의 자유란 경쟁에서 살아남는 자유다. 자본주의 사회에서 자본 없이 자유를 누리기는 쉽지 않다. 자유로운 만큼 삶에 대한 책임 역시 스스로 져야 한다. 힘겨운 경쟁 속에서 사람들은 고독하고 불안하다. 자유는 곧 벗어나고 싶은 고독, 불안이 된다. 차라리 자유가 없는 것이 낫겠다며 권력자에 복종하기도 한다.

자유의 불안을 느끼지 않으려는 태도는 과거 신분 사회로 돌아가려는 퇴행과 유사하다고 프롬은 콕 집어 얘기했다. 위계가 분명한 사회에서는 딱 자기 할 일만 하면 된다. 퍼지배층이라면 사회문제를 생각하지 않아도 되고, 그저 주어진 일만 하더라도 먹고 살 수 있다. 자유가 주는 불안을 느끼지 않아도 된다. 신분이 사라지고 모두가 평등한 현대 사회에서는 자유를 발휘해서 자기 삶을 스스로 책임져야 한다. 적잖은 사람들이 이런 자유를 버거워한다. 그들이 강자를 자기 위에 두면서 편안한 복종을 추구한다는 것이 프롬의 분석이었다.

게다가 조금 비겁하더라도 복종하기만 하면 일종의 이익을 얻는다. 강자로부터 보호를 받을 수도 있고, 강자와 같은 편이라는 위안이 생기기도 한다. 복종은 전염된다. 권위주의에 복종하는 사람들은 스스로 권위주의에 사로잡힌 채 주변 사람들을 자신에게 복종하도록 만든다. 당시 독일 사람들 마음속에 히틀러가 있었기에 실제로 히틀러가 권력을 잡을 수 있었던 것이다.

위기는 자기 자신을 실현하지 못할 때 닥치므로, 좋은 사회라면 사람들이 자기답게 살 수 있도록 지원해야 한다. 위기를 맞은 사람이 자유를 포기하려는 마음을 다잡으면서 인간성의 씨앗을 틔워 내길 바라는 건 어쩌면 한겨울에 꽃이 피어나길 바라는 일과 비슷하다. 한 개인의 눈물겨운 분투를 기대하기보다는 사람들이 위기에 빠지지 않도록 사회체제를 갖추는 것이 중요하다. 권위주의에 복종하려는 습성에 빠져들지 않으려면 인간의 자유와 성장을 바라는 가치관을 우리가 지켜 나가는 가운데, 사회가 우리를 도울 수 있도록 여러 제도를 마련해야 한다는 것이 프롬의 주장이었다.

사랑을 배우라

프롬은 팔방미인이었다. 그는 정치사회 이론만 고안하지 않았다. 누구나 알고자 발을 동동 구르지만 지식인들은 좀처럼 다루지 않은 주제를 탐구했다. 바로 사랑이다. 외로운 사람에게 사랑이란 어둑한 일상에 스며드는 한 줄기 감미로운 햇살이다. 프롬이 보기에 인간의 가장 절실한 욕구는 외로움의 감옥을 떠나려는 욕구였다. 살아 있다면 누구나 외로움의 감옥에서 빠져나와 어떻게든 타인과 결합하고 싶은 절절한 욕구를 체험할 수밖에 없다. 프롬의 책은 외로운 사람들을 인도하는 한밤의 등대였다. 수많은 사람이 책에 밑줄을 그으며 외로운 밤을 넘겼다.

이 외로움은 앞서 말한 자유와도 깊게 연결되어 있다. 사람들은 자유로운 만큼 외로움을 절감한다. 술을 마시거나 타인과 어울려 봐도 외로움은 쉽사리 수그러들지 않고 고통과 불안을 일으킨다. 외로움을 극복하는 진정한 방법은 사랑이다. 사랑을 통해 자기 자신을 넘어 타인과 융합할 수 있다.

그런데 사랑은 희한하다. 프롬의 말마따나 엄청난 희망과 기대 속에서 시작되었다가 반드시 실패로 끝나고 말기 때문이다. 실패를 통해서 성장하기도 하지만, 많은 사람들이 기대와 실패 사이를 왕복하기만 한다. 사랑에 실패해서 눈물 흘린 적이 있는 사람이라면 프롬의 지적에 화들짝 놀라지 않을 수 없다. 이번에는 다를 것이라는 희망에서 시작했다가 어김없이 실패하는 자신의 모습을 프롬 덕분에 직면하게 된다.

흔히들 사랑은 누구를 만날지 선택하는 문제라고 여긴다. 프롬은 이러한 통념을 반박했다. 사랑이란 자신의 '사랑하는 능력'에 좌우된다는 것이다. 사랑에 실패했다면 이상한 사람을 만났기 때문이 아니라 '사랑하는 능력'이 부족했기 때문은 아닌지 성찰해야 한다. 프롬은 사람들을 그저 붙여 놓는다고 사랑이 저절로 이루어지지는 않으니 사랑을 익히고 배우라고 충고했다.

프롬도 한평생 사랑을 열심히 했다. 정신과 의사였던 첫 번째 아내와 별거하다가 이혼한 뒤, 사진작가와 재혼했다. 그런데 두 번째 아내가 나치 독일에서 탈출하다가 질병을 얻었고, 격심한 통증으로 우울증에 걸렸다. 프롬은 직장과 거주지를 멕시코로 옮겨 가며 아내의 치료에 발 벗고 나섰으나 결국 세상을 떠나고 말았다. 프롬은 후학을 양성하면서 아내의 죽음을 견뎠다.

상심한 프롬을 위로해 주던 사업가가 있었다. 편지를 주고받던 그 둘은 사귀기 시작했고 몇 달 만에 결혼까지 했다. 프롬의 세 번째 결혼이었다. 프롬은 절망에서 벗어나 결혼 생활을 통해 안정감을 얻고는 사랑을 주제로 작업했다. 그 산물이 『사랑의 기술』이다. 이기심에서 벗어나 한 사람을 온전히 존중하면서 사랑하고, 끝내 자아도취에서 벗어나 인류애로 나아가자는 메시지에 세상 사람들은 감동했다. 여전히 그의 책은 전 세계에서 꾸준히 사랑받고 있다.

프롬은 우리에게 이런 교훈을 주고자 했다. 우리가 겪는 모든 고난에 대한 단 하나의 만족할 만한 해답은 사랑이라고. 사랑의 본질은 받는 것이 아니라 주는 것이라고. 사랑을 받으리란 아무런 보증 없이, 자신의 사랑을 받는 사람에게서 사랑이 생겨나리라는 희망에 자신을 완전히 내맡기라고.

건전한 인간을 위한 건전한 사회

프롬은 시대의 고통에 응답하며 말년을 보냈다. 베트남전을 반대했고, 핵무기를 우려했다. 그 와중에 고통받는 현대인의 마음에 주목하면서 새로운 탈출구를 모색했다. 프롬의 눈에 비친 현대인은 온갖 물질을 소비하고 소유하는 데 집착하며 인생을 허무하게 탕진하고 있었다. 권력이 만든 질서에 순응한 채 자신의 존재와 삶의 이유도 모르는 혼란과 방황이 현대인을 지배했다.

많은 사람이 불행하다. 가진 것이 많아지는데 결핍감은 줄어들지 않는다. 바닷물을 마시는 것처럼 마음의 갈증은 더 심해지고, 삶의 여유와 행복도 가물가물해진다. 늘 초조하다. 더 많은 것을 갖고 싶다는 욕망이 인생을 불태운다. 욕망의 노예가 되어 스스로를 옥죄고 다그친다. 프롬은 상당수 현대인이 자기 자신의 노예이자 감독이라고 지적했다.

욕망의 노예란 자의식의 노예라는 뜻이기도 하다. 현대인 가운데 상당수가 자아도취되어 자기 욕망에만 몰두한다. 이대로 가면 지구가 끝장나리라는 것을 많은 이들이 알지만 기존의 소비 방식을 고수한다. 부를 소유하고 누린다기보다는 소유라는 덫에 걸려서 몸부림치는 것이다. 소유에 집착하면 삶은 공허하고 외롭다. 그럴수록 더 많이 소유함으로써 그것을 채우려고 한다. 악순환이다.

프롬은 '소유냐 존재냐'라는 화두를 던졌다. 남들보다 더 많이 소유하며 흥청망청 사는 길과 자기답게 살아가는 길을 제시했다. 소유를 추구하면 우리 자신은 소외되고 공허와 외로움은 죽을 때까지 이어진다. 존재를 추구하면 충만하고 자유로운 인생이 빚어진다. 존재의 욕구란 자기 자신답게 살려는 인간 본연의 바람이며, 이를 추구하면 욕심에 휘둘리지 않고 자의식으로부터 해방된 채 평온한 마음으로 세계와 조화를 이룬다. 하루하루 기쁨에 차서 능력을 발휘하는 삶은 뜬구름 같은 얘기가 아니다. 존재를 추구하는 사람이라면 누구나 다다를 수 있다.

현대 사회는 가진 것으로 자신의 가치를 증명하라고 압박해 소유욕을 부추기는 소비사회다. 이 안에서 살기에 우리는 온갖 기후 재앙에도 불구하고 소비를 자연스럽고 당연하게 여긴다. 소비사회는 인간의 마음을 파리하게 하며 몸집을 불렸다. 인류가 살아남으려면 인간 정신의 근본에 변화가 필요하다. 프롬은 사회 변화를 통해 사람들이 존재를 추구하며 살기를 절실히 바랐다. 그는 소비사회를 살아가는 우리에게 "건전한 인간을 위한 건전한 사회를 만들라"는 마지막 당부를 남겼다.

▸ 프롬의 핵심 개념

프랑크푸르트학파 # 사회심리학 # 권위주의

자유로부터도피 # 사랑의기술 # 소유냐존재냐

▸ 더불어 읽으면 좋을 책

에리히 프롬, 『사랑의 기술』, 황문수 옮김, 문예출판사, 2019.
에리히 프롬, 『소유냐 존재냐』, 차경아 옮김, 까치, 2020.

레비스트로스

CLAUDE LÉVI-STRAUSS (1908~2009)

서구 문명을 비판한 인류학자

영화사에 한 획을 그은 「아바타」는 전 세계 흥행 순위 역대 1위에 올라 있는 명작이다. 「아바타」는 인류가 외계에 거주하는 나비 종족과 만나서 벌어지는 상황을 담아낸 공상과학 영화다. 인간은 과학기술을 갖추지 않은 나비 종족을 깔본다. 하지만 나비 종족은 자신들만의 놀라운 문명을 지니고 있다. 주인공은 나비 종족의 정신세계에 감탄하고 나비 종족에 가담한다. 그리고 인간의 침략에 맞서 싸운다.

영화 「아바타」에서 우리는 클로드 레비스트로스의 사상을 발견할 수 있다. 레비스트로스는 서구 문명의 오만을 비판한 프랑스 인류학자다. 그는 자신들의 문명이 세계의 최첨단이고, 인류사회 전체가 자신들처럼 되어야 한다고 믿어 의심치 않았던 서구인들의 편견을 깨뜨렸다. 지구인에 견주어 열등하다고 무시하던 나비 종족이 높은 수준의 정신세계를 지녔듯, 레비스트로스는 서구 문명이 신봉하는 과학기술이 없더라도 지구 곳곳의 사회들이 자신들만의 문명 체계를 가졌다고 주장했다.

우리의 고정관념과 달리 원시 부족의 문화는 미개하지 않다. 문명마다 나름의 합리성이 있다. 레비스트로스는 문화 상대주의와 문화 다원주의를 제시했다. 식인 풍습조차도 종교 차원의 문화 현상이므로 쉽사리 야만적이라고 매도하기보다는 도리어 서구 문명이 저지르는 대량 학살과 잔인성을 상기하라고 역설했다. 레비스트로스는 서구 사회의 우월성에 이의를 제기하며, 세계 각지에서 번영한 원주민들의 민속 문화를 알렸다. 레비스트로스의 사상은 과연 현대 문명이 진보했는지 돌아보게 만드는, 겸손과 성찰의 거울이다.

한국은 서구를 본받으면서 근대화를 겪었다. 이러한 변화를 진보라고 믿으며 살아가고 있다. 하지만 서구를 모방하는 것이 진보인지 진지하게 돌이켜 보아야 한다. 우리는 지금의 우리를 정당화하는 데 익숙하다. 현재 상황은 과거보다 더 발전했고, 과거에는 가난하며 어리석었다고 여긴다. 우리는 지금의 상황을 과대평가한다.

현대 문명은 편리함을 선사했으나 엄청난 부작용을 일으키고 있다. 우리는 하늘에서 별을 볼 수 없고 물을 사 먹어야 하며, 공기도 매캐하여 수시로 마스크를 써야 한다. 바다는 쓰레기로 가득하고 먹을거리도 오염되었다. 이상기후와 자연재해가 해마다 발생하는 데다가 핵무기가 언제든 인류를 멸망시킬 수 있는 상황이다. 오늘날 전 세계에서 펼쳐지는 재앙은 현대 문명의 결과다. 병든 육신이 고름을 축적하듯, 지구에서는 인류가 그런 상황을 꾸준히 만들고 있다고 레비스트로스는 탄식했다.

레비스트로스는 젊은 시절에 인도부터 남미까지 여러 지역을 돌아다녔고, 여행한 지역들이 현대 문명에 의해 파괴되는 것을 보면서 가슴 아파했다. 레비스트로스에 따르면, 여행을 통해 우리가 맨 먼저 마주치는 것은 우리 자신의 오물이다.

손재주꾼과 토테미즘

우리는 현대 사회에서 살아가므로 현대 사회의 생활방식을 당연하게 여긴다. 하지만 지금과 다른 문화 속에서 살 수도 있다. 인류가 지구에 등장한 뒤에 지구에 존재했던 사회는 몇 만에서 몇십 만에 이를 것이라고 추정된다. 흥망성쇠를 겪어 온 수많은 사회가 주변 환경에 적응했고, 자랑할 만한 특징을 가졌다. 윤리와 도덕의 가치가 있었고, 나름의 사회체제도 갖추고 있었다. 현대 사회와 그리 다르지 않았다. 레비스트로스는 완전한 사회란 없으며, 각 사회는 자신들이 주장하는 규범들과 양립할 수 없는 어떤 불순물을 그 자체 내에 지니고 있다고 보았다.

어디에서 태어나든 세계는 인간의 욕구를 충족시켜 주는 수

단인 동시에 사고의 대상이다. 우리는 자신이 속한 세계에 적응하기에 그 방식이 옳다고 믿으며 살게 된다. 어느 사회에서나 사람들은 자신의 사고방식이 객관성을 띠고 있다고 과대평가하는 경향이 있다. 우리는 타자가 그저 본능과 이익을 위해서만 움직일 거라 어림짐작하는데, 타자도 우리를 그렇게 판단한다.

레비스트로스는 원시 부족이 동물 상태에서 겨우 벗어나 그저 생존에 급급한 채 욕구와 본능에 사로잡혀 있다는 편견에 반박했다. 그에 따르면, 원시 부족들이 얼굴에 새긴 문신은 미개한 행위가 아니라 동물로부터 문명화된 인간으로의 이행을 나타내는 경계선이다. 문신은 인간으로서의 존엄을 부여한다. 이런 안면 도식은 모두 비슷해 보이지만 사회 지위에 따라 다른 양식으로 구성된다. 이성의 작동으로 나타난 결과물이다.

우리가 현재 주어진 환경 안에서 살아가듯 원시 부족도 자신들의 환경과 여건 속에서 지성을 발휘하며 산다. 레비스트로스는 손재주꾼을 예로 들었다. 손재주꾼이란 자신에게 주어진 어떤 것을 사용해 무언가 만드는 사람을 가리킨다. 원시 부족은 한정된 재료를 밑천으로 삼아 자신을 표현하고, 그 문화는 그들의 여건과 환경에 맞춰 표출된 인간성의 산물이다. 우리도 우리가 가진 것을 사용해서 문화를 만들며 우리 자신을 표현한다. 그들과 우리의 차이점은 가진 것이 다르다는 것뿐이다.

레비스트로스는 문명과 미개라는 이분법에 물음표를 띄웠다. 미개하다고 업신여김받던 사람들도 체계화된 사고방식을 갖추고 있다. 이것이 레비스트로스가 말한 '야생의 사고'다. 그는 이것이 나름의 일관된 질서가 내재하는 과학이라는, 새로운 관점을 제시했다.

야생의 사고가 어떤 특징을 갖는지 토테미즘이 잘 보여 준다. 원시 사회에서 특별한 관계를 맺는 동식물이나 자연물을 토템이라고 하는데, 이것을 신성시하는 문화나 종교를 토테미즘이라고 한다. 토테미즘에는 사물에 대한 분류 체계와 위계질서가 담겨 있다. 레비스트로스는 토테미즘이 미개인의 미신이 아니라 인간 사유의 보편성을 보여 준다고 분석했다.

인간에게 자리 잡은 구조

한국에도 유명한 토테미즘이 있다. 단군왕검 신화다. 단군왕검 신화에는 곰과 호랑이가 나온다. 곰과 호랑이는 각 동물을 토템으로 숭배하던 두 부족이라고 해석된다. 그런데 레비스트로스에 따르면, 곰이나 호랑이 자체가 중요한 것이 아니다. 중요한 것은 형식이다.

요소는 결코 내재하는 의미를 지니지 못한다. 호랑이든 곰이든 말이든 양이든 그 자체로는 의미가 없고, 다른 요소와 대립하면서 의미가 생긴다는 이야기다. 동서고금을 막론하고 문화권마다 낮과 밤, 해와 달, 하늘과 땅, 남자와 여자, 양과 음 등의 대립 항을 설정해서 세계를 해석했다. 호랑이와 곰은 서로 대립

항을 이루어야 의미를 지닌다. 호랑이와 곰을 따로따로 분석할 것이 아니라 호랑이와 곰을 아우르는 구조를 보라는 것이다.

레비스트로스에 따르면, 의미란 위치와 관계에 따라 정해진다. 대립 항과 맥락 그리고 체계를 통해서 의미가 형성된다. 따라서 의미는 고정되지 않는다. 예컨대, 곰이 호랑이와 결부되면 끈덕지고 인내력 있는 동물로 숭상받지만, 여우나 토끼와 배치되면 미련함과 우악스러움의 상징으로 치부되기도 한다.

레비스트로스는 언어와 문화에 깔린 이항 대립을 분석하면서 인류 사회의 공통 구조를 밝혀냈다. 구조란 어느 사회에서든 인간이 있는 곳이면 작동하는 원리다. 겉으로 드러난 차이 밑에는 인간 사회를 어디든 비슷하게 만들어 내는 구조가 있는 것이다. 레비스트로스는 개별 인간이 벌이는 행동이 아니라 사람들을 그렇게 만들어 내는 구조에 관심을 기울였다. 인간은 제한된 구조 안에서 움직인다는 것이 레비스트로스의 설명이다.

인간이라면 공유하는 이성을 바탕으로 사회가 생겨난다. 레비스트로스는 이 '사회'의 기초를 찾으려 애썼다. 그는 사회현상이라는 표층이 아니라 사회구조라는 심층에 주목했다. 사회마다 현상적으로는 차이가 있더라도 공통된 구조가 있다. 이것을 탐구하는 학문이 구조주의 인류학이다.

주술과 종교

레비스트로스는 인간의 정신이 경험의 다양성에서 개념의 단일성으로 나아가고, 또 여러 다양한 개념들을 아우르면서 유의미한 종합으로 나아간다는 사실을 증명했다. 현대 사회가 과학이라는 유의미한 종합을 이룩했다면 원시 부족은 신화라는 유의미한 종합을 만들었다. 신화란 그 사회가 겪고 있는 문제나 모순을 해결하려는 시도다. 문제를 신화와 엮어 풀면 불안이 감소한다. 신화는 야생의 사고가 빚어낸 산물이자, 사회를 지탱하는 유용한 이야기이다.

원시 부족만 야생의 사고를 하는 것이 아니다. 야생의 사고는 여전히 강렬하게 작용하고 있다. 특히 종교는 야생의 사고가 살아 숨 쉬는 문화 영역이다. 현대인들은 원시 부족이 미신과 주술에 빠져 있고 우리는 계몽되었다는 이분법적 편견을 갖고 있다. 하지만 사실 주술과 종교는 양자택일의 문제도 진화 과정에서 거치는 두 단계도 아니다. 주술과 종교는 항상 존재하는 두 개의 구성 요소다. 주술이 없는 종교도 없고 최소한의 종교 흔적이 없는 주술도 없다고 레비스트로스는 분석했다.

주술과 종교는 현대인의 일상에도 깊게 침투해 있다. 우리는 최첨단 문명 기기를 사용해서 오늘의 별자리 운세를 보고, 새해가 되면 토정비결을 본다. 인공지능이 운전하는 차를 타고 십자 형태의 막대기나 금색 칠한 동상이 있는 건물에 가서 복을 기원한다. 시험을 앞두고는 미역국을 먹지 않으려 하고, 자신의 이름을 빨간색으로 쓰지 않으려 한다. 과학과 합리성을 통해 계몽되었다고 어깨를 으쓱하지만, F라고 표기된 건물의 4층을 볼 때마다 머쓱해진다.

역사를 인간이 만든다?

현대는 과학과 종교와 주술이 뒤섞여 있는 시대다. 하지만 우리는 이런 복잡한 현실을 헤아리기보다는 과학과 이성이 승리했으며, 인간이 역사를 만들어 가는 주체라고 믿어 왔다. 이에 맞서 레비스트로스는 근대의 관념에서 벗어나 역사를 바라보자고 목소리를 높였다. 그에 따르면 역사는 인간의 행동으로 만들어지는 것이 아니며, 역사의 의미는 당대에 결정되는 것이 아니라 훗날에 구성되어 덧붙을 따름이다.

레비스트로스는 진실한 삶의 의미를 역사 속에서 찾고 자신의 힘으로 역사를 만들어 내려는 실존주의의 흐름을 가로막았다. 역사는 내면화될 수 없고 이해될 수도 없다고 반론을 펼쳤다. 역사의 이해 가능성이란 진실이 아니며, 임시로 역사를 내면화할 수 있을 뿐이라는 것이다. 우리가 역사를 만들면서 살고 있다는 생각은 신화다. 그는 '내가 나의 삶을 만들고 있으며 세계의 역사에 기여했다'는 생각은 몇 년이 지나면 사라질 것이라고 예견했다. 수천 년 후의 후손들이 평가할 때 우리가 스스로의 역사를 만들었다고 평가할 리 없다는 것이다. 역사란 누가 만들 수 있는 생산물이 아니다.

그렇다고 레비스트로스가 역사 자체를 무시하는 것은 아니다. 다만 역사란 하나의 방법이고 그에 대응하는 하나의 대상이 있다는 인식을 거부하라는 것이다. 역사는 하나가 아니다. 특정한 지역을 중심으로 어느 계층의 사람들이 겪은 사건이나 그들이 한 행동을 나열하면서 일직선으로 배치되는 역사를 배우는데, 이런 역사는 언제나 누군가가 만들어 낸 관념의 산물일 뿐이다. 매일 매시 매초 지구 전 지역에서 온갖 일들이 벌어지지만 그 누구도 이 모든 것을 하나하나 헤아리지 못한다. 그 가운데 몇 가지만을 꼽은 뒤 그것들을 엮어서 인과를 부여해 이야기를 만들어 내고는 역사가 이렇게 진행했다고 믿는다. 수많은 사실을 배제해야만 역사라는 개념이 이루어지는 것이다.

역사가 진보한다는 생각은 현재 벌어지는 수많은 문제를 외면하고 과거의 특정한 모습과 현재의 특정한 상황만을 비교하면서 생겨난다. 레비스트로스는 이 사고가 서구 중심주의에 불과하다고 비판했다. 빙하가 녹아서 머지않아 잠겨 버릴 섬나라 사람들에게 현대 사회는 과연 나아진 시대일까? 먹을 것이 없어서 굶주리는 수십억의 사람들에게 과거보다 좋은 세상이 되었다고 말할 수 있을까? 핵발전소가 폭발해 갑작스레 죽어 버린 수천 명의 사람은 과연 현시대를 진보했다고 여길까? 인간이 버린 쓰레기를 먹고 죽어가는 동물에게 현대란 종말의 시대가 아닐까?

레비스트로스는 우리에게 성찰이 필요하다고 지적한다. 스스로 역사를 만든다는 건방진 착각 속에서 현대인은 인류의 역사를 끝내려 하고 있다. 인간이 일으킨 대재앙에 지구가 고통받으며, 이미 수많은 생명이 멸종되었다. 대량으로 상품을 만들어 쓰레기도 대량으로 만드는 것이 진보가 아니다. 하루 세 끼 고기 반찬을 먹는다고 잘 사는 것이 아니다. 어쩌면 지금 우리가 긴급히 회복해야 하는 것은 원시 부족이 자연을 대하는 태도, 야생의 사고일지도 모른다.

▸ 레비스트로스의 핵심 개념

문화상대주의 # 슬픈열대 # 손재주꾼 # 토테미즘

구조주의인류학 # 야생의사고 # 종교와주술

▸ 더불어 읽으면 좋을 책

클로드 레비스트로스, 『슬픈 열대』, 박옥줄 옮김, 한길사, 1998.
클로드 레비스트로스, 『야생의 사고』, 안정남 옮김, 한길사, 1996.

푸코
MICHEL FOUCAULT (1926~1984)

가장 많이 인용되는 철학자

20세기 중후반부터 프랑스 철학계에는 번뜩이는 지성들이 대거 등장했다. 그들은 논쟁하고 협력하면서 학계에 활력을 불어넣었다. 프랑스산 지성의 향연이 펼쳐지는 가운데 유독 인기 있는 인물이 있다. 인문학과 사회과학에서 가장 많이 인용되는 학자, 바로 미셸 푸코다. 그의 인기는 다른 학자들과 비교해도 월등하다.

　푸코는 등장부터 남달랐다. 푸코를 유명 인사로 만든 책 『말과 사물』은 하도 잘 팔려서 '모닝빵처럼 팔려 나간다'는 신문 기사가 나올 정도였다. 강의실은 청강생으로 북새통이었고, 푸코는 현란한 말솜씨와 다채로운 학식으로 사람들을 매료시켰다. 그의 인기는 세계를 들썩이게 했다. 미국에서 강의할 때는 수천

명이 찾아오는 바람에 야외극장에서 강연했다.

왜 사람들이 구름처럼 몰려들었을까? 푸코가 세상을 다르게 바라보면서 전율을 선사했기 때문이다. 푸코는 세상이 자유로워졌다는 통념에 찬성하지 않았다. 권력의 지배 방식이 달라졌지만, 권력에 의해 지배가 이루어지는 현실 자체는 달라지지 않았다는 것이 푸코의 문제의식이다.

푸코는 프랑스 학술원의 교수가 될 정도로 인정받았지만, 그는 여느 교수들처럼 연구실에 머무르지 않고 거리로 나가 열렬히 행진했다. 다른 나라에서 벌어진 일들에도 항의 시위를 했고, 선언문도 자주 발표했다. 한 생애를 훗훗하게 살아 내는 동시에 삶의 즐거움도 소홀히 하지 않았다. 당시 프랑스 사회는 자유와 평등과 박애를 내세우고 있으나 그 이면에는 성소수자에 대한 억압과 위선과 차별이 들끓고 있었다. 사람들은 동성애자였던 푸코를 비정상으로 여겼고, 멸시했다. 자신을 표현하면서 마음껏 사랑하고 싶었던 푸코는 미국 사회에 넘실거리는 자유와 쾌락을 맛보았고, 미국으로 이주할 계획도 세웠다. 인간은 자유와 기쁨을 향해 움직이기 마련이다.

푸코의 책은 자서전처럼 쓰였다. 정신과 치료를 받기도 하고 자살 시도도 여러 차례 했던 푸코는 세상에 품었던 의혹을 파헤치려 했고, 그 결과물을 책으로 선보였다. 그의 책은 20세기를 지나 21세기까지 우리에게 충격을 안긴다.

정상과 비정상을 나누는 기준

역사란 워낙 복잡하기에 개념의 그물을 던진다고 해서 쉽게 싸잡히지 않는다. '현실은 이렇다'고 총체화하는 설명에는 어긋나는 차이들이 언제나 있다. 역사는 연속해서 흐르는 것이 아니라 단절되어 있다. 비연속적인 과거를 재구성한 결과를 역사라고 배우는데, 푸코는 역사에 담기지 않은 단절 지점을 찾아냈다.

푸코는 먼지가 잔뜩 쌓인 고문서를 쌓아 두고 그 안에서 잘 알려지지 않은 사실을 캐내는 광부였다. 그는 자신의 작업을 현재의 역사라 불렀다. 푸코는 역사가 배경background이 아니라 전경foreground이라고 얘기했다. 역사는 시간이 지나면 뒤로 사라지는 것이 아니라 우리의 욕망과 의도에 따라 끊임없이 재구성되어 우리 앞에 놓인다.

푸코는 역사 속에서 정상과 비정상이 만들어지는 과정을 추적했다. 정상과 비정상을 나누는 어떤 잣대가 있고, 그것을 기준으로 어떤 것만이 정상이라고 강요된다. 그는 이 잣대 자체를 문제 삼았다. 어떤 기준을 정해 놓고 사람들을 그에 맞춰 옥죄고 뜯어고치려는 획일화된 정상성에 의문을 던진 것이다. 자신을 이상한 사람이라고 몰아세우는 이상한 사회에 맞서서, 성적 지향이나 정서 상태, 행동 등을 기준으로 정상과 비정상의 범주를 가르는 분류는 인류사 내내 당연했던 것이 아니라 근대에 들어서 생겨났다고 알렸다.

예컨대 오늘날 광기라는 말만 들어도 사람들을 화들짝 놀라며 피하려 든다. 광기가 있는 사람을 비정상이라고 판단하고는 정신병원에 감금한다. 그런데 과거를 들춰 보면 광기가 있는 사람은 사회에서 배척되지 않았다. 때때로 신과 소통한다고 숭배되기도 했다. 바보, 그리고 광기나 정신착란 등을 겪는 사람은 지금처럼 철저하게 격리되지 않았다.

푸코의 논의를 따라가다 보면 지금의 상황에 의구심을 갖게 된다. 우리가 믿고 따르는 것들은 본래부터 있던 자연스러운 결과가 아니라 근대에 형성된 것이다. 푸코의 연구는 현실이 쉽게 바뀌진 않지만, 그렇더라도 점차 바뀌어 간다는 사실을 함의한다. 역사는 끝없이 구성되며, 지금과 다른 방식으로 구성된다면 지금 당연하게 여겨지는 것들은 뒤흔들린다. 현실 속에서 새로운 미래가 언제나 만들어진다.

인간의 죽음

푸코는 시대마다 문화를 형성하는 앎의 격자, 즉 '에피스테메'가 있다고 주장했다. 앎의 격자란 우리가 의식하지 못하는 사회 구조이자 무의식화된 일상의 질서를 가리킨다. 어떤 변화가 일어나려면 이전과는 다른 구조가 갖춰져야 한다. 천재가 불현듯 등장해 새로운 통찰을 선보인다기보다는, 어떤 생각이 생겨날 수 있는 구조적 조건이 갖춰진 후에 특정한 개념이 나타난다.

사람들의 생각을 결정하는 것이 앎의 격자다. 푸코는 앎의 격자를 통해 언어와 담론이 만들어지고, 사람들은 언어와 담론을 통해서 세상을 바라본다는 견해를 제시했다. 사회는 사람들이 사용하는 언어를 통제·선택·조직·분배한다. 특정한 담론이 생산, 유통되면서 우리를 얽어맨다. 권력은 진실과 금기를 설정해 교육하고, 금기를 어긴 사람과 지킨 사람을 나눠 어긴 자를 배제한다. 사람들은 배제당하지 않고자 세상에 떠도는 담론을 마치 자기 생각이자 욕망인 것처럼 사용한다. 인간은 그 사회에 내재한 앎의 격자에 따라 생산된 담론에 사로잡혀 살아간다.

언어와 권력은 긴밀하게 연루되어 작용한다. 언어에는 우리가 특정한 방식으로 살아가도록 작용하는 규율이 있는데, 우리는 이러한 권력작용을 의식하지 못한다. 땅을 파고 들어가면 지층이 나누어져 있듯 시대마다 앎의 격자가 다르고 담론도 불연속적이다. 현대는 경쟁이라는 앎의 격자가 사회 밑바닥에 도사린 채 우리를 주무르고 있다고 추론된다.

푸코는 인간이라는 개념이 근대에 생겨난 산물이라고 보았다. 이전까지는 인간이라는 어휘를 사용하지 않았지만, 근대에 들어서면서부터 다들 인간이라는 개념을 대단히 의미 있는 것처럼 사용하고 있다. 푸코는 '인간'이라는 개념이 최근에 만들어진 만큼 훗날 앎의 격자가 바뀌면 잘 쓰지지 않다가 사라지리라고 예측했다. 바닷가 모래밭에 정성껏 얼굴을 그려 놓아도 얼마 안 가서 파도에 씻겨 나가듯, 인간이라는 개념도 이내 지워지리라고 호언장담했다. '인간의 죽음'을 선언한 것이다.

푸코가 선언한 '인간의 죽음'은 니체가 공표한 '신의 죽음'과 유사하다. 니체가 신이 죽었다고 선포할 만큼 당시에는 신에 대한 믿음이 흔들렸다. 신을 신봉하던 시대에서 신을 믿지 않는 시대로 앎의 격자가 바뀌었고, 새로운 담론이 불거지는 가운데 니체가 등장했다. 니체가 신이라는 언어에 휩싸인 광휘를 날려버렸듯 푸코는 오늘날 당연하게 여기는 인간중심주의를 부수려고 했다. 인간을 중심에 놓고 세계를 관장하려는 욕망에 의문 부호를 붙였다.

감옥을 닮은 사회

푸코는 과거보다 근대에 인권이 중시된다는 세간의 믿음에 도전했다. 옛날처럼 공권력이 사람들을 잡아다가 끔찍하게 고문하는 일이 줄어들었다고 과연 진보한 것일까? 푸코는 그렇지 않다고 말한다. 도리어 권력이 예전보다 우리에게 달라붙어 우리를 조절한다는 것이다. 푸코가 보기에 현대인의 일상은 엄격한 규율 속에 있고 사회는 감옥처럼 되었다. 사방에서 감시를 당한다. 평점을 매기는 권력 앞에 꼼짝하지 못한 채 박자에 맞추듯이 구분된 시간에 따라 강제 노동을 해야 한다. 공장과 학교와 병영과 병원은 감옥과 흡사하다.

그저 사람을 가두는 건물만 있다고 감옥이 성립하는 것은 아니다. 구금할 때 어떤 효과가 있는지 분석하면서 강제로 누군가를 가둘 수 있는 권력이 있어야 하고, 무엇이 범죄인지 구분하고 평가하는 담론이 있어야 하며, 가둔 사람을 감시하고 통제하는 기술이 있어야 한다. 즉, 감옥은 건물과 함께 권력과 담론 그리고 감시 기술이 있어야만 작동한다. 하지만 권력과 담론 그리고 감시 기술은 감옥에만 작용하지 않고 사회로 퍼져 있다. 사회의 모든 기관이 감옥과 닮은 것이다.

군대는 특히 감옥과 비슷하다. 그런데 무서운 사실은 군 복무를 마친 사람은 사회생활을 무척 잘한다는 점이다. 이것은 사회가 군대와 유사하기 때문이다. 군 생활은 사회의 실상을 파악하는 데 도움을 준다. 사회는 조금 느슨하지만 커다란 군대다. 공장, 학교, 군대, 병원 등등은 감옥과 같이 우리를 옭아매면서 특정하게 살도록 규율한다.

푸코는 감옥의 이유를 새삼스레 물었다. 감옥을 많이 지어 범죄자를 잔뜩 잡아넣어도 범죄가 줄지는 않는다. 그렇다면 감옥은 단순히 범죄자들을 가두는 시설이 아니라, 사회가 감옥이라는 사실을 감추기 위한 것인지도 모른다. 저기 감옥이 있고 나는 그 밖에 있으니 마치 자신은 감옥에 있지 않다고 착각하도록 말이다. 감옥은 규정을 어긴 자들을 교화시키는 것이 아니라 사회의 사람들을 순종시키려는 장치라는 것이 푸코의 통찰이다. 감옥 같은 사회 속에서 인간은 감옥 가기를 두려워하면서 스스로 죄수처럼 길든다.

권력의 작동 방식이 달라졌다. 과거의 권력이 때리고 을러대면서 자기 힘을 행사했다면 요즘의 권력은 교묘하게 통제한다. 현대인은 과거보다 자유롭다고 느끼는데, 그런 생각이 권력의 성과이자 전략이라고 푸코는 꼬집었다. 권력에 복종시키는 기술로 자유가 사용된다. 이제 사람들은 자유롭게 노예처럼 행동한다. 우리는 학교나 군대, 회사라는 거푸집에 들어가서 특정한 유형의 사람이 되는데, 자신이 어떻게 변했는지조차 의식하지 못한다. 속으론 투덜거리더라도 권력에 순종한다.

어려서부터 권력이 요구하는 행동을 반복하면 그런 행동에 익숙해진다. 군복을 입으면 자신도 모르게 군인이 되고 감옥에 갇히면 죄수가 되듯 말이다. 권력 안에서 사회화가 되면 권력이 윽박지르지 않아도 어련히 통제 가능한 사람이 된다. 사람들을 지배하는 권력의 기술이 섬세해졌다. 이것이 푸코가 말하는 통제와 규율의 결과다.

권력의 통치성

과거와 달리 현대의 권력은 자유를 억압하기보다는 자유를 생산해서 지배한다. 자유의 강조는 시장경제와 연결되어 있다. 시장의 자유라는 명분으로 사회는 시장처럼 재편성된다. 우리는 소비자이자 생산자이자 1인 기업가로 자신을 인식한다. 시장의 관점에서 타인과 세상을 대한다.

현대 권력은 특정한 인간형을 생산하는 권력이다. 우리를 만들어 내는 권력은 언제나 작동하고 있지만, 그것을 소수의 누군가가 점유하고 있는 것은 아니다. 푸코의 관점으로 보면, 권력은 청와대나 국정원 등의 국가권력이나 대기업 회장실, 대형 언론사에만 있는 것이 아니다. 부부, 친구, 가족, 교사와 학생, 남녀 등등 사람이 있는 곳이면 어디에나 있다. 푸코는 권력을 개인의 신체에서부터 국가를 넘어선 다국적 기업에까지 복잡하게 펼쳐진 사회관계망에서 발생하는 효과로 간주했다. 권력은 다차원에서 작용한다. 권력의 영향을 받으면서도 우리는 자유롭다고 착각하며 권력이 바라는 바를 하게 된다. 이것이 '권력의 통치성'이다.

자신이 진정으로 자유로운지 물음표를 띄워 볼 필요가 있다. 자기 계발이 좋은 사례다. 자기 계발은 내가 나를 위해서 자유롭게 한다고 생각하기 쉽다. 하지만 정말 스스로 원해서 자기 계발을 하는지 미심쩍다. 진정으로 내가 원해서 자기 계발을 한다면 자기 계발을 통해 우리 삶은 더 행복해져야 할 것이다. 그런데 자기 계발에 몰두하는 현대인들은, 높은 영어 점수와 많은 자격증을 가졌을지는 몰라도 행복하지 않다. 끝없이 남들과 비교하고, 뒤처지면 안 된다는 강박이 우리를 지배하고 있다. 그렇다면 우리가 정말 원해서 자기 계발을 한다고 할 수 있을까? 발목이 쇠사슬로 묶여 있지 않더라도 일상이 자유롭지 않다면 그것은 우리가 자유를 통해 지배당하기 때문인지도 모른다.

우리는 얼마든지 다르게 살 수 있고 여러 가능성을 갖지만, 특정한 욕망과 삶의 방향성을 믿어 의심치 않는다. 그렇다면 푸코의 말대로 지금 나의 욕망과 살아가는 모습은 권력의 산물이 아닐까? 지금 우리가 누리는 자유가 가짜라고 할 순 없다. 다만 이미 권력이 나의 자유 안에 침입해 있다는 사실을 상기할 필요가 있다. 자유는 나를 해방하는 수단이지만, 동시에 나를 얽어매는 그물이 될 수 있음을 푸코는 경고했다.

‣ **푸코의 핵심 개념**

정상과비정상   # 말과사물   # 인간의죽음   # 감옥을닮은사회

감시와처벌   # 통치성   # 자유와권력

‣ **더불어 읽으면 좋을 책**

미셸 푸코, 『감시와 처벌』, 오생근 옮김, 나남출판, 2020.
미셸 푸코, 『성의 역사 1』, 이규현 옮김, 나남출판, 2020.

바우만

ZYGMUNT BAUMAN (1925~2017)

대기만성형 학자

지그문트 바우만은 현대사의 소용돌이 속에서 젊은 시절을 보냈다. 그는 폴란드에서 유대인으로 태어났는데, 나치가 폴란드를 침공하자 소련으로 탈출했다. 바우만은 소련군 휘하 폴란드 의용군에 들어가서 2차 세계대전에 참전해 훈장도 받았다.

나치의 손에서 해방되었어도 폴란드에는 소련의 그림자가 짙게 드리워졌다. 바우만은 소련에 대항하는 폴란드의 지하 조직원들을 색출하는 첩보기관의 요원으로 활동했다. 훗날 바우만은 '사무직이었다 할지라도 실수였다'면서 이 일에 대해 자신의 과오를 인정했다.

그러던 와중에 바우만의 아버지가 이스라엘로 이주하려고 했다. 당시 유대인들은 강제수용소의 참상을 겪은 뒤 국가 영토의 필요성을 절실하게 느꼈고, 팔레스타인 지역에 이스라엘을 세웠다. 전 세계에 흩어져 살던 유대인들이 몰려왔다. 아버지가 이스라엘 대사관과 접촉하자 바우만은 하루아침에 불명예 제대를 당했다. 이스라엘에서 살 생각도 없었던 데다가 당시 계급이 소령이었는데도 말이다.

대학에서 공부하며 공산주의에 의문이 생긴 바우만은 폴란드에서 유대인을 추방하는 운동이 벌어지자 폴란드 시민권을 포기하고는 영국으로 망명했다. 영국에서 바우만의 지성은 만개했다. 나이가 들자 더 열심히 공부했다. 그러고는 세계 지식인들의 눈을 휘둥그레하게 만드는 책들을 펴냈다. 연륜과 지혜가 비례할 수 있음을 바우만이 몸소 선보였다. 말 그대로 대기만성한 학자였다.

현대성과 홀로코스트

나치가 저지른 대학살은 인류사에 커다란 상흔을 남겼다. 유대인이었던 바우만도 나치의 강제수용소를 심도 있게 연구하지 않을 수 없었다. 수용소에 끌려간 것은 유대인뿐만이 아니었다. 장애인과 성소수자도 연행됐다. 포로로 잡힌 폴란드인을 비롯한 슬라브족도 180~190만 명이 수용소에서 사망했다고 추정된다. 집시라고 불리는 롬인도 50만 명이 학살당했다. 그래도 유대인의 피해가 가장 컸다. 600만 명이 목숨을 잃었으리라고 추산된다. 나치는 유대인을 지구상에서 절멸시키려 했다.

바우만은 홀로코스트가 단순히 유대인의 문제가 아니고, 유대인 역사에만 고유한 사건도 아니며, 전근대 야만으로의 후퇴를 뜻하지도 않는다고 말했다. 홀로코스트는 고도로 발전한 현대 사회의 합리성이 낳은 문명의 문제라는 것이 바우만의 주장이었다. 전쟁 범죄자들을 단죄하고 피해자들을 치유하는 것은 중요하지만, 거기서 그치는 것은 희생자에 대한 무관심보다 더 나쁘다고 지적했다. 또다시 대량 학살을 일으킬 수 있는 위험이 현대 문명에 잠복하고 있는데도 간과하게 되기 때문이다.

문명화 과정이란 폭력의 사용과 전개를 도덕의 영역에서 분리하는 과정이다. 바우만은 합리성이 윤리 규범이나 도덕적 금기의 간섭으로부터 해방하는 과정임을 입증하는 자료들을 제시했다. 현대 문명이 폭력의 사용을 합리적 계산에 종속시키는 경향이 오래전부터 있었기 때문에 홀로코스트는 문명화의 정당한 결과이자 현대 문명에 늘 잠재하는 문제로 인식해야 한다고 독자들을 설득했다.

바우만은 우리가 대량 살상을 막을 수단을 아무것도 갖지 않은 사회에 살고 있다는 진단도 내렸다. 인류 문명이 탄생시킨 무시무시한 힘들은 안전장치가 아니다. 수많은 무기가 도덕적으로 사용될 것을 보장할 수는 없다. 대량 살상이 이루어지려면 인간의 타고난 도덕성을 가로막고 고립시키는 조건이 성립되어야 하는데, 현대 문명은 인간의 도덕성을 고려하지 않고 번성하고 있다. 언제든지 얼마든지 새로운 희생자 세대가 만들어질 수 있다고 바우만은 경고했다.

물론 유대인들 가운데 상당수는 홀로코스트가 현대성과 합리성의 산물이라는 바우만의 견해에 반발할 수밖에 없었다. 그들에게 홀로코스트는 인류사에서 가장 끔찍한 인종 학살이고, 유럽에 퍼져 있는 유대인에 대한 오랜 혐오로부터 생겨난 야만스러운 참극이다. 살아남은 유대인들은 또다시 대량 살상이 발생할 수 있다는 공포 속에서 안전을 구하고자 팔레스타인 사람을 밀어낸 뒤 이스라엘을 세웠다. 하지만 공포와 고통은 사라지지 않고 있다.

액체 현대

홀로코스트 연구에 이어 비우민은 현대성이 변했다는 분석을 통해 다시 이름을 떨쳤다. 바우만은 액체라는 개념으로 지금 시대를 포착했다. 현대로 접어들면서 견고한 것들이 없어진다. 직업, 살아가는 곳, 인간관계, 삶의 목표까지 모든 것이 유동하고 요동친다. 우리를 묶어 두거나 구속하던 것들로부터 개개인은 자유로워졌지만 모든 것이 흔들리니 불안하기 짝이 없다. 전 지구적 현상인 '액체 현대'는 지구적 자본에 의해서 생겨나고, 우리는 이에 적응하면서 이전과 다른 삶을 살고 있다. 그 변화를 바우만은 눈여겨보면서 추적했다.

강제와 강박 속에서 멈출 수 없는 현대화가 이루어진다. 가라앉힐 수 없는 갈증에 시달리듯, 세계는 생산성과 경쟁력을 높인다는 명목으로 창조적 파괴에 몰두하고 있다고 바우만은 설명했다. 국가의 태도도 달라졌다. 국가는 합법화된 폭력 기구인 동시에 외세로부터 자국민들을 보호하면서 어느 정도 안정을 주어 왔다. 그런데 아찔한 세계화 앞에서 국가는 어쩔 줄 몰라 한다. 바우만의 분석에 따르면, 국가는 빠른 속도로 이동하는 다국적 기업 등의 대규모 자본에 의해 쇠퇴하고 있다. 혹시나 자본에 저항하려 하면 국가는 보복을 당한다. 자본을 자국에 끌어들이지 못해 일자리를 만들지 못하는 정치인은 당선되기 어렵다. 자본을 유치하고자 하기에 국가 체제는 오히려 자본의 입김에 휘둘린다. 이것은 법인세율 인하, 규제 완화, 무엇보다도 노동시장의 유연화를 의미한다.

액체 현대의 특성

바우만에 따르면, 액체 현대에는 두 가지 특성이 있다. 먼저 진보에 대한 믿음이 붕괴한다는 점이다. 시간이 지나면 세상이 좋아지리라고 기대하는 사람은 갈수록 줄어든다. 더 나은 사회가 되길 바라더라도 누가 그 일을 할 것이냐는 물음 앞에서 모두가 우물쭈물한다. 이제 정의로운 사회를 얘기하는 목소리는 잘 들리지 않는다. 이 세상이 어디로 가는지 어떻게 될는지 누구도 알지 못한다. 바우만은 현재 상황을 이렇게 비유했다. 고공비행하는 여객기에 탑승한 사람들이 조종실에 아무도 없다는 것을 알게 되는 것 같다고.

두 번째 특성은 공공성이 개인에게 넘겨졌다는 점이다. 사회에서 수행해야 할 과제들이 개인 차원에서 해결해야 할 문제로 둔갑한다. 사회에서 생겨나는 위험과 문제도 각자 알아서 해결해야 하는 시대가 되었다. 개인주의가 심각해지면서 타인과 함께 무엇인가를 하는 데 어색해졌다. 서로의 문제를 얘기할 순 있지만 사회 자체를 변화시키려 한다고 해도 그림이 그려지지 않는다. 나의 고충과 타인의 고통 사이에 접점이 사라지고 있다. 타인과 협력한다고 당면한 문제를 해소할 수 있을 것 같지도 않다. 우리는 뿔뿔이 흩어진 채 끙끙대면서 자기 이익을 도모할 뿐이다. 현대인은 대중매체를 통해 남들 역시 나처럼 고통을 겪는다는 사실에 약간의 위로를 받으면서 자꾸만 약해지는 마음을 다잡는다.

액체 현대의 물결에 공공의 영역이 침식되고 있다. 정치에 대한 이해가 정치인의 사생활에 대한 호기심으로 변질된다고 바우만은 우려했다. 타인에 대한 관심은 노출된 개인사를 구경하는 행태로 축소된다. 정치 기사의 댓글을 읽거나 쓰면서 마치 공적인 분야에 관여한다고 착각한다.

내 삶의 결과는 내 책임이다

현대성의 특징인 개인주의는 우리에게 해방의 가능성을 안겨 주었다. 그런데 꼭 좋지만은 않았다. 현대라는 낯선 바다가 펼쳐진 가운데 그 누구도 항구에 머물 수 없다. 모두가 거칠게 파도치는 액체 현대에 뛰어들어 무엇인가를 시도해야 한다. 변화와 도전은 강요된다.

개인주의는 사람들이 하나하나 독립되었다는 의미이기도 하지만, 자신의 정체성을 유지해야 한다는 부담을 안긴다. 바우만의 말마따나 내가 누군가이기 위해서는 누군가가 되어야 할 필요가 있다. 현대인의 정체성은 편하게 주어지지 않는다.

바우만은 신분과 달리 계급은 갱신되고 확인되고 수정되어야 한다고 비평했다. 자신의 계급을 유지하려면 주변 사람들과 상호 영향을 주고받으면서 계급에 맞게 끊임없이 소비해야 한다. 현대 사회에서는 인생의 행복도 소비 능력에 달려 있다고 여겨진다. 과거의 신분이 해체된 자리에 우리는 소비를 통해 유사 신분제를 다시 세워 가는 실정이다.

현대의 소비는 필요가 아닌 욕망으로 이루어진다. 이걸 가져야만 직성이 풀릴 것 같다는 환상을 빚어내는 것이 중요하다. 마케팅과 광고가 현대자본주의의 핵심이다. 유행에 민감하게 반응하고 남들의 시선을 극심하게 신경 쓰면서 억척스레 경쟁한다. 이렇게 소비의 축복 같은 저주 속에서 현대인은 수많은 쓰레기를 만들어 낸다.

바우만은 쓰레기가 넘치는 세상에서 인간마저 쓰레기가 되어 간다고 지적했다. 쓰레기가 되지 않으려면 자신의 쓸모를 어떻게든 증명해야 하고, 각자 자신을 책임져야 한다. 오늘날 개인이 된다는 것은 개인의 비극에 책임질 다른 사람이란 없으며, 개인의 실패는 오직 자신의 방만함과 태만에 원인이 있으므로 죽을 듯이 노력하는 수밖에 없다는 의미다.

문제는 아무리 능력이 뛰어난 사람이더라도 개인으로서 할 수 있는 몫은 예상보다 적다는 데 있다. 현대 사회에서 요구하는 능력과 실제 우리 능력 사이의 간극은 점차 벌어진다. 이 속에서 우리는 자신을 공격한다. 바우만에 따르면, 액체 현대는 어떻게든 현실을 비판하는 것을 의무로 삼는다. 과거를 파괴해서 새로운 무엇인가를 만들어 내려는 강박이 액체 현대 속에 흐른다. 현대인은 자신을 새롭게 만들려 애쓰고, 좀처럼 달라지지 않는 자신을 어떻게든 뜯어고치려고 안달한다. 자기 자신에게 만족하고 평화로운 현대인은 찾아보기 어렵다.

인간관계의 비정규직화

액체 현대 속에서 노동시장은 유연해진다. 불안정과 불확실성이 자연스러운 노동 조건처럼 되고 있다. 고용 형태가 비정규직화되니 덩달아 인간관계도 불안정해지고 불확실해진다.

오늘날에는 공동체나 모임을 이루어도 금세 깨진다. 고립된 개인은 현대화의 파도에 휩쓸려 떠내려가지 않고자 하나의 말뚝에 모여 모임을 이루지만 잠깐일 뿐이다. 공동체는 속절없이 허물어지고, 만약 유지되더라도 이해관계로 똘똘 뭉친 이익 집단이 될 뿐이다. 공동체는 사람들이 오가는 열린 공간이 아니라 외부인들이 들어오지 못하는 경계 시설처럼 되어 간다. 통로가 없는 고립된 군락들이 여기저기 생겨난다. 도시화된 사회 속에서 현대인들은 누군가와 부대끼면서도 조정하고 타협하는 것을 번거롭게 여긴다. 아예 타인과 분리된 삶을 추구한다.

우리는 도시에서 세련되게 예의를 지키며 살아간다. 그런데 이상하게 불안해지고 고독해진다. 바우만은 이것을 도시환경이 가면을 함께 쓰는 공간을 제공하기 때문이라고 분석했다. 도시에서는 마음속 느낌과 내밀한 속내를 털어놓으라고 채근하지 않는다. 우리는 멀찍이 떨어져서 각자 불안과 고독을 견디는 데 익숙해진다.

이런 변화를 바우만은 결혼에서 동거로 옮겨 가는 과정에 빗댔다. 과거에 결혼은 운명 공동체였다. 웬만한 일이 아니면 머리털이 파뿌리가 될 때까지 지지고 볶으면서 관계를 이어 갔다. 직장도, 인간관계도 그러했다. 하지만 오늘날에는 필요에 따라 만나다가 욕구가 고갈되면 헤어진다. 직장도, 인간관계도 오래가지 못한다. 결속을 먼저 끊거나 끊기는 일이 빈번해진다.

현재 애인이 있더라도 상대방과 평생 함께하리라고 생각하는 사람은 그리 많지 않다. 현대인은 너무나 잘 알고 있다. 서로가 서로에게 쓸모가 없거나 쾌락을 주지 못한다면 버리거나 버려질 것이라는 사실을 말이다. 인간관계는 단박에 만족을 줘야 하는 상품처럼 되었다. 기대를 충족시키지 못하면 곧장 환불 요청을 받거나 쓰레기처럼 버려진다. 맞지 않는 부분이 조금이라도 있다면 동반 관계는 한순간에 깨질 수 있다. 사소한 의견 충돌은 가혹한 갈등으로 격화되고, 경미한 마찰은 회복 불가능한 파국의 증거로 여겨지기도 한다. 이것이 바우만이 묘사한 현대인의 관계 양상이다. 우리는 안정된 관계를 갈구하면서도 액체 현대 속에서 고독과 불안을 쓸쓸히 체험하고 있다.

▸ 바우만의 핵심 개념

홀로코스트   # 현대성   # 액체현대   # 개인주의   # 도시

쓰레기가되는삶   # 결혼에서동거로   # 유동하는공포

▸ 더불어 읽으면 좋을 책

지그문트 바우만, 『액체 현대』, 이일수 옮김, 필로소픽, 2022.
지그문트 바우만, 『현대성과 홀로코스트』, 정일준 옮김, 새물결, 2013.

지젝

SLAVOJ ŽIŽEK (1949~)

농유럽의 기적

여태껏 알려진 사상가는 대부분 서유럽 출신이었다. 영국과 프랑스 그리고 독일 사람인 경우가 다수를 차지한다. 그러다 최근 동유럽에서 기적처럼 인물이 나타났다. 슬라보예 지젝이라는 기적이다. 지젝은 학계뿐 아니라 대중에게도 인기가 높다. 할리우드 영화 「매기스 플랜」(2017)에도 그의 이름이 언급될 정도다.

지젝은 슬로베니아의 사상가로 말주변이 좋다. 그는 1990년에 대통령 선거에 출마해서 입담을 자랑했다. 슬로베니아는 대통령을 네 명 뽑는 체제였는데, 당시 선거에서 지젝은 다섯 번째로 많은 표를 얻었다. 후보 토론회에서 현란한 말솜씨를 발휘해 예상 밖의 많은 표를 획득했다. 한 후보는 자신들 가운데 지젝이 가장 똑똑하다는 것을 의심치 않는다고까지 했다.

지젝은 듣는 사람들의 귀를 솔깃하게 하는 말주변만큼이나 독자를 사로잡는 현란한 문체를 구사한다. 책을 읽으면 덩달아 똑똑해지는 기분이 들도록 재주를 부린다. 그가 다루고 있는 주제를 잘 모르더라도 그의 이야기가 흥미로워서 하염없이 읽게 된다. 또한 그는 농담을 섞어 가며 화려한 언변을 구사하는데, 한국을 방문했을 때 카페 투썸플레이스를 보고는 "저기는 둘이서 사랑을 나누는 곳이냐"고 농담했다는 풍문도 전해진다.

온갖 것들을 얘기하면서 재미나게 펼쳐지는 그의 글은 미처 생각하지 못한 부분을 건드린다. 광대처럼 말하면서 독자들을 무장 해제시킨 뒤 자신이 전하고자 하는 바를 내면 깊숙이 찔러 넣는다. 지젝이 사람들 가슴속에 찔러 넣는 사상은 사회 체제의 변혁이다. 영어로 쓴 첫 책에서 지젝은 급진 민주주의자였다. 민주주의 체제가 아무리 부패했더라도 그것을 무너뜨리는 것은 끔찍한 재앙이라고 여겼다. 그러던 지젝이 자기 자신을 비판하면서 혁명 없이는 인류의 미래도 없다고 외치기 시작했다.

2011년 미국의 월가 점령 시위 현장에도 지젝이 등장했다. 미국 월가로 대표되는 금융 자본의 탐욕에 분노한 사람들이 월가로 몰려들어 오랫동안 점령했다. 지젝은 월가 점령 현장에서 사람들에게 68혁명을 상기시켰다. 1968년 유럽과 북미, 일본에서도 많은 젊은이가 세상을 바꾸겠다고 거리로 쏟아져 나왔으나, 그들은 결국 체제 안에 흡수되었다. 지젝은 68혁명의 참가자들이 한때 자신들도 순수하고 아름다웠다는 향수에 젖어 있다고 비판했다. 그리고 시위대에게 요구했다. 내가 두려워하는 단 한 가지는 우리가 훗날 언젠가 다시 만나 맥주나 홀짝거리며 감상에 젖어서는 '우리에게도 좋은 시절이 있었다'고 회고하는 것이라고. 그러지 않겠다고 스스로 약속하자고.

우리 모두는 히스테리증자

지젝은 프랑스의 정신분석가 자크 라캉의 개념을 사용한다. 라캉은 정신분석학의 혁신을 일으켰다고 평가받는 사상가다. 지젝은 라캉의 정신분석학 개념을 가져와서는 사회현상과 인간 내면을 분석한다. 정신분석학에 따르면 우리는 자기 자신을 좀처럼 들여다보지 못한다. 이를테면, 많은 것을 의심하지만 의심해야 한다는 관념 자체를 의심하지는 못한다.

나라는 주체는 그리 깔끔하지 않다. 분열과 괴리, 모순으로 가득하다. 지젝은 우리를 위협하는 침입자란 우리 자신에게 내재하는 적대성의 투사이자 구현이라고 강조한다. 우리는 자기 안의 적개심을 외부에 내던지고는 마치 원래부터 외부의 상대와 적대하고 있다고 순서를 뒤바꿔서 생각한다. 자신이 의심이 많아 상대를 의심하면서도 그 상대 때문에 자신이 의심한다고 변명한다. 감추려 했던 자기 안의 문제가 외부로 투사된 것이 적이다. 어딜 가든 자신과 갈등을 빚는 누군가가 생겨난다면 자기에게 문제가 있는 것이다.

이처럼 우리는 자기 자신을 잘 모른 채 괴로움 속에서 살아간다. 지젝의 말마따나 히스테리에 시달리는 것이다. 우리는 사회가 부여한 위치에 맞게 어머니나 아버지, 아들이나 딸, 회사원이나 학생 등등의 정체성을 가진다. 사회에서 주어진 정체성에 따라 욕망하면서도 동시에 저항한다. 지젝은 이것이 히스테리라는 새로운 해석을 선보였다. 사회 체제에서 지정한 형식이나 상징에 저항하는 것이 히스테리다.

우리는 살면서 어떤 욕망을 욕망해야 하는지에 대한 물음에 직면한다. 욕망은 자연 발생하지 않는다. 사람들은 세상에서 욕망하란 것을 욕망하고, 남들의 욕망을 따라 욕망한다. 그러므로 누군가가 무엇을 원한다고 해서 반드시 '그것'을 원한다는 뜻은 아니라고 지젝은 지적했다. 무엇을 욕망해야 할지 몰라 고뇌하는 인간을 히스테리에 시달리는 상태로 묘사하기도 했다.

정신분석학에 따르면, 욕망이란 타자의 욕망이고 욕망의 욕망이다. 아무리 욕망하는 것들을 성취해도 만족에 이르지 못하는 이유다. 욕망의 성취는 완결되지 못한다. 지젝은 이렇게 충족되지 못한 욕망이 불만족을 향한 욕망으로 바뀐다고 설명했다. 실제로 원하는 것이 무엇인지 모른다는 사실은 알지 못하고자 하는 욕망, 곧 무지를 향한 욕망으로 전환된다. 이것이 히스테리에 시달리는 인간들의 근본 역설이다. 사람들은 무엇보다 자신의 욕망이 충족되지 않은 채 욕망을 계속하기를 욕망한다. 즉, 욕망하기를 욕망한다.

욕망의 원인을 알고자 자신을 세심하게 들여다보는 사람은 적다. 그저 욕망이 충족되지 않은 상태로 불만 속에서 살아가기를 고집한다. 내가 사는 것이 아니라 욕망이 나를 이끌고 살아가는 꼴이다.

죽음충동이 뒤쫓는 맹목의 향락

우리는 때때로 이상한 짓을 한다. 그 이상한 짓이 사람마다 다르고, 자신이 그런 짓을 하는지 의식조차 못 할 수도 있다. 그렇지만 분명 이상한 짓을 한다. 멈추려고 해도 멈춰지지 않는다. 누군가는 자신의 이상한 행동을 자각하고 표현하기도 한다. 예컨대 미국의 시인 실비아 플라스는 코 파기가 얼마나 향락을 주는지 상세하게 묘사했다. 실비아 플라스는 어렸을 적부터 수많은 책상과 의자들이 비밀스럽게 더럽혀졌다고 고백했고, 콧구멍 내피를 너무 거칠게 긁은 나머지 손가락 끝에 마른 갈색 코딱지나 선홍색 코 덩어리가 돌연 얹혀 나오는 것이 얼마나 놀라운 성적 만족이었는지 모른다고 털어놓았다.

이런 행동을 하지 않을 수 없게 만드는 힘을 지젝은 '죽음충동'이라 불렀다. 죽음충동이란 생명을 끝내 버리고픈 충동으로 프로이트가 고안해 낸 개념이다. 지젝은 이 개념을 생활 세계의 요구를 완전히 무시하고 오로지 자신의 길만을 좇는 맹목의 고집을 가리키는 데 사용했다.

죽음충동은 맹목적으로 향락을 추구한다. 향락이란 일상의 평범한 쾌락과 대립한다. 아주 불쾌한 상황에서 생겨나는 쾌락으로서 법과 규범으로 금지해도 억압되지 않는다. 오히려 금기를 어기는 쾌감이 더해져서 향락이 더 강해진다. 지젝에 따르면, 위험 부담이 없는 부적절한 정사는 쾌락일 뿐이지만 향락은 가장 친한 친구의 반려자와 벌이는 정사에 비유할 수 있다. 발각된다면 나의 명예나 사회적 지위가 끝장난다. 바로 그 때문에 더 아슬아슬하고 더 황홀하다. 똑같은 성행위이지만 훗날 어떤 일이 생길지도 모른다는 예상은 이상야릇한 쾌락을 빚어낸다. 금지된 영역으로 진입한다는 전율 속에서 아찔한 향락이 발생한다. 이러한 향락으로 말미암아 수많은 사람이 패가망신한다. 죽음충동에 따라 향락에 사로잡힌 인간은 불을 향해 날아드는 불나방과 비슷하다.

지젝에 따르면, 죽음충동은 향락을 향해 작동된다. 외부의 어떠한 위협에도 아랑곳 않고 그것을 하게 만든다. 죽음충동은 명령에 가깝다. 죽음충동에 의해 무언가를 즐길 때, 우리는 자발적으로 즐기는 것이 아니라 즐기라는 명령에 따르는 것이다. 괴로운 지경에 이르러서도 끝내지 못할 정도다. 대놓고 즐기라는 죽음충동의 명령은 외설적이다. 하지만 이 외설적인 명령으로부터 해방된 사람은 아무도 없다. 인생을 들여다보면 누구나 남들에게 밝힐 수 없는 무언가를 즐기고 있기 마련이다.

종교와 함께 사유하기

사람들이 왜 하는지도 모른 채 반복하는 이상한 행동 중 종교 의례가 있다. 그것들을 왜 하는지 모른 채, 그냥 해왔던 대로 지금도 하고 있다. 그 의례를 집행하는 사람들도 왜 이렇게 해야만 하는지 잘 알지 못할지도 모른다.

지젝은 종교를 풍자하고 비판했다. 유럽에서 기독교 전통이 오래된 만큼 기독교를 자주 거론했다. 예수가 십자가에서 죽은 일에 대한 해석은 사람마다 다른데, 지젝은 기독교의 허점을 짚어 내면서 무신론을 주장하는 데 활용했다.

지젝은 예수가 십자가에 매달렸을 때 예수가 어떤 주체였는지 생각해 볼 것을 권했다. 예수가 자신이 부활하리라는 것을 알았다면 그의 십자가형은 최고의 신학 코미디가 될 것이라고 촌평했다. 예수는 자기가 겪는 시련이 단지 좋은 결과를 보장하기 위한 연출이라는 것을 알고 있으니 말이다. "아버지, 왜 저를 버리시나이까?"라고 울부짖으면서 절망한 척 연기한 셈이 된다. 반대로 자신의 부활을 알지 못했다면 예수가 신이라는 기독교의 신앙은 무너진다. 예수의 인지 범위가 일반인의 의식과 똑같이 제한되어 정말로 버림받아 죽게 되었다고 믿은 것일까?

요컨대 자신이 부활하리란 것을 알았다면 십자가 위에서 벌인 예수의 절규는 쇼가 된다. 십자가 위에서 비참하게 예수가 죽었다면, 예수는 인간처럼 한계를 지닌 평범한 존재이지 신이 아니다. 그런데 예수는 기독교에서 신이다. 신이 신에게 도와달라고 빌지만 끔찍하게 죽는 이상함에 대해 사유할 필요가 있음을 제시한 것이다. 그는 '왜 저를 버리느냐'는 예수의 절규가 유한한 인간으로서는 알 수 없는 사업을 행하는 전능하고도 변덕스러운 신에 대한 불평이 아니라 신의 무력함을 암시하는 불만이라고 해석했다.

좌파 정치철학

지젝은 종교만큼이나 정치에 대해 언급하길 좋아한다. 정치는 지젝이 가장 중시하는 분야다. 그는 정치의 변화를 촉진하고자 수많은 주제와 농담을 활용했다. 지젝이 보기에 좌파와 우파는 대칭되지 않는다. 우파는 자기 자신을 일인칭 화법으로 "나는 우파"라고 말할 수 없다. 우파는 자신을 중심에 있는 존재로 인식한다. 우파는 국민이나 사회와 자신을 동일시하면서 전체의 이름으로 의견을 낸다. 우파는 분열을 부정하고 좌파는 분열 그 자체가 되기에, 좌우파의 대립은 분열을 일으키는 좌파와 중심의 대립처럼 다뤄진다.

　지젝은 좌우파의 차이를 성차에 대한 남녀의 인식과 비교했다. 남성은 인간이란 말을 들으면 무의식중에 당연히 남자라고 전제한다. 반면에 여성은 인간이란 말 자체가 분열되어 있고 모두를 대표하지 않는 것을 안다. 인간은 추상화된 관념으로서 그 안에 분열을 내포한다. 인간 안에는 남자와 여자 그리고 수많은 성소수자들이 있다. 마찬가지로 사회가 전체를 이루더라도 그 속에 언제나 분열이 있다. 좌파와 우파, 그리고 수많은 정치 성향을 가진 사람들이 있는 것이다. 여성의 관점에서만 인간의 분열이 보이듯, 좌파의 관점에서만 사회의 분열과 모순이 보인다.

지젝은 좌파로서 사회 변혁을 부르짖었다. 지식인들이 세상의 변혁을 생각조차 하지 못한 채 체제에 순응하는 난쟁이가 되어버렸다고 비판하면서, 오히려 지금이야말로 좌파가 필요한 때라고 주장했다. 현재 자본주의 국가들은 그동안 사회주의 국가들과 비교하며 눈감아 왔던 내부의 결함들과 대면하고 있다. 외부의 적이 사라지자 내부의 문제를 외면할 수 없는 상황이다.

지젝은 파국으로 끝난 현실 사회주의 국가의 참상과 인류의 꿈을 보존해야 한다고 주장했다. 현실 사회주의의 실패를 기억하면서 더 나은 세계에 대한 희망을 품어야만 현실의 문제를 바꿔 낼 수 있다는 것이다. 사람들이 사회 변혁의 희망을 잃어버렸는데, 우리는 잃어버린 것을 한 번도 실제로 가진 적이 없다. 과거의 실패 때문에 새롭게 시도하기를 두려워하기보다는 더 나은 세상을 선택해야 한다고 독려했다. 지젝에 따르면, 우리에게는 선택할 것인가 말 것인가를 선택할 기회가 없다. 선택에서 물러서는 일 자체가 이미 나쁜 선택이다.

지젝은 자본주의를 도마 위에 올려 놓았다. 자본주의 체제로는 현재의 위기를 해결할 수 없으며, 심지어는 자본주의가 위기의 원흉이라는 것이다. 지젝은 우리가 세계를 이해하는 방법을 바꿈으로써 다른 세계를 원하도록 만드는 것이 자신의 사명이라고 밝혔다. 바로 이 때문에 그는 현대에서 가장 위험하면서도 매혹적인 철학자라고 평가받고, 여러 논쟁의 중심에 있다.

지젝은 혁명을 주장하지만 현 체제를 바꿀 대안을 제시하지는 못한다는 한계점을 지적받곤 했다. 또, 혁명에 대한 태도나 방법론이 조금씩 달라져서 일관된 입장을 유지하는 데 실패했다는 비평도 더해졌다. 미국의 언어학자 촘스키는 '무언가 있는 척하나 알맹이는 없는 극단적인 사례'라고 지젝을 저격했고, 영국의 역사학자 홉스봄도 그를 공연자로 묘사하면서 핀잔했다.

남들이 뭐라고 해도 지젝은 꿋꿋이 혁명을 외치고 있다. 현실 사회주의 국가가 몰락했어도 '더 나은 세상'이라는 이념 자체가 사라지기는 어렵다. 현실에서 사랑에 실패하고 큰 상처를 받았다고 해서 사랑이라는 이념을 포기하기 어렵듯 말이다. 영국 언론 가디언이 '우리에게 비밀을 하나 말해 달라'고 부탁하자 지젝은 이렇게 대답했다고 한다. 공산주의가 승리할 것이라고.

▸ 지젝의 핵심 개념

#월가점령시위   #히스테리증자   #죽음충동   #향락

#십자가에매달린예수   #좌파와우파   #공산주의

▸ 더불어 읽으면 좋을 책

슬라보예 지젝, 『이데올로기의 숭고한 대상』, 이수련 옮김, 새물결, 2013.
슬라보예 지젝, 『잃어버린 대의를 옹호하며』, 박정수 옮김, 그린비, 2009.

4부

올바른 사회란
어떤 모습인가?

서구 철학의 시작

플라톤은 서구 철학의 처음이자 마지막이라고까지 평가할 수 있는 인물이다. 영국의 철학자 알프레드 화이트헤드는 서양 철학이 플라톤의 각주에 불과하다고 논평했을 정도다. 각주란 본문 밑에다 따로 덧붙인 설명을 가리키는 것으로, 서양 철학은 플라톤에 대한 추가 설명에 지나지 않는다는 의미이다.

　서구 사상은 고대 그리스를 자신들의 뿌리로 삼는다. 그리스 도시국가에서 꽃피운 철학과 문학 그리고 예술이 서구인의 정신을 이룬다. 그리스의 도시국가 중에서도 아테네는 가장 영향력이 컸다. 아테네는 그리스를 넘어 지중해를 대표하는 도시로 성장했고, 수많은 이방인이 유학을 왔다. 플라톤은 아테네에 '아카데미아'를 세웠다. 플라톤의 제자였던 아리스토텔레스도

리케이온 학교를 설립했으며, 에피쿠로스학파와 스토아학파의 학교도 생겨났다. 아테네는 서구 학문의 고향이다.

플라톤은 제자들을 키우는 가운데 열심히 저술했다. 그는 자신의 스승 소크라테스를 주인공으로 내세워 그가 다른 사람들과 나누는 대화의 형식으로 자신의 사상을 펼쳤다. 허구와 사실을 넘나들면서 철학책을 쓴 셈이다. 플라톤의 책 속에서 소크라테스는 여기저기를 돌아다니며 사람들과 한바탕 유쾌하게 입씨름을 벌인다. 축제에 가는 도중에 축제를 구경하지는 않고, 사람들과 길거리에서 줄기차게 이야기한다. 아마도 이렇게 사람들과 대화하는 것이야말로 진짜 축제라는 것을 플라톤은 암시했는지도 모른다.

정의란 무엇인가

플라톤의 책에 등장하는 소크라테스의 여러 논쟁 중 트라시마코스와의 논쟁이 유명하다. 인문학 서적이든 사회과학 서적이든 온갖 책에서 이 논쟁을 다룬다.

축제를 보러 가는 소크라테스 일행에게 트라시마코스가 시비를 걸었다. 그는 정의란 강한 자의 이익이고, 강한 자가 설립한 기준을 따르는 것이라고 주장했다. 트라시마코스와 달리 소크라테스는 공동선의 관점에서 정의를 바라보았다. 모든 사람에게 공정하고 보편성을 지녀야만 정의라는 것이다.

트라시마코스는 정의의 실증성에 의문을 표했다. 간단히 말해, 정의가 실제로 있는지 증명할 수 있느냐는 것이다. 살다 보면 정의가 있는지 없는지 도대체 알 수 없는 상황일 때가 많고, 정의가 있더라도 작동하고 있는지 회의감이 들 때가 있다. 정의가 언제나 실현되지는 않기에 인간 사회는 법을 만들어 질서를 유지하려 든다. 법이 있다고 사람들이 도덕성을 갖춘 것은 아니지만, 법은 정의가 이루어지는 데 이바지한다.

법을 최소한의 도덕이라고 소크라테스는 간주했다. 도덕 중에서 최소한 지켜져야만 하는 것을 법으로 정해 놓고 강제성을 부여한다는 것이다. 반면에 트라시마코스는 법이란 입법자들이 제정한 것이고 법을 만들고 집행하는 이들은 강자들이므로 법은 곧 강자의 이익을 반영할 수밖에 없다는 논리를 폈다. 누구나 살면서 법의 도움을 받기보다는, 법 때문에 조금씩 억울한 일을 겪기에 트라시마코스의 주장에 고개가 끄덕여진다.

법은 강자의 이익일 뿐이라는 트라시마코스의 주장에 귀가 팔랑거릴 때, 소크라테스가 목청껏 반론을 펼친다. 정의란 공동선을 바탕으로 한 객관적인 올바름이라고 말이다. 일부 세력이나 강자의 이익만을 대변하는 정의는 잠시 통하는 것처럼 비칠지 몰라도 지속할 수 없다. 정의란 공동선을 기반으로 세워진다. 모두에게 좋지 않은 것은 정의가 될 수 없다는 반박이다.

플라톤은 여기에 불의를 저지르는 이들조차도 힘을 합치려면 정의가 필요하다는 생각을 덧붙였다. 도둑이나 깡패조차 작당하려면 서로를 신뢰할 수 있을 정도로 올발라야 한다. 올바르지 않은 뜻을 품으면 스스로 무너지는 경향이 있다. 이것을 잘 보여 주는 영화가 「범죄도시2」(2022)다. 영화 속 악당들은 올바르지 않기에 서로 신뢰하지 못한다. 이익을 위해 협력하면서도 언제든 배신당할 수 있다고 불안해하고 경계한다. 언뜻 보기에 폭력을 무자비하게 사용하는 그들이 강한 것 같지만, 그들은 오합지졸이다. 그들이 얻은 이익은 부정의한 데다 정작 그들의 손아귀에 오래 머무르지도 않는다. 공동선에서 멀어지면 정의가 아니고, 정의에 바탕을 두지 않은 이익은 위태로운 법이다.

바람직한 나라

정의로운 사회라는 이상을 품고 플라톤은 정치가가 되려고 했다. 하지만 아테네 사회의 혼란은 좀처럼 나아질 낌새가 없었던 데다 스승 소크라테스가 어처구니없게 사형당하는 일을 옆에서 지켜보아야 했다.

현실에 대한 실망은 이상 사회에 대한 상상을 불러일으켰다. 플라톤은 아름다운 이상을 구현하는 훌륭한 통치 체제를 찾아내고 싶었다. 플라톤은 바람직한 정치가 어떠한지를 오랫동안 구상했다. 플라톤에 따르면, 현실 너머의 이상은 일반 사람들이 알기 어렵다. 지혜를 사랑하는 철학자만이 이상을 알 수 있고, 이상에 따른 통치를 할 수 있다. 따라서 철학자가 통치하는 나라가 훌륭한 나라라고 플라톤은 판단했다.

플라톤의 바람직한 나라는 세 계층으로 구성된다. 플라톤에 따르면, 신은 사람의 영혼에 각기 다른 성분을 넣어 세 계층으로 나누어 놓았다. 철학자, 전사, 노동자다. 철학자에게는 금, 전사들에겐 은, 노동자들에게는 구리와 쇠가 들어가 있다. 처음에는 어떤 성분을 타고났는지 알 수 없다. 은을 가진 부모 사이에서 금이 출생하기도 하고, 구리를 가진 부모에게서 은이 태어날 수도 있다. 따라서 성장기의 교육과정을 통해 아이들의 재능을 확인해야 한다. 금의 성분을 지닌 아이들을 따로 뽑아서 통치자로, 은의 성분을 지닌 아이들을 전사로, 구리와 쇠를 지닌 사람을 노동자로 나눠 키워야 한다고 플라톤은 제시했다.

세 계급은 적성에 따른 분별이다. 혈통이나 빈부에 따라 정해지는 것이 아니다. 자질에 따라 얼마든지 계층 이동이 가능하다. 성차별도 없다. 플라톤은 여성도 수호자가 될 수 있다고 주장했다. 사람은 성장기를 거치면서 자신의 성향에 맞게 지위와 직업을 갖는다.

플라톤의 이상 사회에서는 노동자라고 슬퍼할 것도 없고, 나라를 다스리는 철학자나 그들을 보조하는 전사라고 좋아할 것도 없다. 철학자와 전사는 수호자 계급이 되는데, 이들은 돈이나 집, 옷 등 개인의 소유물을 가질 수 없다. 가족도 없다. 공동 막사에서 거주하고, 자신의 자식이나 부모가 누구인지 모르도록 조치가 취해진다. 핏줄에 대한 집착은 공동체에 대한 충정에 반하기 때문이다. 수호자들은 오로지 공동선을 위해 전념한다. 사람들에게 존경과 인정을 받는 것 말고는 딱히 특혜가 없다. 바람직한 사회의 목표란 어느 한 집단의 이익이나 번영이 아니라 모든 사람이 최대한 행복해지는 것이다.

통치자들이 시민을 위해 철저하게 복무하게 만드는 플라톤의 계획은 바람직하게 보일 수 있더라도 현실과 동떨어져 있다. 인류사를 샅샅이 뒤지더라도 지도자 계급이 재산이나 가족도 없이 오로지 사회 정의를 위해 투철하게 헌신하는 경우를 찾기 어렵다. 왜 그러할까? 플라톤은 철학의 부재를 이유로 꼽았다. 철학philosophy이란 지혜sophia를 사랑philos한다는 뜻이다. 권력자들이 철학을 하지 않는다면, 다시 말해 지혜를 사랑하지 않는다면 부정의한 것은 끝나지 않으리라고 플라톤은 내다보았다. 철학을 통해서만 정의로운 사회가 될 수 있다.

누가 다스리느냐에 따라 나라의 상황이 달라진다. 지혜를 사랑하지 않는 자가 권력을 잡는다면 그는 자신의 이익만을 추구할 테고, 나라는 엉망이 될 수밖에 없다. 플라톤은 진정한 철학자가 나라를 다스린다면 바람직한 사회가 될 거라고 내다봤다.

훌륭한 사람

한 나라의 정치체제는 개인의 정신 상태와 상응한다고 플라톤은 생각했다. 국가의 계급 체계를 철학자, 전사, 노동자라는 세계층으로 나누었듯 한 사람의 정신도 이성, 기개, 욕구라는 세 부분으로 나누었다. 플라톤에 따르면, 우리 안에는 한결 나은 것과 못한 것이 있다. 더 나은 쪽이 이성과 기개라면 덜 나은 부분은 욕구다. 이성과 기개가 욕구를 제압할 경우 자기 자신을 이기는 것이다. 반면에 이성과 기개가 욕구에 제압당하면 그 사람은 자기 자신에게 진 것이다.

철학자가 전사를 보조자로 삼아 노동자들을 다스리는 나라가 훌륭한 국가이듯 이성으로 기개를 사용해 욕구를 다스릴 때 훌륭한 사람이 된다. 욕구로 들끓는 마음을 다스리면서 절제할 줄 아는 사람이 철학자다. 철학자는 이성과 기개를 함께 갖춘 사람이다. 여기서 관건은 기개이다. 한 나라에서 전사들이 없으면 나라를 지킬 수 없지만 그렇다고 전사들이 제멋대로 굴면 자중지란에 빠진다. 기개도 마찬가지다. 기개가 없어 풀이 죽어 있는 것도 문제이지만 내키는 대로 뿜어져서도 안 된다. 훈련을 받아 이성의 보조 구실을 해야 한다.

기개가 이성의 보조라면, 욕구는 이성의 다스림을 철저히 받아야 한다. 욕구는 좀처럼 만족할 줄 모른 채 마구 날뛰며, 언제든지 일어나 마음을 점령하고 종속시키려 들기 때문에 잠식되지 않도록 스스로 점검하고 감독할 필요가 있다.

이성을 통해 마음이 조화로울 때 성숙하고 훌륭한 사람이 된다. 이는 플라톤이 살던 고대 그리스뿐 아니라 인류사 어느 곳이든 언제나 통하는 일종의 법칙인지 모른다. 오랜 시간 절제하면서 공부하면 내면의 갈등이 잠잠해지고, 마음이 평온해지는 상태에 이른다. 절제력이 있는 사람이란 이성, 기개, 욕구가 화합한 사람이다. 플라톤은 이렇게 자기 자신 안에서 조화와 질서를 이루는 것이 올바름이라고 생각했다. 올바름이란 외부의 활동과 관련된 것이 아니라 참된 자기 자신 그리고 자기의 참된 일과 관련된 것이라고 강조했다.

자기 안의 마음이 참된 의미에서 잘 조율되었을 때 절도 있고 평온한 사람이 되는 것을 모르는 이는 드물다. 다만 그런 상태에 이르기까지의 과정이 수월하지 않을 뿐이다. 그래도 어떤 사람이 되어야 올바른 사람이라는 것을 플라톤을 통해 재차 확인할 수 있다. 우리는 꾸준한 공부를 통해 차차 욕구를 다스리면서 점차 조화로운 사람이 되어 간다.

선의 이데아

플라톤은 올바름과 정치를 얘기하다가 '동굴 우화'를 언급했다. 약간은 뜬금없이 보일 수도 있다. 그런데 이 동굴 우화야말로 오랜 세월 사람들에게 영감을 불어넣어 주는 이야기다. 동굴 우화를 간략히 소개하면 다음과 같다. 어릴 적부터 결박당한 상태로 동굴의 한쪽 벽면을 바라보는 사람들이 있다. 이들은 고개를 돌릴 수 없다. 뒤쪽 멀리 불빛이 있고, 불빛과 사람들 사이에 얕은 담장이 있어서 인형극 같은 공연이 펼쳐진다. 담장에 공연이 펼쳐지면 동굴의 벽면에 그림자가 생기고, 사람들은 그 그림자를 현실이라고 믿으며 살아간다. 그러다 묶여 있던 사람들 가운데 누군가가 풀려난다. 그는 고개를 돌리고 몸을 움직여 담장을 지나 불빛을 본다. 처음에는 눈부심 때문에 제대로 보지 못한다. 그러나 시간이 지나면, 그동안 현실이라고 믿어 온 것이 사실 그림자에 지나지 않는다는 실상을 깨닫는다.

진짜 세계는 내가 살고 있는 이곳이 아니라 다른 곳에 있다. 그 세계를 플라톤은 실재이자 '이데아'라고 불렀다. 그는 우리의 현실이 그림자에 지나지 않는다고 여겼다. 우리는 진실을 알지 못한 채 동굴 속에 포박당한 죄수처럼 그림자를 진짜라고 믿고 있다. 수많은 사람이 진짜 현실을 사는 것이 아니라 꿈꾸는 상태로 산다고 플라톤은 평가했다.

세계의 본질이자 궁극의 근원인 이데아는 감각을 통해서는 파악되지 않는다. 이데아는 기개나 욕구가 아니라 이성을 통해서만 알 수 있다. 정신의 수준이 고양될수록 감각뿐만 아니라 이성을 통해 실상을 깨닫게 된다.

세계의 실상이란 '선의 이데아'다. 플라톤은 선의 이데아가 모든 옳고 아름다운 것의 근원이며, 우리에게 진리와 이성을 제공한다고 주장했다. 선의 이데아를 깨닫기 전까지 인간은 방황하고, 선의 이데아를 보아야 지혜로운 자가 된다. 우리가 진정으로 배워야 하는 것은 이데아라고 플라톤은 설파했다.

어쩌면 인생이란 세계의 궁극 실재를 깨닫기 위한 여정일지도 모른다. 내가 왜 사는지, 세계란 무엇인지 깨닫고자 사람들은 오랫동안 철학을 공부했다. 철학은 그 답을 찾으려는 노력의 결과물이다. 우리는 철학을 공부하면서 인생과 세계의 본질에 한층 더 깊숙이 다가간다.

▸ **플라톤의 핵심 개념**

#공동선 #정의란무엇인가 #바람직한나라 #훌륭한사람

#궁극실재 #세계의실상 #선의이데아 #동굴우화

▸ **더불어 읽으면 좋을 책**

플라톤, 『파이드로스』, 조대호 옮김, 문예출판사, 2008.
플라톤, 『플라톤의 국가·정체』, 박종현 옮김, 서광사, 2005.

루소

JEAN JACQUES ROUSSEAU (1712~1778)

과거는 반복되는가

사람은 과거에서 벗어나지 못한 채 과거의 오류를 반복하는 경향이 있다. 불행했던 가정환경 속에서 자란 아이들이 성인이 되었을 때 어린 시절 겪었던 것과 비슷한 가정을 꾸리는 경우도 흔하다. 철학자 중에도 그런 남자가 있다. 장 자크 루소다.

　루소의 인생은 혹독한 고비의 연속이었다. 루소의 어머니는 그를 낳자마자 사망했다. 아버지는 어린 루소를 붙잡고 아내 이야기를 하면서 하염없이 눈물을 흘렸다. 자신의 탄생이 곧 어머니의 죽음이었다는 사실은 루소에게 감당하기 어려운 고통이었다. 열 살이 되던 해에 아버지마저 루소를 친척에게 맡기고 떠나 버렸다. 아버지로부터 버림받았다고 생각한 루소는 방랑하면서 청소년기를 보냈다. 그러다가 한 귀부인의 집사가 되어

부인의 후원으로 음악 교육을 받았다. 루소는 그 귀부인을 엄마처럼 여겼으나, 그 귀부인은 루소를 집사로 부려 먹다가 애인으로 만들었다. 훗날 루소는 고백한다. 근친상간을 저지르는 기분이었다고. 그 부인에게 새로운 집사 겸 애인이 생기자 루소는 쫓겨났다.

파리에 머무르게 되면서 루소는 인생의 전환점을 맞았다. 새로운 악보 표기법을 발표했고, 디드로와 친구가 됐다. 여기에 콩디야크와 달랑베르도 합류했고 네 명은 자주 모여 토론했다. 그들은 당대를 대표하는 지성으로 프랑스 역사에 이름을 남겼다. 루소는 디드로의 권유로 학술 공모전에 참가해 일등으로 당선됐다. 게다가 그가 만들어 발표한 음악극이 엄청난 인기를 끌면서 명성을 날렸다. 루소는 한 시대를 풍미한 소설 『신엘로이즈』도 출간했다. 이 소설은 18세기 유럽에서 가장 많이 팔린 소설 중 하나로, 유럽의 문학사조를 고전주의에서 낭만주의로 바꾸는 기폭제 구실을 했다. 그 뒤로 루소는 굵직한 책들을 펴내면서 시대를 뒤흔드는 사상가가 됐다.

파란만장한 루소의 삶에서 빼놓을 수 없는 한 여인이 있다. 루소는 여러 귀부인과 교제하는 가운데 이 여인과 사실혼 관계를 맺었다. 문제는 루소와 그녀 사이에서 태어난 다섯 명의 자식 모두를 고아원에 버렸다는 점이다. 루소는 돈 없는 자신이 키워 봐야 자식들이 삐뚤어질 것이라며 자신의 행동을 애써 정당화했다. 나중에 여유가 생긴 뒤에 아이들을 찾아 보려고 했으나 찾지 못했다. 버림받은 아이였던 루소는 자기 자식을 버린 부모가 됐다.

물론 당시에 아이를 버리는 일은 비일비재했다. 파리의 신생아 가운데 사 분의 일이 버려졌을 정도였다. 1년에 6천 명의 아기들이 고아원에 들어왔다. 시설과 환경은 열악했다. 고아들은 돌봄을 받기는커녕 살아남는 것조차 어려웠다.

루소는 한 생애를 살면서 고통받았고, 방랑했다. 그렇지만 그의 삶에 불운과 비애만 있지는 않았다. 루소는 자신의 잘못을 통렬하게 반성했고, 고통 속에서 오랫동안 깊게 사색했다. 그 결과 그에게서는 자유와 평등을 향한 철학이 흘러나왔다. 그의 사상을 통해 세계는 새로워졌다.

자연으로 돌아가라

루소는 계몽주의자로 분류된다. 그런데 이성의 진보를 통해 문명의 발전을 추구해 온 다른 계몽주의자들과 달리 루소는 문명 내부에서 문명의 문제를 드러내는 방식의 계몽을 추구했다. 문명은 인간에게 혜택을 주었지만, 동시에 그에 못지않은 문제를 일으킨다는 것이 루소의 진단이었다.

인간은 자유롭게 태어났지만 사회 속에서 쇠사슬에 묶여 있다. 자유롭고 평등한 인간이 문명을 일궜는데, 그 문명이 오히려 인간의 자유와 평등을 훼손한다. 루소는 문명의 결함을 우연히 생긴 문제가 아니라 문명이 발전하면서 생겨나는 필연의 결과로 보았다. 문명을 신봉하던 계몽주의의 한복판에서 루소는 '자연으로 돌아가라'고 외쳤다. 루소에 따르면, 자연 상태의 인간은 선량하고 자유로우며 행복하지만 문명 속의 인간은 사악해지고 구속받으며 불행하다. 그러니 자연 상태를 회복해야 한다고 주장했다.

자연으로 돌아가라는 것은 산이나 숲으로 들어가라는 것이 아니라 타고난 인간 본성을 긍정하려는 자세를 갖자는 의미다. 인간은 모두 자유롭고 평등하게 태어났는데 문명이 이를 왜곡한다는 것이 루소의 문제의식이었다. 불평등한 사회구조 속에서 살면 어느새 복종을 명예라고 생각하게 된다. 평판에 얽매여 행동하고, 타인의 관점에서 자신의 가치를 확인받으려는 비참한 상태에 빠져든다. 문명의 혜택을 받고자 자유를 잃어버리는 대가를 치른다.

루소는 땅에다 울타리를 치고는 여기가 자기 땅이라고 말하고 그 말을 다른 사람들이 믿을 만큼 순진하다고 생각한 인간이 문명사회의 창시자라고 주장했다. 그 누구의 것도 아닌 자연을 자기 것이라고 선포하고 다른 이들의 접근을 막아 내려는 욕심 속에서 문명이 생겨났다는 지적이다. 루소는 사유재산이 차별과 빈곤과 불평등을 불러온다고 보았고, 이를 사회문제의 원인으로 지목했다. 이기심은 인간을 악하게 만든다.

루소의 통찰은 예리하다. 문명은 편리와 안락을 제공하는 동시에 대가를 요구한다. 우리는 어느새 자비나 연민보다는 질투와 시기를 더 자주 느끼며 살아가고, 누군가 땅과 산을 가졌다고 하면 부러워하고, 자연을 차지하지 못한 자신을 부끄러워한다. 하지만 자연이 누군가의 소유물이라는 게 과연 가당키나 한 얘기일까? 어쩌면 우리는 문명의 독성에 지독하게 중독되었는지도 모른다.

교육계에 들이닥친 루소라는 돌개바람

루소는 문명의 폐해에 시달리는 사람들을 계몽하고자 교육 철학서를 출간했다. 아이를 다섯이나 버린 사람이 교육서를 쓴다는 것이 조금은 어이없게 보일 수 있다. 그렇지만 자신이 저지른 잘못을 참회하는 심정으로 교육서를 집필했다. 루소는 대중이 결코 용납하지 못할 오래된 죄가 자신에게 있으며, 책을 써서 속죄해야 한다는 내용의 편지를 쓰기도 했다. 후회와 죄책감이라는 거름이 루소라는 토양에서 『에밀』이라는 열매를 맺었다.

『에밀』은 서구 교육계에 가장 큰 영향을 미친 책이다. 동시에 큰 논란의 중심에 있었다. 출간되자마자 파리 고등법원에서 '책을 불태우라'는 명령을 내릴 정도였다. 보지 말라고 하면 더 보고 싶은 것이 사람의 심리인지라 책은 더욱더 유명해졌다. 한 조사에 따르면, 『에밀』은 1762년에 출간된 후 1800년까지 번역본과 해적판을 아울러 무려 60여 판이 출간됐다. 누구나 아는 유명인도 『에밀』의 영향을 받았다. 나폴레옹은 전투에 나갈 때도 에밀을 꼭 챙겼고, 독일의 문학가 괴테는 호주머니에는 언제나 호메로스를, 머리에는 언제나 에밀에 대한 생각을 담고 있다고 했다.

천지개벽이 벌어졌다. 루소 이전에는 아이들에 대한 교육의 필요성을 느끼는 사람이 많지 않았고, 가르치더라도 권위를 내세운 훈육이 대부분이었다. 사랑의 매라는 이름으로 폭력이 난무했다. 아이들은 자연스러운 마음을 잃어버린 채 고분고분해질 수밖에 없었다. 루소는 권위와 두려움에 아이들이 짓눌리는 사태를 공론화했다. 무엇을 하고 또 하지 말아야 할지 아이들 스스로 이해해서 선택하지 못하고, 처벌을 피하려고 처신하게 만드는 것은 커다란 잘못이라고 주장했다.

모든 아이를 획일화시키는 전통의 교육 방식을 루소라는 돌개바람이 날려 버렸다. 루소는 다채롭게 체험하고 감성을 온전히 발달시키는 교육 방법을 제시했다. 어린이의 개성과 흥미를 중시하면서 다양한 경험을 선사하는 자연주의 교육 사상이 싹텄다. 아이의 자연성과 자율성을 중시하는 교육이 전 세계에서 시작됐다. 루소는 "한 포기의 풀이 싱싱하게 자라려면 따뜻한 햇볕이 필요하듯, 한 사람이 건강하게 성장하려면 칭찬이라는 햇살이 필요하다"라는 명언도 남겼다.

자유로운 자연인으로 성장하도록 돕는 것이 루소가 주창한 교육의 핵심이었다. 루소는 순수한 자연 상태의 아이가 이기심에 오염되지 않고 자유롭고 올바르게 살아갈 수 있는 교육법을 창안했다. 자유와 독립성을 지닌 개인이 타인을 관용하면서 시민 의식을 갖고 살아갈 수 있도록 세세하게 지도하고자 했다.

일반의지

루소의 철학에는 자유와 평등이라는 자연 상태가 깔려 있다. 우리는 저마다 자연 상태로 돌아가야 하고, 자연성을 회복하기 위해 어릴 때부터 교육을 받아야 하며, 교육을 받은 사람들은 시민이 되어서 자유와 평등을 누리는 사회를 구성한다는 것이 루소가 제시한 청사진이다. 자연스레 그는 사회 이론도 연구했다.

강자들이 자기 이익을 위해 법과 규칙을 만들고 강요한다면 대다수의 자유와 평등은 짓밟힌다. 반면에 모든 사람의 의견을 반영해서 만든 법과 규칙은 개인의 자유와 평등을 보호한다. 법과 규칙이라는 권력 행사가 정당해지려면 시민들 스스로 법과 규칙을 세워야 한다. 내가 정한 규칙을 내가 따르는 것은 그 누구에게 복종하는 것이 아니기 때문이다.

권력 행사의 조건으로 루소는 '일반의지'라는 개념을 고안해 냈다. 일반의지란 공동의 힘으로 개인과 연합의 이익을 방어하려는 의지이자 연합을 추구하려는 의지다. 루소에 따르면, 사람들은 사회계약을 통해 국가를 만든다. 그런데 국가의 구성원마다 의견이 다르다. 다양한 의견 가운데 무엇이 공공선에 가까운

지를 선택해야 한다. 이때 누군가의 의견에 가중치를 두면 평등에 위배되기 때문에, 모든 사람이 평등하게 한 표의 가치만 갖는다. 그렇게 자유롭고 평등하게 이루어진 투표를 통해 일반의지가 드러난다. 루소는 다수결의 원칙에 따라 더 많은 표를 얻은 의견에서 일반의지를 발견할 수 있다고 믿었다.

물론 사람들이 성숙하지 못해 자신들의 이익만을 추구한 결과라면, 그것은 일반의지가 아니라 그저 다수의 횡포일 뿐이다. 다수의 의견이라고 해서 무조건 일반의지인 것은 아니다. 소수의 의견이라도 일반의지가 될 수 있다. 일반의지가 진리와 선을 담보하기 때문이다. 예컨대, 독재 사회에서 많은 사람이 두려움에 질린 나머지 저항하지 않더라도 몇몇 사람이 외치는 "독재자는 물러가라"라는 목소리에 일반의지가 담겨 있다. 일반의지는 선한 목적을 갖고 현실에서 실현된다.

독재뿐 아니라 민주주의 정부에서도 문제는 생긴다. 사람들이 주권 행사를 통해 법을 만들고, 정부는 행정과 사법을 통해 주권자가 만든 법을 시행한다. 그런데 행정부나 사법부가 권력을 남용하기도 한다. 자유와 평등을 지키고자 사회계약을 통해 권력기관을 만든 뒤 일반의지로 형성된 법을 집행하라고 맡겼는데, 권력기관이 사람들의 자유와 평등을 침해하면 사회계약을 깬 꼴이다. 이럴 때 사람들은 저항할 권리, 즉 권력기관의 형태나 관리자를 뜯어고칠 권리가 있다.

루소가 일반의지라는 개념을 제시한 것은 사회에 만연한 불평등을 변혁하기 위함이었다. 그는 모든 사회악과 사회 갈등의 뿌리가 경제 불평등이라고 단언했다. 극심한 빈부 격차는 자유와 평등을 위협하고, 나아가 사회 존립도 위험하게 한다. 루소는 일반의지를 통해 공공선을 추구하면서 현실의 부정의를 바로잡으려 했다. 몇몇 사람의 이익이 아니라 평범한 다수의 자유와 평등을 위해 일반의지라는 개념을 내놓은 것이다. 일반의지가 반영된 사회라면 사람들은 국가와 결합하더라도 타인에게 종속되지 않은 채 평등하게 자유를 누린다. 공공선을 추구하는 국가를 루소는 염원했다.

왕이나 귀족이나 부자의 의견만 중요한 것이 아니라 모든 사람의 의견이 평등하고, 일반의지를 통해 권력의 정당성을 획득할 수 있다는 루소의 생각은 한마디로 인민 주권론이다. 인민 주권론은 오늘날에 당연해 보이지만 루소가 살던 시대에는 불온하기 짝이 없는 사상이었다. 루소는 기득권 세력에 탄압받으면서 망명을 갈 수밖에 없었다. 하지만 그의 책은 프랑스 대혁명의 도화선이 되었다. 자유와 평등과 박애라는 민주주의의 불길은 전 세계로 번져 나갔다.

치부마저 드러낸 말년

어려서부터 떠돌던 루소는 나이가 들어서도 방랑하는 신세였다. 그는 명예를 잃고 외로운 말년을 보냈다. 계몽주의자들과 갈라섰고, 그를 지지했던 사람들마저 그에게서 등을 돌렸다.

루소는 자신을 들여다보았다. 자신이 왜 고통스러운 삶을 살았는지 이해하고자 남은 힘을 쏟았다. 루소는 세상의 어둠을 밝히는 글을 써 온 것처럼, 자신의 치부를 낱낱이 드러내는 글을 썼다. 자기 자신과 직면하고 내면을 탐사함으로써 실수와 잘못을 바로잡으려는 노력이었다. 이후 사실혼 관계였던 여인과도 정식으로 결혼했고, 행복에 대해 글쓰기도 하면서 여유로운 노후를 보냈다.

한 생을 사는 동안 루소는 자수성가했다. 비록 오점과 흠결도 있었으나, 더 나은 세상을 향한 그의 간절함을 부정하지는 못했다. 루소는 이룰 수 있는 것을 다 이룬 뒤 자신을 괴롭히던 죄책감과 고통에서 벗어났다. 새로운 시대의 씨앗을 뿌린 채 홀가분하게 안식을 맞았다.

‣ 루소의 핵심 개념

#자연으로돌아가라　#계몽주의　#교육개혁　#에밀

#사회계약론　#일반의지　#자유와평등

‣ 더불어 읽으면 좋을 책

장 자크 루소, 『인간불평등기원론·사회계약론』, 최석기 옮김, 동서문화사, 2016.
루이 알튀세르, 『루소 강의』, 황재민 옮김, 그린비, 2020.

마르크스
KARL MARX (1818~1883)

20세기는 미르크스 사상의 실험실

2005년 영국의 공영 방송국 BBC는 세계에서 가장 영향력 있는 사상가를 설문 조사했다. 그 결과 1위는 마르크스였다.

20세기는 세계가 마르크스 사상의 실험실이었다고 해도 과언이 아니다. 공산주의의 불길이 번져 나갈수록 마르크스의 명성은 커져만 갔다. 하지만 그를 구세주로 여기는 사람이 많았던 만큼 악마처럼 여기던 사람도 많았다. 현대사는 자본주의와 공산주의 진영 사이의 피로 얼룩져 있고, 이 이념 갈등의 한복판에 마르크스가 자리한다. 그런데 그는 생전에는 그다지 유명하지 않았다. 심혈을 기울여 『자본』 1권을 출간했지만 책의 진가를 알아보는 사람이 많지 않았다. 장례식도 썰렁했다.

그런데 마르크스의 이름이 전 세계에 각인된 사건이 있다. 러

시아 혁명이다. 혁명에 성공한 뒤 레닌은 마르크스를 혁명의 원동력으로 지목했다. 그러자 마르크스의 책은 혁명의 경전처럼 되었다. 혁명을 꿈꾸는 사람들은 암암리에 그의 책을 읽었다. 그는 진리를 선포한 교주처럼 숭배되었다.

마르크스가 죽은 지 한참 지났지만, 여전히 마르크스에 대한 사람들의 반응은 엇갈린다. 그런데 어쩌면 우리는 마르크스의 사상을 잘 알지도 못하는 가운데 남들처럼 반응하고 있는지도 모른다. 물론 마르크스를 좋아하거나 싫어하는 일은 개인의 선택에 달려 있지만, 중요한 것은 마르크스를 잘 아는 일이다.

마르크스의 사생활

마르크스는 성숙한 인품을 갖추지는 못했다. 거만했고 타인에 대한 배려도 없었다. 마르크스를 평생 물심양면으로 도운 엥겔스조차 마르크스에게 격분했을 정도였다. 사실혼 관계였던 여자의 죽음을 전하는 엥겔스의 비통한 편지에 마르크스는 돈을 좀 부쳐 달라고 답장했다. 엥겔스는 진저리 치면서 절교를 선언했는데, 마르크스의 친지들이 사정하면서 엥겔스를 달랬다. 그제야 마르크스는 진지하게 사과 편지를 썼다.

마르크스는 자본가와 지주들이 벌이는 착취에 비분강개했으나 정작 자신은 자신의 하녀를 착취했다. 게다가 아내가 생활비 마련을 위해 집을 비운 사이 그 하녀를 임신시키기까지 했다.

둘 사이에서 아들이 태어났으나 마르크스는 받아들이지 않았다. 이때도 엥겔스가 나서서 자신의 아이라고 꾸미고는 다른 가정으로 입양 보냈고, 마르크스를 추문으로부터 보호했다.

마르크스는 뛰어난 경제학자였지만 경제관념은 형편없었다. 낭비벽이 심해서 위기를 자초했다. 툭하면 가구를 교체했고, 걸핏하면 사치스러운 잔치를 벌였다. 아버지의 유산을 흥청망청 써 버렸다. 가난할 수밖에 없었다. 마르크스는 여섯 명의 아이를 낳았으나 세 명이나 죽었는데, 죽은 딸의 관을 외상으로 사려다가 거절당해 절망했다는 일화도 전해진다.

경제난에 시달리자 마르크스는 집안의 유산이었던 예술 작품들마저 처분하려 했다. 어머니가 극구 반대하자 그는 엥겔스에게 '어머니가 죽는 것이 더 나은 때가 온 것 같다'고 말했다. 마르크스는 아버지의 유산뿐 아니라 부인이 물려받은 유산마저 다 팔아 버렸는데도 결국 파산했다. 마르크스의 어머니는 아들이 집필한 책 제목을 듣고는 "자본이라는 책을 쓸 시간에 자기 자본이나 지킬 것이지…"라며 한숨을 내쉬었다.

마르크스는 말년에 주식도 구매했다. 엥겔스가 보내 준 돈으로 미국 북부의 철도회사 주식과 철강 주식을 대량 매입했고, 2주 만에 큰 이익을 얻었다. 모나코에서는 도박도 했다.

마르크스는 성스러운 도인도 아니고, 뿔난 악마도 아니다. 세상을 연구하면서 한평생 왁자하게 떠든 지식인이었다. 죽음을 앞두고 엥겔스가 유언을 묻자 마르크스는 이렇게 답했다고 한다. "꺼져. 유언 따위는 살아 있을 때 말을 충분히 하지 못한 얼간이들이 하는 말이야."

자본주의를 넘어

낡은 봉건제도를 자본주의가 무너뜨리자 왕정과 귀족은 역사의 뒤안길로 사라졌다. 다만 자본주의가 발달하면서 생겨난 엄청난 생산력을 소수가 독점하는 문제가 생겼다. 왕과 귀족과 사제를 쫓아낸 자리에 자본가가 군림한 것이다. 이런 자본의 모순을 해결하려는 사회주의의 깃발이 거세게 휘날리는 가운데 마르크스가 활약했다. 그는 한평생 '자본'이 작동하는 원리와 자본주의의 문제를 분석했다. 마르크스의 연구는 자본가의 머리에 투하된 가장 거대한 폭탄이라고 엥겔스는 평가했다.

자본주의 초기에는 야만이 펼쳐졌다. 구시대 세력과 투쟁해서 일어 낸 사유는 가난한 사람들의 삶을 담보로 한 자본가의 자유였을 뿐이었다. 자본가는 엄청나게 부유해졌지만, 대다수 사람은 그렇지 못한 채 하루하루 몸을 갈아 넣었다. 하루에 16시간씩 일하다 쓰러져도 규제하지 않았다. 영국에서는 수많은 아이가 굶주린 채 공장에서 일했다. 미국에선 20세기 초까지도 두세 살밖에 되지 않은 유아들이 노동했다. 자본가들은 노동시간을 단축하는 법과 미성년자의 노동시간 제한법을 맹렬히 반대했고, 마르크스는 그 상황을 상세하게 기록했다. 마르크스의 글을 읽은 사람들은 분노하지 않을 수 없었다.

마르크스는 고전경제학에 의문을 제기했다. 고전경제학은 노동자와 자본가가 자유의지에 따라 평등하게 계약을 맺어 거래한다고 전제한다. 자본가는 돈을 지불하고 노동자는 노동력을 제공한다. 자본가는 투자한 금액보다 더 비싸게 상품을 팔면서 이윤을 내는 것처럼 보이는데, 마르크스는 그렇지 않다고 지적했다. 마르크스에 따르면 노동만이 가치를 창출한다. 이윤은 상품을 사고파는 데서 생기는 것이 아니라 상품을 생산하는 과정에서 생겨난다. 자본가들은 노동자들이 투여한 노동의 가치보다 적은 대가를 지불하고, 그렇게 남은 가치를 가져가면서 착취가 일어난다는 것이 마르크스의 잉여 가치론이다.

젊은 날의 마르크스는 인간이 소외되는 현상에도 큰 관심을 가졌다. 자본주의 안에서 사람들은 자기 삶을 주도하는 힘을 잃어 간다. 생산 현장에서 통제력을 잃은 채 그저 기계의 부품처럼 되고, 자신이 이바지한 만큼의 대가를 받지 못한다. 인간관계는 돈과 상품을 매개로만 이어진다. 돈이 인간을 지배하여 우리는 그저 인적자원으로서 자신의 몸값을 높이는 데 안달한다. 열심히 살기는 하지만 자기 자신은 낯선 존재가 된다. 이것이 자본주의에서 일어나는 소외다.

마르크스는 자본주의의 장점을 인정하지만 그 폐단이 심하니 자본주의를 극복해야 한다고 주장했다. 자본주의가 봉건사회를 넘어섰듯 말이다. 그는 자본주의의 생산력을 공유하는 사회로 나아가길 염원하며, 생산수단을 독점한 소수의 자본가와 생산수단이 없는 다수의 무산자로 계급을 나눴다. 생산수단이란 공장이나 토지나 원자재처럼 무언가를 생산하는 데 필요한 수단을 가리키는데, 마르크스는 특정한 집단이 생산수단을 독점하지 않는 사회를 바랐다. 무산자가 들고일어나 생산수단의 사적 소유가 폐지되고, 계급 없는 사회를 이룩하리라 예견했다.

과학적 사회주의

마르크스의 관점에서 계급이 사라진 공산주의 사회란 역사의 필연이었다. 마르크스는 역사를 다섯 단계로 구분했다. 원시 공산제, 고대 노예제, 중세 봉건제, 근대 자본주의, 그리고 다가올 공산 사회로 말이다.

아주 먼 옛날에는 모두가 평등했다. 원시 공산제. 그러다 농업을 시작해 잉여 농산물이 생기면서 계급이 발생하고 노예와 왕이 생겨났다. 고대 노예제다. 그 뒤로 생산력이 늘어나면서 농노와 기사와 영주와 왕이라는 계층으로 이루어지는 중세 봉건제로 접어든다. 근대 자본주의는 산업화를 통해 들어섰는데, 자본주의도 자체의 모순 때문에 결국 공산주의 사회로 넘어가리라고 마르크스는 내다보았다.

마르크스는 변증법을 사용하되, 헤겔의 관념론이 아니라 물질로 세계를 설명하는 '유물론'을 내세웠다. 마르크스의 유물론에 따르면 역사의 발전은 '생산양식'의 발전에 상응한다. 생산양식이란 재화를 생산하고 분배하는 방법이며, 이는 생산력과 생산관계로 이루어진다. '생산력'이란 한 사회에서 재화를 만들 때 사용되는 모든 능력을 아우르는 개념이다. 인간의 능력과 생산수단이 결합하는 양상에 따라 생산력이 좌우된다. '생산관계'란 생산수단을 누가 소유하느냐를 가리키는 용어로써, 쉽게 말해 경제 제도를 뜻한다. 생산력에 따라 생산관계가 바뀐다. 생산관계와 생산력이 모순일 때, 혁명이 일어나 생산관계가 바뀐다는 것이 마르크스의 통찰이었다. 역사를 돌아보면 생산력 향상에 걸맞게 생산관계가 변해 왔다. 그러니 자본주의도 마찬가지일 수밖에 없다는 것이다. 자본주의 생산력이 절정에 이르면 낡은 생산관계로는 생산력을 감당하지 못해 공산주의로 변할 수밖에 없다는 것이 마르크스의 이론이었다. 이것을 흔히 변증법적 유물론이라고 부른다.

물론 기득권층이 변화를 달가워할 리 없다. 봉건제의 영주들과 귀족들이 자본주의에 격렬히 저항했듯 자본가들도 공산주의를 무자비하게 탄압한다. 투쟁이 불가피하다. 마르크스는 바로 이 투쟁이 사회혁명의 원동력이라고 보았다. 자본가와 무산자 계급은 각자의 이해에 따라 대립할 수밖에 없고, 두 계급 사이에서 투쟁이 일어난다. 하지만 결국 인원수도 훨씬 많고 계급의식으로 단결된 무산자가 승리하리라고 마르크스는 전망했다. 유산계급이 혁명을 일으켜 자본주의 사회를 만들었듯, 무산자가 혁명을 일으켜 공산주의 사회가 된다는 예측이었다.

마르크스는 공산주의 혁명에 단계가 있을 것이라고 예상했다. 처음에는 자본가를 몰아내고 무산자 계급이 독재하면서 공산주의로 향하는 과도기가 전개되다가 모든 계급이 사라지면서 국가도 사라지고 생산수단의 사적 소유도 사라지는 공산 사회가 출현하리라는 것이다.

마르크스는 공산주의로 넘어가는 전 단계로서 사회주의라는 개념을 사용했는데, 현실에서는 사회주의와 공산주의가 엄밀하게 구분되기보다는 혼용되어 사용된다. 마르크스 이전에도 사회주의 사상가는 많았다. 그런데 마르크스는 예전의 사회주의 사상가들을 공상적 사회주의자라고 깎아내리면서, 이전의 사회주의와는 달리 자신은 변증법적 유물론과 잉여가치론을 통해 사회주의에 과학이라는 외투를 입혔다고 스스로 치켜세웠다. 마르크스는 이를 과학적 사회주의라고 불렀고, 자신이 인간 사회를 과학적으로 규명했다고 자평했다.

마르크스는 과학자를 자처했다. 과학자답게 자본주의의 문제를 밝히는 데 초점을 맞출 뿐, 아직 오지 않은 미래의 공산사회를 그려 내는 데에는 신중을 기했다. 마르크스는 자본주의가 반드시 몰락할 것이라고만 얘기했다. 공산사회로 나아가는 길을 설명하지는 않았다. 그저 지금까지 모든 사회의 역사는 계급투쟁의 역사라고 강조했을 따름이다.

세상을 바꾸는 철학

마르크스는 불평등한 사회에 강렬한 분노를 느꼈고, 변화를 일으키고자 인생을 바쳤다. 마르크스로 말미암아 사회에서 천대받던 노동자들이 계급의식을 각성했다. 지식인들은 더 나은 사회를 향해 노력해야 하는 의무가 있음을 마르크스를 통해 배웠다. 그의 입김은 나비 효과처럼 커지더니 20세기를 뒤흔들었다.

청소년 시절부터 마르크스는 자기 자신만을 위해 활동한다면 위대한 인간이 될 수 없다고 생각했다. 10대 시절 마르크스는 온 힘을 다해 인류에 기여할 가능성이 가장 큰 직업을 고른다면 어떤 시련도 우리를 굴복시키지 못할 것이라 썼다. 젊은이의 생각과 행동이 인류 사회의 향방을 좌우하니 인류 사회의 진보를 촉진하는 직업을 선택하라는 호소였다.

사회에서 소외된 가난한 사람을 도우면 착하고 좋은 사람이 된다. 반면 약자를 돕고자 사회구조의 변화를 이야기하면 공산주의자라 비난받는다. 희한한 일이다. 공산주의에 새겨진 주홍글씨는 상상력을 질식시키고, 사람들을 무지하게 만든다.

젊어서 공산주의자가 아니라면 심장이 없는 것이고, 나이가 들어서도 공산주의자라면 생각이 없는 것이라는 이야기가 떠돈다. 젊어서 사회 현실에 비분강개하지 않는다면 청춘이라고 할 수 없겠고, 나이를 먹었는데도 이상주의에 갇혀 있다면 스스로 정신을 차릴 필요가 있을 것이다. 그렇지만 현실의 복잡함에 눈을 뜨더라도 이상주의의 가치를 잊지 않는 것은 중요하다. 현재의 세상은 이상주의자들의 피땀을 머금고 이루어진 결과다.

현재 세계의 경제체제는 수정자본주의다. 자본주의는 사람들이 사회주의에 동조하는 것을 막고자 사회주의의 요소를 받아들였다. 사회 약자들을 배려하며 복지 제도를 마련했고 노동권을 보장했다. 마르크스를 비롯한 이상주의자들이 투쟁하지 않았다면 결코 얻어 내지 못했을 결과다. 알고 보면 우리가 누리는 많은 것들은 당연한 것이 아니라 누군가 희생한 결과다.

마르크스는 먼 훗날 좋아질 세상을 마냥 기다리지 않았다. 공산주의를 언젠가 달성해야 할 미래의 상태가 아니라 지금의 상태를 고치고 극복하면서 만들어 가는 현실의 운동이라고 생각했다. 마르크스의 묘비에는 '만국의 노동자여 단결하라'라는 문장, 그리고 '여태껏 철학자들은 세계를 여러 방식으로 해석하기만 했으나 중요한 것은 세계를 변혁시키는 것'이라는 문장이 적혀 있디. 오늘날에도 많은 사람이 그의 무덤을 찾고 참배한다.

‣ **마르크스의 핵심 개념**

#공산주의 #변증법적유물론 #잉여가치론 #과학적사회주의
#마르크스주의 #계급투쟁 #무산자 #자본가 #자본

‣ **더불어 읽으면 좋을 책**

이진경, 『자본을 넘어선 자본』, 그린비, 2004.
자크 데리다, 『마르크스의 유령들』, 진태원 옮김, 그린비, 2014.

아도르노
THEODOR WIESENGRUND ADORNO (1903~1969)

아우슈비츠 이후 서정시는 야만이다

끔찍한 사태가 벌어져 많은 이들이 비통해 하고 있었다. 추모하고자 모인 사람들은 숙연했고 그곳의 분위기는 무거웠다. 그때 근처에서 몇몇 이들이 허겁지겁 통닭을 뜯어 먹었다. 아도르노의 관점에 따르면, 그들은 인간성을 파괴하는 폭력을 저지르는 동시에 현대 문명에 도사리는 야만의 증거다.

그는 아우슈비츠 이후 서정시를 쓰는 것은 야만이라고 선언했다. 수많은 사람이 죽어간 상황에서 아름다움을 노래한다면 참으로 몹쓸 짓이다. 하물며 죽을 것 같이 고통스러운 사람 옆에서 웃고 떠든다는 건 마음에 쐐기를 박는 일과 다름없다.

물론 아도르노는 나치 강제수용소에서 살아남아 시집을 발표한 파울 첼란의 시를 읽고는 생각이 바뀌었다. 아도르노는 고

문당한 사람이 비명 지를 권한을 지니듯 끊임없는 고통은 표현의 권리를 지닌다면서 아우슈비츠 이후에 시를 쓸 수 없으리라고 한 말은 잘못이었다고 인정했다. 주체에 짐 지워진 객관성이 괴로움이므로 괴로움을 표현하려는 욕구는 모든 진리의 조건이라고 글을 썼다. 그래도 아우슈비츠 이후에도 살아갈 수 있겠느냐는 물음은 유효하다면서 아도르노는 자신의 문제의식을 이어 나갔다.

사람이 살려면 어느 정도의 냉담성이 필요하다. 모든 일에 하나하나 민감하게 반응할 수 없다. 문제는 이런 냉담성이 강제수용소를 가능하게 했다는 사실이다. 아도르노는 살아남은 자로서의 명백한 책임감과 죄책감에 시달렸다. 자신도 아우슈비츠에서 살해된 것과 다를 것이 없으나 수용소에서 가스로 살해된 사람들의 소망이 유출되어 그 속에서 삶이 이루어지고 있다는 상상으로 괴로워했다. 죽은 자들에게 빚을 진 채 살고 있다는 죄책감, 끔찍한 야만을 해명해야 한다는 책임감 속에서 아도르노는 살아갔다.

아도르노는 섬세한 감수성을 지닌 사람이었다. 어려서부터 음악을 배웠고, 작곡가이자 음악학자로서 활동할 만큼 예술성이 풍부했다. 그에게 아우슈비츠는 예술의 파괴이자 인간성의 파멸을 상징했다. 아도르노 또한 유대인이었다. 미국으로 망명하여 목숨을 건진 체험은 평생의 상흔으로 남았다.

아도르노는 프랑크푸르트학파 흥망성쇠의 중심이었다. 프랑크푸르트학파는 사회학자 호르크하이머가 자신이 물려받은 유산으로 창립했다. 아도르노는 호르크하이머의 동지로서 함께 하는 가운데 1953년에 연구소장이 되었다. 당시에는 프랑크푸르트학파의 초기 회원들이 나치를 피해 뿔뿔이 흩어져 있었는데, 그중 아도르노만이 초기부터 마지막까지 학파의 핵심으로 활동했다. 프랑크푸르트학파의 대표 학자로서 아도르노의 사상은 교향곡처럼 우아하게 사람들의 심금을 울렸다.

사회를 신랄하고 예리하게 비판하면서 아도르노는 명예를 얻었다. 프랑크푸르트학파를 비판이론학파라고 부르는 까닭도, 아도르노를 비롯한 학파의 회원들이 사회를 매섭게 비판했기 때문이었다. 아우슈비츠 같은 야만이 또 생기지 않도록 아도르노는 날카로운 시선으로 자신의 철학을 전개했다.

문화 산업이 대량 공급하는 문화 상품

음악에 조예가 깊었던 아도르노는 문화에 대한 애정이 대단했다. 아도르노에게 문화란 이성에 바탕을 둔 인간의 고유 활동을 뜻했다. 인간은 문화를 만들어 내고, 문화를 통해 자신의 인간성을 발현한다. 인간은 문화의 생산자이자 소비자로서 문화를 통해 자신의 본질을 만끽한다.

그런데 현대에는 문화 산업으로 인해 문화의 본질에 왜곡이 발생한다. 이제 우리는 음악을 하지 않고 대량으로 공급되는 유행가를 흥얼거린다. 일상에서 즐겁게 노는 대신 노는 연예인들을 구경한다. 대중매체를 들여다보는 시간이 늘어날수록 외롭고 지루해진다. 그렇지만 문화 상품의 소비를 멈추지는 못한다.

아도르노는 문화 산업이라는 개념을 통해 자본주의를 비판했다. 문화가 진정으로 담고 있어야 할 본질이 문화 산업 때문에 일그러진다는 진단이었다. 대중은 상업화되고 규격화된 문화에 종속되고, 문화 상품 소비에만 열을 올리는 수동적인 존재가 되어 간다는 것이 아도르노가 우려하는 지점이었다.

아도르노에 따르면, 문화 산업이 만들어 낸 문화 상품이 사람들을 자본주의형 인간으로 길들인다. 문화 상품을 소비할수록 사람들은 자본주의 체제에 순응하게 되고, 대량으로 공급되는 문화 상품은 사회 변화를 가로막는다. 문화 상품의 내용에는 대개 사회의식이 없다. 세상에 문제의식을 품게 하는 내용보다는 그저 웃고 떠드는 예능이나, 나쁜 악당 몇몇을 응징하면서 대리 만족을 시켜 주는 드라마가 주류를 이룬다.

아도르노에게 문화 산업이란 지배의 수단이다. 문화 산업으로 대중 의식을 조작함으로써 기존 질서가 유지된다. 그는 아우슈비츠 이후의 문화는 그것에 대한 절박한 비판을 포함하여 모두 쓰레기라고 논평했다. 문화 산업이 만든 대중문화란 그저 사람들을 조종하고 마비시키는 구실을 할 뿐이라는 것이 아도르노의 견해였다. 아도르노는 사람들이 반성하지 않고 추구하는 진부한 것들은 거짓된 삶의 복제품이므로 참일 수 없다고 강조했다. 세계는 교묘하게 관리되고 있고, 여기에 완전히 현혹되지 않은 자들만이 이 세계에 대적할 수 있다고 암울하게 전망했다.

아도르노의 문화이론은 지식인의 오만과 섣부른 설레발이라고 반박할 수 있다. 대중은 그저 문화 상품의 소비자로만 머무르지 않는다. 사람들은 새로운 요구를 하고 참여하며, 창작하기까지 한다. 대중 안에는 수동성뿐 아니라 능동성과 적극성도 있는데, 아도르노는 이런 점을 헤아리지 못했다.

그래도 아도르노의 염려는 퇴색되지 않는다. 조금만 둘러봐도 인간의 지성을 마취시키는 문화 상품이 판치고 있다. 시청률 때문에 선정적이고 저급한 내용으로 가득한 영상이 제작된다. 텔레비전을 켜거나 인터넷에 접속하면 세상의 진실이 나타나는가? 아니면 시시덕거리는 연예인들만이 가득한가?

계몽 속 야만

우리가 계몽되었다는 주장에 아도르노는 고개를 세차게 저었다. 계몽되었다는 사회에서 나치가 등장했고, 강제수용소에서 수백만 명이 죽었다. 서구 문명은 계몽과 진보를 믿으며 내달리다가 두 번의 세계전쟁을 치렀다. 계몽이 정말 이루어졌다면 도저히 있을 수 없는 일들이 벌어진 것이다.

계몽이란 이성의 힘으로 세계를 밝히면서 무지와 신화에서 벗어난다는 뜻이다. 그런데 서구 사회는 이성의 힘을 바탕으로 자연을 파괴했고, 서로 학살했으며, 폐허와 잿더미를 만들었다. 마녀사냥도 중세에는 별로 이루어지지 않았다. 오히려 르네상스 시대에 이르러 계몽주의와 함께 대규모로 이루어졌다. 마녀사냥이란 이성이 벌인 만행이었다.

그렇다면 계몽 안에 야만이 있는 것이 아닌지 물음표를 띄워볼 법하다. 이성만으로는 세계가 온전히 파악되지 않는데, 현대사회는 이성이라는 도구로 설명할 수 없는 것들은 모두 미신이라고 치부해 버린다. 이성의 독재다. 이성 안에 엄연히 도사리는 폭력성을 아도르노는 섬세하게 들춰냈다.

계몽은 이성을 통해 모든 것을 판단하라고 강요한다. 역사는 진보한다고 하지만, 정말 그런지 살피려는 신중함은 환영받지 못한다. 이성을 통해 모든 것을 재단하는 건 독선이 아니냐는 성찰은 좀처럼 찾아보기 어렵다. 계몽 이전에 특정한 종교를 무조건 믿으라고 강제했던 것처럼, 계몽 또한 특정한 믿음을 주입하는 셈이디. 계몽주의 이후 우리는 이성의 힘을 과신했지만 그 결과는 세계전쟁과 대량 학살이었고, 다가올 인류의 종말이다.

아도르노에 따르면, 계몽이란 또 하나의 신화일 뿐이다. 신화 속 인물들을 분석해 보면 그저 비이성적으로 행동하기만 하는 것이 아니라 이성을 사용해서 계획을 세우고 책략을 발휘한다. 신화에도 계몽이 담겨 있다. 계몽과 신화는 상반된 것이 아니라 변증법처럼 서로 뒤엉켜 있다는 것이 아도르노의 통찰이다. 계몽에도 신화와 야만이 들어 있고, 신화 안에도 계몽이 있다.

그는 이성에 따른 계몽 자체를 문제시하지는 않았다. 다만 모든 것을 전체로 귀결시키는 이성의 개념을 경계했다. 헤겔에 따르면, 이성을 통해 특정한 개념을 내세우면 그 개념에 담기지 않는 것은 부정된다. 헤겔의 변증법은 처음의 부정을 다시 부정해서 더 큰 개념으로 통합하려는 시도이다. 그런데 아도르노는 커다란 전체로 통합하려는 과정에서 폭력이 일어날 수밖에 없다고 비판했다.

물론 헤겔은 부정의 부정을 거쳐 통합되더라도 또다시 무한히 부정이 있을 수밖에 없다고 서술했다. 전체를 이루었더라도 그 안에는 이미 언제나 부정이 발생해 있다는 의미이다. 아도르노는 전체 안에 내재하는 부정성을 눈여겨보지는 않았지만, 하나로 통합하는 데서 생겨나는 폭력성에 주목했다.

아도르노는 그동안 관심받지 못한 것에 관심을 두는 것이 현대 철학이어야 한다고 천명했다. 덧없고 사소한 것이라고 배척당한 것에 관심을 가져야 한다는 것이다. 사사로운 것들에 관심을 보내기 위해 아도르노는 부정변증법이라는 새로운 사고방식을 대안으로 제시했다.

부정변증법

부정변증법이란 부정을 줄기차게 수행하는 방법을 가리킨다. 부정은 하되, 헤겔처럼 더 큰 하나로 동일화하지는 않는 상태를 지속하는 것이다. 낯선 타인과 만나는 상황을 예로 들어 보자. 우리는 새로운 사람을 만나면 지레 짐작한다. 예컨대, 인상이 차가워 보이면 차가운 사람이라는 개념을 만들어 상대를 규정한다. 그렇지만 그 사람을 알아 갈수록 차가운 사람이라는 개념은 유지되지 않는다. 첫인상과 달리 털털한 성격일 수 있고, 예의를 지키고자 긴장한 탓에 차갑게 비쳤을 수도 있다. 차가운 사람이라는 첫 번째 개념은 시간이 지나면 부정된다. 털털한 사람이라거나 예의 바른 사람이라는 개념이 새롭게 등장한다. 여기까지가 헤겔의 변증법이다. 그렇지만 새로운 개념 또한 그 사람을 온전히 담지는 못한다. 특정한 판단에는 상대방의 다른 면모를 삭제하는 폭력성이 있다는 것이 아도르노의 생각이었다.

아도르노는 하나의 개념으로 규정하는 대신 끊임없이 여러 개념을 통해 다가가라고 권유했다. 그 사람을 다 알았다고 착각하지 말고 계속 알려고 하라는 것이다. 상대에게는 착해 보이는 눈매도 있고, 서글서글한 눈빛도 있고, 수더분한 말투도 있고, 성실성이나 약간의 예민함도 있지만 때때로 게으름 피우려는 성질도 있다. 환절기가 되면 감기에 자주 걸리고, 금요일이면 밤늦게까지 자지 않는 버릇도 있다. 그 밖에도 수많은 특성이 있다. 더구나 사람은 계속 변해 간다. 예전에 알고 있던 그 사람과 현재 내 앞에 있는 이 사람은 생김새가 비슷할지언정 똑같은 사람이라고 할 수 없다.

그렇다면 타인을 착하거나 나쁘다는 하나의 개념으로 판단하는 건 자신이 어리석은 사람이라는 자백에 지나지 않는다. 수많은 개념의 운동을 통해야만 상대를 보다 온전하게 이해할 수 있다. 아도르노는 해명하고 싶은 상대를 금고에 비유했다. 금고를 열듯 상대가 열리기를 희망하지만, 금고는 단 하나의 비밀번호로 열리는 것이 아니다. 수많은 노력을 기울여 연속해서 끝없이 눌러야만 금고를 열 수 있다.

물론 줄기차게 상대에게 다가가고 온전히 이해하려는 '개념의 운동'은 쉽지 않다. 평소 우리는 기존의 동일화된 개념에 사로잡혀 있다. 타인을 잘 알지도 못하면서 쉽사리 단정한다. 아도르노도 아마 예전에는 그랬을 것이다. 그렇지만 아우슈비츠 수용소라는 충격을 겪고 나서 철저하게 반성했다. 우리도 자신을 돌아보는 강렬한 체험을 하면, 개념의 운동을 통해 세상을 바라보게 된다. 세상과 타인을 변화하는 존재로 인식하게 된다. 물론 개념의 운동을 줄기차게 한다고 해서 세상과 상대를 잘 알게 된다는 보장은 없지만, 때때로 개념의 운동과 변화하는 대상이 일치하면서 섬광처럼 짜릿한 깨달음이 발생한다고 아도르노는 귀띔했다.

아도르노의 철학에서 '완전한 이해'란 또 하나의 통합된 동일성이기 때문에 성립할 수 없는 개념이다. 아무리 노력하더라도 다다를 수 없는 이상향이다. 그렇다고 도달하려고 하지 않는다면 대상은 하나의 개념으로 규정되어 버린다. 그러므로 완전한 이해에 거리를 두는 동시에 그것에 다가가려는 운동을 끊임없이 해야 한다. 이것이 아도르노의 부정변증법이다.

저마다 상대를 이해하고자 자유롭게 다가가면서도 상대가 어떤 사람이라고 규정하지 않는 사회에서는 하나의 진리가 모두를 집어삼키는 일이 발생할 리가 없다. 대량 학살이란 절대적 통합이고, 이러한 통합은 사람들이 획일화된 곳이면 어디서나 등장하게 된다고 아도르노는 경고했다. 반성하지 않는 이성은 광기에 빠지기 쉽다. 무반성의 이성은 질병의 상태이므로, 반성을 통해 치유되어야 비로소 진정으로 이성일 것이라는 아도르노의 웅변이 귓전을 맴돈다.

▸ 아도르노의 핵심 개념

프랑크푸르트학파   # 비판이론   # 문화산업   # 문화상품

계몽속야만   # 부정변증법

▸ 더불어 읽으면 좋을 책

테오도어 W. 아도르노, 『부정변증법』, 홍승용 옮김, 한길사, 1999.
권용선, 『이성은 신화다, 계몽의 변증법』, 그린비, 2003.

롤스

JOHN RAWLS (1921~2002)

20세기 가장 중요한 정치철학자

『정의란 무엇인가』로 널리 알려진 미국의 정치철학자 마이클 샌델은 한국뿐 아니라 중국과 일본에서도 열풍을 일으켰다. 그런데 샌델의 책에서 주로 겨냥하는 인물을 발견할 수 있다. 샌델이 샛별처럼 등장하면서 쓴 논문도 '그'를 작심하고 비판하는 내용이었다. '그'와 샌델은 지향하는 철학이 달랐지만 같은 학교의 동료였다.

'그'는 철학계의 거성이었다. 어느 학자는 20세기에 두 번째로 중요한 정치철학자를 두고는 논란이 있겠지만 가장 중요한 정치철학자가 누구인지에 대해서는 논란이 없다고 단언했다. 20세기 가장 중요한 정치철학자, '그'의 이름은 존 롤스다.

롤스는 정의가 이루어지는 사회의 기본 구조를 연구했다. 이

기본 구조를 이루는 주요한 제도를 통해 권리와 의무 그리고 이익이 분배되기 때문이다. 주요 제도가 부정의하다면 사회구성원이 행복하기 어렵다. 롤스는 사회제도에 대한 정의의 원칙이 어때야 하는지에 대해 논했다.

롤스는 자신의 연구 덕분에 대단한 명성을 얻었으나 쏟아지는 관심에는 부담을 느꼈다. 더구나 말을 더듬었던 롤스는 언론과 접촉하는 일을 꺼렸다. 대학교수 집단에서 벌어지는 파벌 싸움이라든지 감투 경쟁을 하지 않았고, 학과장이든 학회장이든 어떤 자리도 손사래를 쳤다. 그는 오직 학업에만 열중하면서 남는 시간은 가족과 함께 보냈다.

1991년에 11월 3일에 발견된 소행성 16561에는 롤스라는 이름이 붙어 있다. 그의 업적을 기리기 위해서다. 롤스는 우주의 소행성으로도 기억되는 인물로서 여전히 학계의 거성으로 다뤄지고 있다. 별들 덕분에 우주가 찬란하듯 롤스는 빛나는 정치철학을 통해 세상을 환히 밝히려 했다.

원초적 입장과 무지의 베일

앞서 다룬 루소를 비롯해 수많은 사상가가 사회계약설을 배경으로 이상적인 사회의 모습을 제시해 왔다. 사회계약설은 개인들이 만나 계약을 통해 규칙을 만듦으로써 사회를 구성한다는 이론을 가리킨다. 사회계약설을 통해 사람들은 올바른 사회란 어떻게 작동하는지 조금 더 이해할 수 있었다. 롤스가 등장해 기존의 이론을 변주하여 정의를 다룸으로써 사회계약설을 더 풍부하게 만들었다.

롤스에 따르면, 사회계약을 맺는 상황에서 정의의 전제가 생긴다. 자유롭고 평등한 상태의 인간이 토론을 통해 채택하는 원칙이 정의의 원칙이다. 자유롭고 평등하게 계약을 맺어서 정의의 원칙을 만들고 모든 사람이 수용하면, 그 합의는 공정하다고 할 수 있다. 롤스는 이것을 '공정으로서의 정의'라고 불렀다.

그런데 서로 합의한다고 해서 공정하다고 할 수 있을까? 이미 힘의 차이가 있는 상황이라면 평등하게 계약하기 어렵다. 그래서 롤스는 사람들에게 '무지의 베일'을 씌웠다. 무지의 베일을 쓴 사람들은 자신의 지위나 계층, 자신이 가진 소질과 능력, 신체의 특성을 모른 채 정의의 원칙들을 합의한다. 자신이 남자일지 여자일지 성소수자일지, 가난한 집안에서 태어날지 부잣집에서 태어날지, 신체에 장애가 있을지 없을지…. 그 누구도 자신에 대한 정보를 알지 못하는 상태로 정의의 원칙들을 선택하게 된다. 사람들은 자기에게 유리한 방식이 아니라 모두에게 공정한 방식으로 정의의 원칙을 세울 수밖에 없다.

무지의 베일을 쓴 사람들은 자신의 특성을 모르기에 협상에 임할 때 이기심에서 벗어나 있다. 그렇다고 무지의 베일을 쓴 사람들이 아무것도 모르는 건 아니다. 자신의 특성만 모를 뿐, 인간의 욕망이나 정치사회의 원리들처럼 인간 사회의 일반 사실들에 대해서는 알고 있다. 이것을 '원초적 입장'이라고 한다.

롤스는 이러한 원초적 입장에서는 사람들이 만장일치로 기본 가치를 보장하는 데 동의하리라고 예상했다. '기본 가치'란 사람들의 자유와 지위, 부와 자존감의 기반을 아우르는 개념이다. 이를 분배하는 구조가 바로 기본 구조이고, 기본 구조가 정의의 핵심이라고 롤스는 생각했다.

사회의 기본 구조에 따라 구성원의 권리와 의무가 달라지고, 인생의 향방도 바뀐다. 기본 가치가 보장되는 사회라면 누구든 자유를 갖고 존중받으며 앞으로 더 잘 될 수 있다는 희망을 품고 노력할 것이다. 반대로 기본 가치가 보장되지 않는다면 태어나면서부터 인생의 판도가 거의 결정되므로, 다수의 구성원이 열등감과 원망으로 절망하거나 분란을 일으킬 것이다.

태어날 때부터 너무나 격심한 조건의 차이가 있다면 평등뿐 아니라 기본 가치인 자유마저 심하게 훼손된 것이라고 롤스는 지적했다. 기본 가치의 훼손은 어떤 방법으로도 정당화될 수 없는 부정의다. 롤스는 부정의를 바로잡고 정의의 원칙을 세우고자 원초적 입장이라는 개념을 고안한 것이다. 원초적 입장에서 사람들은 자신이 어떤 조건과 배경을 갖고 살게 될지 모르니, 자유롭고 평등한 정의로운 사회를 바랄 수밖에 없다. 사회의 불평등에 악영향 받기를 바라는 사람은 아무도 없기 때문이다. 자연스레 모두에게 공평한 사회를 만드는 데 합의할 것이고, 그렇게 정의의 원칙이 세워질 것이다. 롤스는 원초적 입장에서 생겨난 정의의 원칙을 추구하면 현실이 정의로워질 거라 기대했다.

차등의 원칙

롤스는 정의로운 사회의 기본 구조를 만들 때 두 가지 원칙이 필요하다고 판단했다. 첫 번째 원칙은 기본의 자유권이다. 사상과 양심의 자유, 언론과 집회의 자유, 선거의 자유 등 기본권에 해당하는 원칙이다. 두 번째 원칙은 두 가지 세부 원칙으로 구성되어 있다. '공정한 기회 균등의 원칙'과 '차등의 원칙'이다.

공정한 기회 균등의 원칙이란 모든 사람이 균등한 조건 아래에서 직책과 직위를 얻을 수 있게끔 하는 원칙이다. 사회 지위는 신분에 따라 대물림되지 않고, 노력하면 누구나 얻을 수 있어야 한다. 눈길이 가는 것은 차등의 원칙이다. 롤스의 정의는 '최소 수혜자에게 최대 이득이 되어야 한다'는 원칙을 갖는다. 한마디로 사회 약자의 지위가 조금이라도 향상되는 것이 정의라는 것이다. 누군가가 아무리 커다란 이익을 얻을 기회가 있더라도 사회 약자의 이익을 침해한다면 사회는 누군가의 큰 이익이 아니라 약자의 편에 서야 한다는 것이 차등의 원칙이다. 사회의 불평등은 합당한 범위에서 가장 약자에게 분배가 가장 크게 이루어질 때만 허용된다.

원초적 입장에서는 자신이 약자가 될 수 있다는 두려움으로부터 누구도 자유롭지 않다. 그렇다면 사회 약자를 보호하는 기본 구조를 만드는 게 합당한 선택이므로 사람들이 차등의 원칙에 동의할 것이라고 롤스는 설명했다. 차등의 원칙은 최악의 상황에서도 인간으로서 기본 가치를 확보하게 하는 보호 장치다.

롤스는 차등의 원칙을 불평등의 해결책으로 제시했다. 어쩔 수 없이 불평등이 발생하더라도 약자에게 가장 큰 이익을 줘야 한다는 조건을 설정하여 불평등을 규제하자는 것이다. 사회의 강자들은 유리한 조건을 타고나서 이미 이득을 얻은 데다 재능을 발휘하라는 사회 원칙에 따라 이득을 많이 획득하고 있다. 그렇다면 강자들의 이익을 더 키울 것이 아니라 사회 구성원 전체의 이익을 균등하게 하는 것, 즉 현실의 불평등을 줄여 나가는 것이 정의다. 사회 약자를 배려하는 원칙은 강자든 약자든 이익을 얻기 때문에 모두가 존중하는 정의의 원칙이 되리라고 롤스는 내다봤다.

롤스는 공정한 기회 균등의 원칙과 차등의 원칙이 결합하면서 민주주의적 평등이 이루어진다는 논리를 전개했다. 세상을 둘러보면 자유와 평등이 갈등하는 것 같지만, 롤스는 자유와 평등을 통합했다. 자유를 내세우면서도 평등과 분배를 적절히 조화시키는 정치철학을 만들어서 세상에 내놓았다.

모든 사람은 불가침성을 지닌다

롤스는 정의의 원칙을 세운 사회라면 무언가를 판단할 때 노력해서 얻지 않은 이득은 되도록 배제할 거라 생각했다. 재산이나 성별은 물론, 재능이나 신체 특성에 따른 차별을 허용하지 않을 것이다. 타고난 재능이나 신체의 유리한 특성을 그 사회의 공동의 재산처럼 생각해서, 재능이나 신체를 통해 얻은 이익을 사회와 나누리라고 전망했다.

인간의 차이점을 무시하거나 없애라는 것이 아니라 우연히 얻은 특성을 혼자의 이익으로 독점하지 않도록 사회 체제를 갖추자는 것이 롤스의 철학이다. 자연스러운 차이는 인정하되, 차이를 수용하는 과정에서 정의를 지키자는 것이다. 임의성과 우연에 따라 생겨난 차이 때문에 차별받는 것은 어찌할 수 없는 불변의 질서가 아니라 부정의일 뿐이라고 비평했다.

신분 사회가 부정의한 이유도 집안이나 핏줄에 따라 인생이 판가름 나기 때문이다. 부조리한 사회는 이런 우연에 따른 격차를 줄이려고 하지 않고 수수방관한다. 우연성을 줄이는 방식이 완전하지는 않겠으나 그래도 차별을 없애고자 노력하는 곳이 정의로운 사회라고 롤스는 말했다.

의문이 들 수 있다. 왜 롤스는 굳이 무지의 베일을 씌우고 원초적 입장에서 합의를 통해 정의의 원칙을 세우는 사고실험을 한 것일까? 이는 약자를 희생시키면서까지 더 큰 이익을 차지하는 데 혈안이 된 세상 흐름에 제동을 걸기 위함이었다. 누군가의 번영을 위해 약자가 손해를 입는 것은 어쩔 수 없는 일이 아니라 부정의다. 누군가를 희생해 이익을 얻은 사람이 한 사람이 아니라 다수여도 마찬가지다.

약자의 시선에서 받아들일 수 있는 불평등만이 허용할 수 있는 불평등이다. 롤스는 어떤 이유를 들어도 결코 침해되어서는 안 되는 권리가 인간에게 있다고 잘라 말했다. 아무리 효율과 이득이 있더라도 정당치 못한 불평등과 차별은 없어져야 한다. 모든 인간에게는 불가침의 권리가 있다. 다수에게 이익이 생긴다고 하더라도 한 사람의 자유나 권리가 짓밟혀서는 안 된다.

자존감, 모든 사람의 기본선

롤스는 정의를 탐색하면서 '자존감'을 중요하게 다뤘다. 그는 자존감의 두 가지 측면을 고찰했다. 자존감은 첫째, 자기 자신과 자신의 인생이 가치 있다는 감각이 있어야 한다. 둘째, 자신의 의도를 이룰 수 있는 자기 능력에 대한 믿음이 있어야 한다. 인생이 가치 있다는 감각과 자기 능력에 대한 믿음은 자존감을 지탱하는 두 가지 기둥이다. 자신의 인생이 보잘것없다고 느낀다면 하루하루가 무의미할 것이고, 자신의 능력을 하찮다고 여기면 노력할 동기를 잃을 것이다. 자기 삶에 대한 가치를 느끼지 못하거나 자신이 뭔가를 할 수 있다는 믿음이 없을 때 자존감은 떨어진다.

누구나 자존감을 지키며 살고 싶다. 그러므로 원초적 입장에서 사람들은 자존감을 침해하는 원칙들은 피하려 할 것이고, 자존감을 지키는 정의의 원칙을 지지할 것이다. 롤스가 '공정으로서의 정의'를 정의의 원칙으로 세우고 민주주의적 평등을 말하는 까닭도 사람들이 자존감을 지키며 살기를 바라기 때문이다.

자존감은 혼자 노력한다고 올라가지 않는다. 타인의 존경과 인정을 받아야만 자존감을 지킬 수 있다. 따라서 정의로운 사회라면 서로에게 친절히 대하고 존중하면서 사람들이 자신의 능력을 펼치도록 격려할 것이다. 정의가 추락하고 차별이 심화할수록 자존감이 훼손된 사람이 늘어난다. 사람들에게 무시를 당한 사람은 그만큼 타인을 증오하게 된다. 최근 타인을 모욕하는 범죄들이 들끓는 것은 그만큼 정의가 오염되고 차별과 불평등이 심각해졌기 때문이 아닐까?

충성스러운 반대

롤스는 여느 미국인들처럼 기독교 신자였으나, 2차 세계대전에 참전해 일본군과 싸우고는 무신론자가 되었다. 일본 본토에 들어가 원자폭탄의 참상을 목격하고서는 환멸을 품었고, 친한 병사를 징계하라는 명령에 불복하고는 이등병으로 강등되어 제대했다. 전쟁통에 지옥을 경험했던 롤스는 베트남 전쟁도 반대했다. 잘못된 정책들을 겪으면서 그는 정의를 실현하기에 투표하는 것만으로는 충분하지 않다고 생각했다. 대의민주주의로 선출된 권력이 오판할 수도 있기 때문이다.

누구나 반대할 권리가 있다. 롤스는 '충성스러운 반대'의 중요성을 강조했다. 민주주의 사회는 다름을 인정하고, 누군가 자신을 반대하더라도 그 반대가 이루어질 수 있도록 보장해야 한다. 그래야 내가 반대할 때에도 존중받을 수 있다. 반대가 없는 민주주의는 건강할 수 없다. 갈등은 민주주의 사회의 정상 상태다. 누군가는 갈등을 원치 않고 법질서를 무조건 지키라고 떠들어 대는데, 만약 제도나 정책이 부정의하다면, 권력자가 공동체의 유대를 파괴한다면 어떻게 하겠는가?

롤스는 정의를 바로 세우기 위해서라도 시민 불복종을 해야 한다고 주장했다. 정당한 시민 불복종은 현행법 위반이라 할지라도 헌법의 관점에선 도덕과 정의를 지키는 행동일 수 있다. 롤스가 신중하면서도 묵직하게 주장하는 시민 불복종은 민주주의의 보루다. 기본 가치를 지키기 위해 불의에는 저항해야 한다. 그것이 정의다.

‣ 롤스의 핵심 개념

#정의론 #원초적입장 #무지의베일 #차등의원칙 #자유

#공정한기회균등의원칙 #불가침권리 #자존감 #불복종

‣ 더불어 읽으면 좋을 책

존 롤스, 『정의론』, 황경식 옮김, 이학사, 2003.
마이클 샌델, 『정의란 무엇인가』, 김명철 옮김, 와이즈베리, 2014.

테일러

CHARLES TAYLOR (1931 ~)

다문화주의와 인정

노벨 재단은 매년 여러 분야에서 인류에 공헌한 사람을 뽑아 상을 준다. 그런데 노벨 철학상은 없다. 이런 아쉬움 속에서 베르그루엔 상이 만들어졌다. 사상의 발전에 이바지한 인물에게 해마다 주어지는 상이다. 2015년에는 500여 명이 후보자로 물망에 오른 가운데 첫 수상자가 발표되었다. 찰스 테일러였다.

테일러는 캐나다 몬트리올 출신의 정치철학자다. 그는 베르그루엔 상에 앞서 2008년에 일본 노벨상이라고도 불리는 교토상을 수상했다. 젊은 시절에는 정치에 열렬히 참여한 이력도 있다. 선거에도 네 번이나 나갔으나 연거푸 낙방했다. 정치인은 되지 못했어도 사회문제를 해결하고자 노력했다.

몬트리올이 있는 퀘벡 지역은 불어권으로, 영어권 국가인 캐나다에서 독립하려는 움직임이 강하다. 나라마다 지역 갈등이 있는데, 캐나다에서는 퀘벡이 그러하다. 테일러의 아버지는 영어권의 개신교도였고 어머니는 불어권의 가톨릭 신자였다. 그는 다문화 가정의 아이로 태어나 성장했다. 어려서부터 캐나다 사회의 문제를 풀 수 있는 경험을 한 셈이다.

그는 서로 대립하는 공동체끼리 상호 인정을 통해 공존하는 방법을 모색했다. 문화는 다양할 수밖에 없다. 그 어떤 집단의 문화이든 나름대로 고유의 가치를 지닌다. 그는 자기 문화만 옳다는 독선에서 벗어나 타 문화에 개방성을 갖추어야 한다고 사람들을 설득하고자 했다.

나의 존재는 나 홀로 성립할 수 없다. '너'가 있어야만 '나'도 존립할 수 있다. 인간은 타인과 어울리면서 자신의 정체성을 만들어 낸다. 정체성은 타인과 구별되는 특징을 말하며, 테일러는 정체성이란 타인과의 대화에 결정적으로 의존한다고 강조했다. 자신의 정체성을 수호하고자 타인을 차단하고 밀어내는 사람도 있지만, 타인을 배제한다고 자신의 정체성이 튼튼해지기는커녕 오히려 자신이 누구인지 알 수 없어진다고 염려했다.

인간은 타인에게 인정받으려는 본능의 욕구가 있다. 따라서 서로가 서로를 인정해 줄 필요가 있다. 차이는 세계를 알아 가면서 우리가 마주하는 성질이고, 차이를 존중하느냐 아니냐에 따라 주체의 크기가 결정된다. 테일러는 인생이란 이미 결정된 것이 아니라 진실한 것을 찾아서 그려 나가는 그림이라고 말했다. 인생의 진실은 나 혼자서 찾아내는 것이 아니라 타인과 함께 만들어 내는 게 아닐까?

세속화의 원인과 여파

테일러가 오랫동안 관심을 둔 주제가 있다. '세속화 현상'이다. 근대화는 흔히 세속화라고 여겨지는데, 테일러는 세속화를 근대화와 구분했다. 근대화란 과학의 발전과 계몽주의를 통해 종교의 영향력이 감소하는 과정을 뜻한다. 사회학자 막스 베버는 근대화를 탈 주술화라고 정의하기도 했다. 세계에 걸려 있던 주술에서 벗어나는 과정이 근대화라는 것이다.

테일러는 현대로 올수록 종교의 영향력이 점차 줄어든다는 통념에 반대했다. 물론 유럽을 비롯해 일부 지역에서는 분명 쇠퇴했으나 세계 전체를 놓고 보면 되레 종교인이 늘어나고 있다. 테일러는 근대화가 단순히 종교의 몰락과 과학의 부흥으로 이루어지는 아니라 복잡한 현상이라 보았다.

세속화란 신앙 없이 세상을 살아가는 현상을 뜻한다. 테일러는 근대 들어서 일부 지역에서 신을 믿지 않고 살아가는 것이 어떻게 가능해졌는지 탐구했다. 과거 인류사를 돌아보면 무신론자를 찾기 어려웠다. 무신론자더라도 자기의 생각을 밝힐 수 없었다. 인류 사회는 대부분 종교 사회였고, 종교를 믿지 않는 자는 처벌되었다. 그런데 현대로 접어들며 신앙의 자유가 생겨났다. 무엇을 믿든 간섭하거나 제지할 수 없다. 종교가 취향처럼 취급된다. 유럽 같은 지역에서는 종교로부터 자유를 추구하는 사람들이 대거 늘어났다.

테일러의 주장에 따르면, 무신론자의 증가는 세계를 상상하는 방식의 변화와 맞물려 있다. 과거의 사람들은 초월적이면서 신비로운 신을 상상했고 그 신과 자신이 관계한다고 믿었다. 반면에 현대인은 초월성과 신비를 비과학적이라고 판단한다. 독립된 자아가 체험하는 세계를 세계의 전부라고 여긴다. 초월의 세계를 상상하지 않는다. 현대인이 인식하는 세계에는 신이 들어설 자리가 없는 것이다. 세속화 현상은 이러한 인식의 변화와 이어져 있다는 것이 테일러의 견해였다.

테일러는 기독교 개혁을 세속화의 원인으로 꼽았다. 이전까지 서구 사회에서 가톨릭은 신의 '지혜'가 선하다고 믿었다. 그런데 기독교 개혁이 일어나 개신교가 생겨나면서 신의 '의지'가 선하다는 생각이 퍼졌다. 가톨릭에서는 언제나 옳은 신의 선한 말을 이해하고자 인간의 이성을 중시했고, 이성은 신과 연결되어 함께 작용했다. 반면에 개신교에서는 신이 언제나 옳은데, 신의 말을 인간의 이성으로는 다 이해할 수 없다고 여긴다. 인간의 이성으로 이해할 수 없는 신과 인간 사이에 거리가 생기면서 세속화가 이루어졌다고 테일러는 분석했다. 과거에는 신의 초월성과 인간의 내재성이 신비한 방식으로 이어져 있었는데 기독교 개혁을 거치면서 신의 초월성과 인간의 내재성 사이에 분리가 이루어졌고, 그 결과 신의 초월성을 믿지 않고 인간의 내재성으로만 이루어진 세속화 세계가 되었다는 것이다.

테일러는 초월성의 무시와 배제는 사회문제가 될 수 있다고 우려했다. 세속화가 진행되어 초월성을 잊어버리면서 사회의 가치 체계에 혼란이 일어났다는 것이 테일러의 문제의식이다. 그는 세속화로 말미암아 사람들이 삶의 목적을 잃어버리고, 만성화된 우울증에 시달린다고 탄식했다.

삶의 목적을 잃은 개인

현대는 초월성을 믿지 않는 만큼 신성을 위해 희생하지 않아도 된다. 종교 기관의 간섭에서 벗어나 자기 살고 싶은 대로 살 수 있다. 어느새 개인주의는 근대 문명 최고의 업적으로 여겨진다.

문제는 각자 자유롭게 살 수 있는데, 막상 어떻게 살아야 할지 모른다는 것이다. 초월성이 사라지면서 가치판단의 잣대도 사라졌다. 모든 것에 중립의 관점을 채택하는 자유주의가 대세가 되었다. 자유주의는 무엇이 더 나은 삶인지 알려 주지 않는다. 각자 알아서 살라면서 개인의 자유를 중시할 뿐이다. 삶의 지향점을 마치 취향처럼 취급하기에 어떻게 살아야 좋은지 판단할 기준이 상실됐다. 테일러의 말마따나 현대인은 높낮이 없이 덤덤하게 밋밋해졌다. 삶의 의미는 증발하고, 타인이나 사회에 무관심해진다. 우울하지 않을 수 없다.

테일러의 평가에 따르면, 현대인에게는 목숨마저도 바칠 수 있을 정도의 높은 목적의식이 없다. 삶의 목적을 잃어버리면서 시야가 좁아졌다. 개인주의의 어두운 면은 바로 자기 자신에게로의 초점 이동에 있다. 자신에게 매몰되면서 이웃과 세계, 나아가 우주와 역사를 아우르는 광활한 시야를 상실한 것이다.

테일러는 현대인이 원자같이 되었다고 비판했다. 과학에서 원자는 물질을 이루는 가장 작은 구성단위를 가리킨다. 이와 비슷하게 많은 이들이 자신을 원자처럼 여긴다. 사람들이 원자화된 사회는 한없는 고독과 차가운 공허 속에서 시들어 간다.

사회계약설도 원자론의 영향을 받은 사고방식으로 볼 수 있다. 최소 단위로서 개인과 개인이 만나 계약해서 국가를 만든다는 발상이 사회계약설이다. 테일러가 보기에 사회계약설이나 사람이 원자에 비유되는 현상은 인간에 대한 오해와 무지의 산물이다. 인간은 사회적인 존재이기에 사회성을 배제한 채 이야기하는 것은 처음부터 잘못된 가정이라는 것이다. 모든 논의는 인간의 사회성에서부터 시작해야 한다는 것이 테일러를 비롯한 공동체주의자들의 입장이다.

현대 사회는 공동체를 강조하지 않고 개인의 이익을 우선시한다. '도구적 이성'의 시대다. 도구적 이성이란 이익을 위해 도구처럼 사용되는 이성을 가리킨다. 이는 과거의 권위나 불합리한 관습을 무너뜨리는 해방의 측면이 있긴 하나, 모든 것을 오로지 효용으로만 재단하는 데서 문제가 발생한다. 도구적 이성은 인간관계마저 이해를 따진다. 이로 인해 삶의 필수적 요소인 인간관계가 해체되면서 인생이 망가지는 경우가 속출한다.

테일러는 현대인이 치열한 경쟁 사회 속에서 효율을 최대화하느라 자기 자신마저 파괴하는 회사의 경영자처럼 되어 가고 있다고 묘사했다. 사람들은 타인, 사회와의 결속을 잃은 채 이익만을 위해 살다가 무너진다. 점차 자기가 속한 사회를 자신의 공동체로 받아들이기 어려워하고, 자기밖에 모르는 극단의 이기주의가 조장되고 있다는 진단이다.

자기 진실성

사회성은 인간의 기본 특성이다. 우리의 정체성을 구성하는 일부이기도 하다. 정체성이란 나는 누구이고 어디에서 왔는지에 대한 물음이자 무언가를 추구하게 만드는 바탕이 된다. 자기 정체성은 혼자서는 만들 수 없고 언제나 자신보다 더 큰 배경을 통해 구성된다. 역사와 사회가 이미 내 안에 들어와 있다.

그런데 원자화된 개인들은 혼자 우두커니 사색하며 자신의 정체성을 구성하려 한다. 하지만 인간은 타인과의 대화를 통해 자신의 정체성을 만들어 간다. 인간의 성장과 발전이란 몇몇 의미 있는 타인들과 벌이는 격렬하면서도 속 깊은 논쟁을 통해 일어난다. 사람은 사회 속에 존재하고, 타인과 대화하며 성장한다. 비록 누군가 곁에 없더라도 마음속에서 대화가 이어진다.

이렇게 형성된 자기 정체성은 고정 불변하지 않는다. 자기 정체성이 어느 정도 형성됐더라도 현재의 나를 자신의 유일한 정체성으로 정의하지 않는다. 인간은 과거부터 미래까지 헤아리고 인생의 의미를 모색하면서 자기 정체성을 복잡하게 만들어간다. 만나는 사람이나 처한 상황이 달라질 때마다 자기 정체성은 변동한다.

자기 정체성이 끊임없이 변하는 가운데 우리는 자신에게 진실하려고 애쓴다. 현대인은 자신에게 진실한 것이 마땅하다고 느끼는 동시에 진실하도록 강요받는다. 자기 자신에게 진실하지 않다면 잘못 살고 있다는 위기감이 생긴다. 현대인은 자기 진실성의 이상, 즉 진실된 존재의 완성이라는 이상을 품고 살아간다고 테일러는 설명했다.

테일러에 따르면 자기 진실성은 인생을 이끌어가는 도덕으로, 마음속의 목소리다. 현대인의 자기 진실성에 대한 열중은 문화의 거대한 변동을 낳는다. 자기 진실성은 우리에게 삶을 책임지도록 지시하고, 더 충만하고 차별화된 삶을 살도록 이끈다.

자기 실현을 위해서라도 공동체와 타인에게 인정받는 것이 중요하다. 의미 있는 목적을 추구하더라도 삶의 목적은 나 홀로 만드는 것이 아니라 나를 넘어선 영역과 함께 이루어지기 때문이다. 인생의 의미를 추구하며 자신의 정체성을 유의미하게 만들려는 사람은 세상의 문제와 마주해야 한다. 세상을 외면하고 자기 실현에만 골몰한다면 오히려 자신을 망친다.

자기 진실성은 자기 이익에만 갇힌 개인에게 새로운 도약대가 되어 준다. 자기 진실성은 합당한 이상이고, 이상과 실천의 일치를 논증할 수 있으며, 자기 진실성의 실천은 삶의 차이를 낳을 수 있기 때문이다. 이것이 테일러가 세우고자 한 새로운 도덕 체계이다.

투쟁이 계속되어야 하는 세상

현대인이 원자화된 또 다른 원인으로는 개인의 존재감이 줄어든 점도 꼽을 수 있다. 과학 기술의 발달과 비대해진 국가 기구 그리고 다국적 기업의 엄청난 영향력은 우리를 자그마하게 만든다. 쪼그매진 사람들은 세상을 변화시킬 수 있다는 생각을 포기한다. 함께 힘을 합쳤던 경험이 없으므로 사람들 사이의 유대감은 더욱더 약해진다.

도구적 이성에 사로잡힌 현대인들은 사회참여를 시간 낭비로 여긴다. 이런 현대인의 인식은 재앙을 불러온다. 점차 정치의 자유가 줄어든다. 공공 영역으로부터 소외당하고 자신의 운명에 대한 통제력을 잃어 간다. 내가 선출하지 않은 세력이 책임감도 없이 우리의 미래를 결정한다.

테일러는 도구적 이성의 지배에서 벗어나는 길은 올바른 형태의 자발성이라고 주장했다. 우리는 통제당하고 있으므로 자기 진실성의 적절한 의미를 얻고자 투쟁해야 한다. 자기에게 진실하기 위해서라도 인간관계와 사회도덕이 필요하다는 사실을 어떤 형태로든 사람들에게 설득해야 한다고 덧붙였다.

좋은 삶을 살려면, '각자 살고 싶은 대로 살라'는 무관심의 방임이 아니라 가치의 투쟁이 필요하다. 하나의 이상이 완전하게 승리하는 것은 불가능하더라도 사회는 다양한 가치가 경쟁을 이루는 현장이다. 테일러는 가치의 투쟁이 끊임없이 벌어져야만 진정한 자유 사회라고 보았다.

자기 진실성이란 자신을 발견하는 것만이 아니라 자신의 창조를 뜻한다. 인간은 대화를 통해 자기 정체성을 진실하게 건설한다. 진실한 삶을 위해서라도 투쟁성을 빼놓을 수 없다. 투쟁이 없는 사회란 자유롭지 않은 사회이고, 투쟁하지 않는 사람은 자기에게 진실할 수 없다.

▸ 테일러의 핵심 개념

#다문화주의 #세속화 #공동체주의 #삶의목적 #도구적이성

#자기진실성 #가치들사이의투쟁 #원자화

▸ 더불어 읽으면 좋을 책

찰스 테일러, 『불안한 현대 사회』, 송영배 옮김, 이학사, 2019.
찰스 테일러, 『현대 종교의 다양성』, 송재룡 옮김, 문예출판사, 2015.

68혁명에서 충격을 받다

루이 알튀세르는 20세기 중후반 프랑스 학계를 주름잡던 사상가였다. 그는 혁명을 위해 세상이 잘못되어 있다는 것을 모르는 사람들을 의식화시켜야 한다고 설파했다. 하지만 사람들은 지식인들의 지도를 받지 않아도 현실의 문제를 잘 알고 있었다. 알튀세르의 제자였던 자크 랑시에르는 1968년에 거리로 쏟아져 나온 젊은이들, 여자들, 성소수자들, 이주 노동자들, 장애인들을 보면서 충격을 받았다. 현실은 이론과 현격한 차이가 있다는 것을 절감했다.

랑시에르는 지식인들 특유의 꼬투리 잡는 논쟁이나 젠체하는 이론을 만드는 데 무관심했다. 대신 세상의 굴레에서 벗어나고자 스스로 움직이는 사람들에게 관심을 쏟았다. 노동자들의 편지, 시, 연대기, 신문 기사, 자서전 등의 온갖 기록물을 연구하면서 노동자와 지식인을 가르던 위계가 잘못되었다는 것을 깨달았다. 날마다 노동하면서도 사람들은 머리를 맞대어 공부했다. 이미 노동자들의 언어와 생각은 지식인보다 못할 것이 없었다. 사람들은 스스로 변화를 일으키고 있었다.

묵묵히 자신의 연구를 이어 나가던 랑시에르는 나이 쉰이 지나자 존경받는 학자로 우뚝 올라섰다. 바야흐로 베를린장벽이 무너지고 소련이 해체되면서 현실 사회주의가 붕괴한 시기였다. 평등과 민주주의에 대해 자신만의 글을 써온 랑시에르가 사람들 입에 오르내리기 시작했다. 한국에서도 촛불 시위와 함께 랑시에르의 이론이 조명을 받았다.

나를 해방하는 배움

랑시에르의 사상은 교육과 깊은 관련이 있다. 랑시에르는 교육이 권력 분배의 수단이 되어 버린 현실에 문제의식이 강했다. 현행 교육제도는 사람을 위아래로 나누고 차별을 정당화한다. 더 좋은 대학에 들어가 더 많이 배운 사람이 그렇지 못한 사람보다 우위에 선다. 그렇다면 학교를 열심히 다닐수록 평등해지기는커녕 학교 때문에 불평등이 공고해진다.

랑시에르는 바로 이 지점을 파고들었다. 누군가 더 많이 배웠으니 위로 올라가서 다른 이들을 지도하는 것에 의문을 던졌다.

랑시에르에 따르면, 스승은 결코 많은 것을 알 필요가 없다. 오히려 너무 많은 것을 알면서 잘난 척하는 교사는 배우는 사람들을 바보로 만들 뿐이다.

랑시에르는 19세기의 인물인 조제프 자코토를 소환했다. 조제프 자코토는 벨기에에서 불문학을 수업했다. 그런데 문법이나 철자조차 설명하지 않았다. 그저 불어와 네덜란드어가 함께 적혀 있는 책을 나눠 주고 학생들을 격려하면서 기다렸다. 얼마 뒤 시간이 지나자 학생들은 불어를 구사했다. 작가 수준의 글을 쓰는 이들도 나타났다.

랑시에르가 볼 때 누군가에게 설명한다는 것은 상대 스스로 그것을 이해할 수 없다는 것을 증명하는 일이었다. 배우는 사람이 모르니 설명해서 이해시키려는 것은 가르치는 자의 오지랖일 수 있다. 인간은 배우려는 의지와 욕망으로 말미암아 혼자 배울 수 있다는 것이 자코토와 랑시에르의 사상이다.

스승이란 무언가를 가르치는 사람이라기보다는 학생 안에서 배우려는 의지에 불붙이는 사람인지 모른다. 누구나 배울 수 있다는 배움을 선사하는 사람이 진정한 스승이다. 진정한 배움이란 대단한 지식의 획득이 아니라 자신이 더 나아질 수 있다는 자신감을 얻는 일이라는 것이 랑시에르 교육 사상의 핵심이다.

내 안에 힘이 있음을 깨닫는 것이 해방이고, 해방은 스스로 해야 한다. 배우는 능력이 이미 모든 사람에게 있고. 자신의 지능을 스스로 발휘할 때 해방이 이루어진다. 교육 현장에서 위대한 작가 한두 명을 길러 낼 것이 아니라 누구나 "나도 작가"라고 말할 수 있도록 사람들을 키워 내는 것이 중요하다. 이때 '나도 작가'라는 선언에는 건방짐이나 우쭐함이 들어 있지 않다. 도리어 이성의 존재로서 자기 능력에 대한 정당한 평가가 들어 있다. 평범한 사람은 작가가 될 수 없다고 말하는 사람이야말로 오만에 사로잡혀 있는 꼴이다.

세상의 근본은 평등

랑시에르는 지능이 평등하다고 단언했다. 그는 지능의 평등 없이 세상의 평등이 어떻게 가능한지 되물었다. 이성과 의지가 동의어이듯 평등과 지능은 동의어라고 랑시에르는 주장했다. 권력의 정당화 시도를 보더라도 세상의 근본에 평등이 전제되어 있다고 해석했다.

시배자들은 노예를 자기 밑에 두고서는 조마조마해 한다. 노예들이 자기처럼 지배당하는 걸 싫어한다는 것을 알기 때문이다. 지배자는 불평등을 정당화하려고 여러 이야기를 퍼뜨린다. 불평등을 정당화하려는 시도 역시 피지배자들이 자신의 말을 이해하리라고 생각하기 때문에 하는 것이다. 자신보다 열등한데다 자신의 말을 이해 못 한다면 정당화할 수고를 하지 않을 것이다. 복종하는 자가 자신과 다르지 않다는 것을 알고, 자신의 지능과 비슷하다는 것을 알기에 지배자들은 불평등을 정당화하려고 획책하는 것이다.

불평등 속에는 언제나 평등이 자리하고 있으며, 지능의 평등은 사회 형성의 조건으로서 반드시 있어야 한다고 랑시에르는 주장했다. 랑시에르에 따르면, 평등은 가상의 설정이 아니라 현실이라고 천명했다. 불평등을 전제하고 그 불평등을 어떻게 없앨까 고민하는 것으로는 불평등을 없앨 수 없다. 평등에서부터 시작해 어떻게 하면 평등이 인간의 근본 원리라는 것을 사람들이 자각할 수 있을지에 대해 고민해야 한다. 그는 평등이란 타인을 향한 요구나 타인에 대한 압력의 행사가 아니라 언제나 자기 자신에게 제시하는 증거여야 한다고 생각했다.

불화의 정치

우리는 모두 평등하기에 같은 언어를 사용하고, 서로의 뜻을 알아듣는다. 문제는 서로 알아듣더라도 서로의 생각이 달라 부딪친다는 데 있다. 사람과 사람이 모이면 불일치하고, 이로 인해 발생하는 불화가 곧 정치라고 랑시에르는 정의했다.

사람과 사람이 평등하지 않다면 정치가 이루어질 수 없다. 그렇다고 모두 똑같으면 정치가 생겨나지 않기는 매한가지다. 평등하지만 서로 다를 때 정치가 성립한다. 누군가 "이것이 아니다"라고 외치는 순간, 정치가 실현된다. 사회의 배분에 따라 누군가는 몫을 받지 못하는 사회에서 몫이 없었던 이가 몫을 달라고 할 때 정치가 발생한다. 그동안 억눌려 왔던 사람들이 자신의 목소리를 꺼내는 것이 정치이며, 따라서 정치는 불화를 기본 속성으로 갖는다는 것이 랑시에르의 정치론이다.

아웅다웅 다투는 것보다는 통합하는 것이 듣기 좋을 수 있다. 그렇지만 통합과 합의라는 말에는 다른 목소리를 내지 못하도록 막는 폭력성이 작용한다. 통합이나 합의라는 말을 들먹이는 이들은 대개 자기의 이익을 위해 그 말을 사용한다. 국익을 위한 결정이나 국민을 위한 결정이라는 말 뒤에는 누군가의 피눈물이 감춰지기 일쑤다.

세상에는 수많은 사람이 있고, 저마다 다른 생각을 가졌다. 그렇다면 여러 색깔의 목소리가 드러나야 자연스럽다. 단 하나의 목소리만 들린다는 것은 평화가 아니라 폭력의 증거일 수도 있다. 민주주의 사회에서는 시끄러운 일이 생길 수밖에 없다. 정치가 시작되는 순간은 불화의 순간이다. 날마다 들려오는 정쟁 소식이 지긋지긋할 수도 있겠으나, 조용한 사회가 훨씬 더 살벌하다는 사실을 랑시에르는 상기시켰다.

감각을 지배하는 치안 질서

랑시에르는 엄연히 존재하는 불화가 드러나지 않게 막는 것을 치안이라고 불렀다. 치안은 정치의 반대말로, 어떤 하나의 상태가 모두를 지배하는 것을 이른다.

랑시에르에 따르면, 치안의 본질은 억압이나 통제가 아니다. 감성의 분할이다. 보이는 것과 보이지 않는 것, 들리는 것과 들리지 않는 것을 나누는 것이다. 권력은 볼 수 있는 것과 들을 수 있는 것을 정해 놓는다. 암만 대중매체를 둘러봐도 정말 알아야 할 내용은 나오지 않는다. 우리는 보아도 좋은 것만 보고, 들어도 되는 것만 듣는다. 지금도 어떤 일들이 벌어지지만 나는 지각하지 못한다. 치안은 특정한 정치관을 갖도록 나의 감성에 영향을 미친다. 치안의 배분에 따라 우리의 감성과 욕망이 정해진다고 랑시에르는 분석했다.

치안의 반대가 정치다. 정치는 보이지 않는 것을 보이게 하고 들리지 않는 것을 들리게 한다. 정치는 현재 사회에 엄연히 존재하는 불화를 드러내는 것이다. 본디 있었지만 가려져 있던 불화가 등장하면서 공간을 바꾼다고 랑시에르는 설명했다. 광장을 예로 들 수 있다. 치안의 관점에서 광장이 그냥 오가는 장소라면, 정치의 관점에서 광장은 집회하는 곳이다. 치안이 광장을 그저 비워 둬야 하는 공간으로 여기도록 감성을 주무른다면, 정치는 공간의 감성을 바꾼다. 광장의 성격은 사람들이 모여 목소리를 내는 곳으로 변한다. 광장이든 교실이든 가정이든 직장이든, 이전과 전혀 다른 공간으로 바꿔 내는 것이 정치다.

불화가 감각되어야 감성이 바뀐다면서 랑시에르는 시위를 중시했다. 시위란 모든 것이 잘 돌아간다는 우리의 감성에 균열을 내면서 다른 감각을 일깨운다. 불화가 있는 곳이면 시위가 발생하는데, 인간 사회에는 늘 불화가 도사리기에 시위는 언제나 있어야 한다고까지 말할 수 있다.

랑시에르는 자신의 정치철학 이론을 통해 우리에게 새로운 의문을 던진다. 어쩌면 문제는 답답한 현실의 정치 자체가 아닐 수도 있다. 진짜 문제는 정치를 거론하면 곧장 인상을 찌푸리도록 습관화된 우리의 감성이 아닐까? 정치를 잘 알려고도 하지 않으면서 무조건 넌덜머리를 내는 것이야말로 우리의 감성이 치안 질서에 사로잡혀 있다는 징후가 아닐까? 정치인들을 모두 나쁜 놈이라고 욕하면서도 나쁜 놈들을 내버려 두는 우리야말로 어쩌면 진정으로 나쁜 놈들인지도 모른다.

주체화, 감성혁명

랑시에르에 따르면, 치안 질서는 사람마다 특정한 자리와 이름을 부여한다. 시민은 거리에서 조용히 다니기만 해야지 시위하면 안 되고, 학생은 교실에서 얌전히 앉아 외우란 것을 외워야 하지 학생 인권 타령을 하면 안 된다. 그래야 관리하기 편하다. 사회에서 역할이나 자리는 정해져 있다. 자신의 자리에서 벗어나 변화를 요구하면 주제를 알라거나 분수도 모르고 설친다는 꾸지람을 듣게 된다. 이것이 치안 질서가 작동하는 방식이다.

그는 치안 질서에 맞서서 주체화를 해야 한다고 주장했다. 주체화란 치안 질서가 부과한 정체성을 부인하는 것이다. 치안 질서가 매긴 이름에 적합하지 않은 것들을 꺼내면서 불화를 일으키는 일이다. 주체화가 되려면 여태껏 내게 들어온 감성을 바꿔야 한다. 삶이 바뀌려면 감성과 감각이 달라져야 한다. 자신을 지배하던 것들을 떨쳐 내고 물리치는 부정의 작업 없이는 결코 주체화가 일어날 수 없다.

자신의 정체성에서 벗어나는 것이 불가능하다고 느껴질 수 있는데, 여기에 의문을 던지는 것이 정치라면서 랑시에르는 격려했다. 자기 일 외에는 다른 것을 살필 시간이 없는 사람들이 자기들에게 없는 시간을 가져야 정치가 이루어진다. 왜 나는 이런 것들에 시달리며 하고 싶은 것을 할 시간이 없는지 푸념만할 것이 아니라, 랑시에르의 말마따나 자신에게 둘러쳐진 감성의 분할을 새롭게 구성하려고 노력할 필요가 있다.

치안 질서에 의해 분할되었던 감성을 재구성하면서 사람은 주체가 된다. 동물이나 노예처럼 취급되던 사람이 드디어 말하는 존재가 된다. 사회혁명의 시작이다. 랑시에르는 그저 사회제도나 권력 집단이 바뀌는 것을 혁명이라고 여기지 않았다. 감성을 분할하고 조정하던 방식이 바뀌는 것이야말로 혁명이라고 평가했다.

랑시에르는 국가 형태의 단순한 전복 대신에 존재 형태들의 감각적 혁명이 필요하다고 역설했다. 못 느끼던 감각이 불거져서 사람들의 감성이 달라지는 것이 정치이고, 정치를 통해 세상은 변한다. 주체화와 감성의 변화가 낳은 정치의 본보기로 여성의 권리 향상을 들 수 있다. 여성들이 불화를 일으킨 덕에 여성을 낮잡아 보면서 차별하던 과거의 감성이 바뀌었고, 여성들이 자신들을 지배하던 치안 질서에 맞서 주체화한 결과 그나마 조금 더 평등한 세상이 되었다. 랑시에르에게는 감성을 다루는 미학이 존재론이자 정치론이다. 랑시에르의 철학은 세상에 대한 우리의 감성을 돌아보도록 촉발한다.

▸ 랑시에르의 핵심 개념

나를해방하는배움   # 무지한스승   # 불화   # 치안질서

감성의분할   # 몫없는자의정치   # 감성혁명   # 주체화

▸ 더불어 읽으면 좋을 책

자크 랑시에르, 『무지한 스승』, 양창렬 옮김, 궁리, 2008.
자크 랑시에르, 『불화』, 진태원 옮김, 길, 2015.

닫는 글

『게으르게 읽는 제로베이스 철학』이 끝났습니다. 어렵다는 철학 책 한 권을 여러분은 홀로 독파해 냈습니다. 도전을 마친 여러분과 함께 축배를 들고 싶습니다!

그리고 책 한 권을 횡단한 김에 더 나아가 볼 것을 권합니다. 이 책을 통해 만난 철학자 가운데 좀 더 알고 싶은, 가슴을 뛰게 만드는 철학자가 있다면 가까운 도서관이나 서점으로 발길을 옮겨 봅시다. 그리고 책을 펼쳐 찬찬히 읽어 봅시다. 읽어 내기 쉽지 않을 수도 있습니다. 그렇지만 그 과정조차 독서의 즐거움 중 하나입니다. 밥이 되려면 뜸을 들여야 하듯 철학을 이해하려면 애끓음이 있어야 합니다. 서로를 알아 가는 시간을 거쳐야만 마침내 우리는 한 철학자와 깊이 통하게 됩니다. 마음을 열고 다가가면 철학은 시원한 비처럼 여러분 안으로 스며들 겁니다.

우리 안에 스며든 철학은 내면에 잠들어 있던 씨앗이 움트도록 도울 겁니다. 철학을 가까이할수록 우리의 일상은 튼튼해지고, 아름다워집니다. 이렇게 철학을 공부한 우리는 언제 어디서 만나든 서로를 알아볼 것입니다. 우리의 말과 행동에서 철학이 배어 나오고, 인생이 아름답게 피어날 테니까요.